예쁜손뜨개의 인형 옷 · 소품 DIY

나의 소중한
파올라레이나를 위하여

vol. 2

예쁜손뜨개 지음

BM (주)도서출판 성안당

Doll Specialist

파올라레이나는 스페인 인형 전문가 그룹이 수십 년 동안 심혈을 기울여 완성시켜온 핸드메이드 프리미엄 인형입니다.
일관성 있는 품질로 삶의 철학과 공약을 보여주며 모든 제조 과정에 직접적인 책임을 지고 있습니다.

Origin Mark

파올라레이나의 Origin 마크는 스페인 Onil 지역에서 100% 전통 생산을 기반으로 제조된 제품을 구별하여
제품의 신뢰성, 안전성 및 최적의 품질의 제품임을 보증하는 인증마크입니다.
파올라레이나의 원료에서부터 원단, 머리카락, 눈, 부드러운 바닐라 향 등 인형에서 사용되는 모든 재료를
스페인 Onil 지역에서 공수하여 사용하였으며, 프탈레이트가 함유된 화학 물질을 사용하지 않고 안전하게 제조하였습니다.

Safety Certification

CE(유럽 안전 인증마크)를 획득한 파올라레이나는
소비자의 안전과 건강, 위생, 환경보호와 관련된 엄격한 유럽의 규격 조건을 준수합니다.

www.paolareina.co.kr

예쁜손뜨개의 인형 옷·소품 DIY

나의 소중한
파올라레이나를 위하여

vol. 2

예쁜손뜨개 지음

BM (주)도서출판 성안당

PROLOGUE PROLOGUE PROLOGUE PROLOGUE

『나의 소중한 파올라 레이나를 위하여 vol. 2』로

다시 만나게 되어 영광입니다.

예쁜 손뜨개의 두 번째 이야기를

여러분과 함께하게 되어 반갑고 행복합니다.

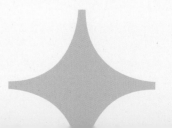

먼저 감사의 인사를 드립니다. 첫 번째로 출간한 『나의 소중한 파올라 레이나를 위하여』를 많이 사랑해 주시고, 책 속 작품들과 함께 레이나와 행복하게 인형 놀이하시는 모습을 볼 수 있어서 제가 더 행복했고 진심으로 감사했습니다. 책에 있는 작품을 모두 뜬 분들도 많았답니다. 이렇게 모든 작품을 사랑해주신 독자님들 덕분에 첫 번째 책은 3쇄까지 발행할 수 있었습니다. 두 번째 책도 많은 사랑을 받았으면 하는 즐거운 마음으로 열심히 준비했습니다.

뜨개를 직업으로 선택한 지 벌써 20년이나 흘렀네요. 그중에 인형 옷 작업만 7년이라니 저 자신도 놀랍습니다. 이번 책도 마찬가지로 그동안의 노하우를 살려 독자들 관점에서 쉽게 뜨면서 예쁘게 나오는 디자인, 다른 옷들과 잘 어울리는 실용성 있는 옷을 만들기 위해 노력했습니다. 도안도 이해하기 쉽게 설명하였고, 설명으로 어려운 부분은 영상으로 만들어 QR코드로 담았습니다.

사계절에 어울리는 일상복과 웨딩드레스와 같은 특별한 아이템도 만들어 볼 수 있게 구성했고, 같은 디자인이라도 색상을 달리 하거나 디자인을 살짝 변경하여 다른 느낌을 표현했으니 본인 취향에 맞게 응용해 보세요. 이번에도 저와 함께 레이나에게 예쁜 옷들 입혀보며 즐거운 인형 놀이해요.

저는 감사하게도 주위에 좋은 분들이 많습니다. 이번에도 많은 분들이 도움을 주셨답니다. 변함없이 응원해 주시는 이웃님들, 아낌없이 소품 지원해 주신 꼼뜨님, 꼬마곰 한스님, 예쁜 장소를 제공해주신 쥬드쁘뻬 대표님, 항상 즐겁게 촬영 도와주시는 도영찬 실장님, 더니팅의 김선영님, 니트라라님, 꼼꼼하게 테스트해 주신 하밍구님, 김선미님, 옐럼님, 저에게 무한한 응원을 해 주시는 조혜란 부장님, 이번에도 계속 편집을 맡아주며 고생해 주신 정지현 과장님과 그 외 출판사 관계자분들께 진심으로 감사와 사랑을 전합니다.

같은 취미를 가진 분들과 하루하루 행복하게 지내고 싶습니다. 사랑합니다.

예쁜 손뜨개 나정

5

6
_

CONTENTS

7

8

CONTENTS

✧ 도트 래글런 스웨터 ✧
p.46

✧ 토끼와 당근 원피스 ✧
p.52

◇ 오프숄더 웨딩드레스 ◇

p.62

✧ 세일러 칼라 마린룩 ✧
p.70

✧ 크롭 티셔츠와 와이드 팬츠 ✧
p.82

멜빵 청 반바지

p.88

장소 제공_ 쥬드쁘뻬

✧ 아가일 브이넥 조끼 ✧
p.94

✧ 빨간 머리 앤과 다이애나 ✧

p.110

✧ 아란무늬 카디건과 헤어밴드 ✧

p.124

✧ 트위드 셋업 ✧

p.138

장소 제공_쥬디룸

플랫칼라 요오크
배색 코트와 모자
p.148

✧ 보헤미안 판초 ✧

p.160

✧ 홀터넥 원피스와 볼레로 ✧

p.168

✧ 별초롱 보닛 ✧

p.176

장소 제공_ 쥬드쁘뻬

✧ 나들이 버킷햇 ✧

p.182

✧ 비치 네트백 ✧
p.186

✧ 데일리 스퀘어백 ✧

p.192

플라워 & 웨이브
넥 케이프
___
p.196

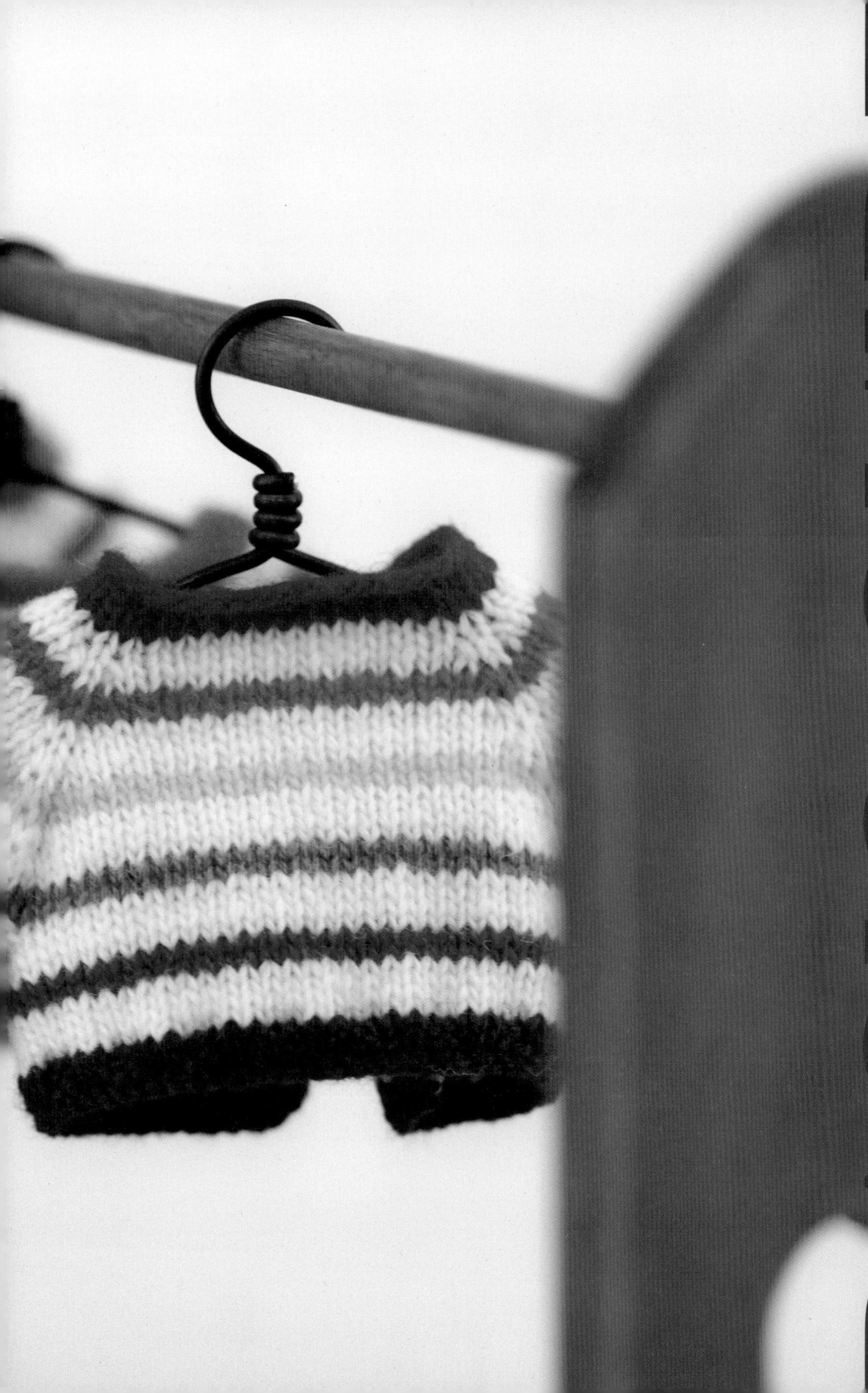

BASIC GUIDE

준비물

털실

장갑바늘

코바늘

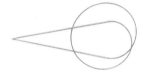

줄바늘

돗바늘

바늘 굵기 체크 자

가위

단수 체크기

마커

단추

줄자

게이지 자

털실	램스울과 앙고라 실을 주로 사용합니다. 램스울과 앙고라는 15수의 가는 실을 여러 겹 합해서 사용합니다. 1겹일 경우 1합, 2겹은 2합, 3겹은 3합으로 불리며, 원하는 굵기를 선택해 사용할 수 있습니다.

바늘 굵기 체크 자	구멍에 끼워 바늘의 사이즈를 확인할 수 있습니다. 간혹 바늘에 사이즈가 없거나 지워졌을 때 유용하고, 제품에 따라 게이지도 함께 확인할 수 있습니다.

장갑바늘	인형 옷을 뜰 때는 1~2.5㎜ 사이의 장갑바늘을 사용합니다. 레나의 옷을 뜰 때는 1.5~2.5㎜ 사이의 바늘이 적당합니다. 바늘 굵기는 0.25㎜ 단위로 나오며, 도안의 게이지와 맞지 않을 때는 바늘 굵기로 조절할 수 있습니다.

가위	가위는 주로 실을 자르는 데 사용하므로 사이즈가 작고 끝이 뾰족한 것을 사용하면 편리합니다.

단수 체크기	몇 단을 떴는지 체크하는 도구입니다.

37 of page 37

코바늘	코바늘에는 레이스용 코바늘과 모사용 코바늘이 있습니다. 가는 실을 사용할 때 레이스용 코바늘을 사용합니다. 레이스용 코바늘은 호수가 클수록 바늘 굵기가 가늘어집니다. 레나 옷을 뜰 때는 레이스용 코바늘 0호, 2호, 4호, 모사용 2호 코바늘을 주로 사용합니다.

마커	원형뜨기 할 때 시작점을 표시하거나, 몸판과 소매 부분을 구분할 때도 사용합니다. 뜨개 과정에서 기억해야 할 단이나 코 또는 바늘에 걸어 사용합니다.

단추	인형 옷에는 4~7㎜ 사이즈가 적당합니다. 장식용으로 사용해도 좋습니다.

줄바늘	2개의 바늘이 줄로 연결되어 하나로 이어져 있는 바늘입니다. 길이는 40~80㎝가 적당하며, 1.5~2.5㎜ 사이 굵기의 바늘을 주로 사용합니다. 바늘 굵기는 0.25㎜ 단위로 나오며, 도안의 게이지와 맞지 않을 때는 바늘 굵기로 조절할 수 있습니다.

줄자	인형의 몸 사이즈나 편물의 치수를 잴 때 사용합니다.

돗바늘	편물을 연결하거나 여유로 남긴 실을 정리할 때 사용합니다. 인형 옷을 마무리할 때는 가는 바늘일수록 편리합니다.

게이지 자	편물의 단수와 콧수를 셀 때 사용하면 편리합니다.

옷 뜨기 전 게이지 내보고 뜨기

게이지는 뜨는 사람의 솜씨에 따라서 달라질 수 있으므로 옷을 뜨기 전에 꼭 게이지를 내고 떠야 합니다. 도안에 명시한 게이지하고 같아야만 파올라레이나에게 잘 맞는 옷이 완성됩니다.

보통 게이지는 가로, 세로 10㎝ 이상을 떠서 10㎝ 안에 콧수와 단수를 세어보는데, 레이나 옷은 코가 작으므로 가로, 세로 5㎝ 안에 콧수와 단수를 확인해도 됩니다. 게이지를 내기 위해 뜨는 편물은 7~8㎝ 정도 떠서 스팀 다림을 하거나 중성세제로 세탁해서 건조한 후 가로, 세로 5㎝ 안에 콧수와 단수를 셉니다.

게이지 낼 편물은 옷을 뜨는 무늬로 게이지를 내야 합니다. 도안에 적힌 게이지에 메리야스뜨기가 아닐 경우는 무늬뜨기로 표시했습니다. 표시를 꼭 확인하고 게이지 낼 편물을 뜨기 바랍니다. 그리고 도안의 게이지는 가로, 세로 1㎝의 콧수와 단수를 표시했습니다. 5㎝의 콧수와 단수를 5로 나누어 도안의 게이지와 비교하면 됩니다.

게이지가 다를 경우에는 바늘을 바꿔서 조절해야 합니다. 바늘을 바꿀 때는 도안의 게이지와 비교해서 숫자가 작을 경우는 바늘 치수를 줄이고, 숫자가 클 경우는 바늘 치수를 늘려줍니다.

바디 사이즈나 형태가 같은지 확인하기

손뜨개 인형 옷은 신축성이 좋아서 비슷한 인형끼리는 호환할 수 있습니다. 관절이 있는 인형들은 팔과 다리의 길이가 약간씩 차이가 있습니다. 콧수는 그대로 시작해도 되지만 옷의 길이나 팔 길이는 꼭 입혀 보면서 조절하기 바랍니다. 이 책에 수록된 옷들은 정품 파올라레이나 사이즈로 만든 옷입니다.

옷 뜰 때 사용하는 실

레이나 옷은 크기가 작아서 가는 굵기극세사 레이스의 실을 사용하며, 주로 램스울이나 앙고라 실을 사용합니다. 쉽게 구할 수 있고 색상도 다양하며 실 굵기는 15수 정도로 생산된 2합이나 3합으로 뜨면 적당합니다. 이 외에 모헤어, 메리노 울, 캐시미어 등의 모사와 면사를 사용합니다.

램스울은 어린 산양의 털이 원료이며 부드럽고 가늘어서 강도가 약합니다. 주로 램스울 80% 정도에 나일론 20%가 혼합된 실을 많이 사용합니다. 앙고라는 긴 토끼털이 원료입니다. 실 색상이 예쁘고, 부드러운 기모 때문에 포근해 보여서 뜨고 나면 만족도가 높은 실입니다. 단점은 털이 잘 빠져서 털 알레르기가 있다면 사용하기 불편합니다. 그래서 앙고라가 20% 정도 함유된 실을 많이 사용합니다.

옷 뜰 때 사용하는 바늘

대바늘은 바늘 2개 사이에 줄이 달린 줄바늘과 줄 없이 바늘만 있는 장갑바늘을 사용합니다. 굵기는 1.5~2.5㎜ 정도가 적당합니다. 대표적인 제품 브랜드로는 아디Addi, 히야히야HiyaHiya, 니트프로Knitpro 등이 있습니다. 1.5㎜, 1.75㎜, 2㎜, 2.25㎜, 2.5㎜의 바늘을 실 굵기에 맞춰서 사용하면 됩니다. 1.5~2㎜는 램스울이나 앙고라2합, 2~2.5㎜는 램스울이나 앙고라3합이 적당합니다.

코바늘은 레이스 코바늘 4호, 2호, 0호와 모사용 코바늘 2호까지 사용합니다. 대표적인 제품 브랜드는 클로바Clover, 튜울립Tulip, 니트프로Knitpro 등이 있습니다. 뜨는 옷이나 소품, 그리고 실 굵기에 따라 선택합니다.

실과 바늘 구매처

네이버 '예쁜손뜨개' 스토어에서 구매할 수 있습니다. 램스울과 앙고라 실을 1합, 2합, 3합으로 나누어 원하는 굵기로 구매 가능하며, 실의 양도 20g으로 50g으로 나누어 판매하고 실 색상도 다양합니다. 바늘은 아디Addi와 니트프로Knitpro 제품으로 줄바늘은 1.5~2.5㎜, 장갑바늘은 1~2.5㎜ 사이 사이즈를 판매하고 있습니다.

옷을 뜰 때

게이지에 맞는 실과 바늘을 선택했으면 '도안 보는 법'을 정독하고 서술형 도안을 보면서 시작합니다. 서술형 도안과 함께 참고할 그림 도안, 차트 도안, 동영상을 보면서 작업합니다.

길이 조절이 필요하면 평단에서 덜 뜨거나 더 떠서 조절하고, 중간에 레이나에게 입혀 보면서 뜨면 더 좋습니다. 입혀 보기 위해 줄 바늘로 몸판을 뜨면 줄의 유연성이 있어서 측정하기가 쉽습니다.

오류가 있다고 생각될 때는 도안 보는 법의 QR코드(p.40)를 참고하세요.

옷이 완성되면

지저분한 실 꼬리를 정리한 다음, 스팀 다림으로 정리하거나 중성세제에 미지근한 물로 세탁해서 건조하면 좋습니다. 세탁해서 건조할 때는 옷의 모양을 잡아주면서 건조합니다.

옷 관리

옷걸이에 걸어 보관하거나 상자 또는 지퍼백에 넣어 보관합니다. 보관 시 구겨지지 않게 잘 펴서 제습제와 함께 보관하면 상하지 않게 보관할 수 있습니다.

옷 입히는 요령

상의는 트임의 정도에 따라 위 혹은 아래부터 입혀주는데, 주로 팔을 끼워야 하므로 아래부터 입히는 경우가 많습니다. 트임이 끝까지 있는 의상은 소매부터 입히면 편합니다. 레이나의 손가락이 펴져 있으면 손을 랩으로 감싸서 입혀주면 손가락에 옷이 걸리지 않게 입힐 수 있습니다. 머리부터 입힐 때도 머리에 헤어캡을 씌워주면 머리가 헝클어지지 않게 입힐 수 있습니다. 하의는 다리부터 끼워가며 입혀줍니다.

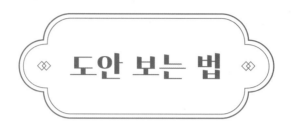

도안 보는 법

서술형 도안

- 서술형 도안은 대부분 약어를 많이 사용합니다. 약어는 작가마다 다르게 표현하므로 잘 확인하고 뜹니다.

  예시 오늘은 '오른코 늘리기', 왼늘은 '왼코 늘리기' 등 알아보기 쉽게 줄임말을 사용합니다.

- 괄호 곱하기 숫자가 있을 때는 괄호 안에 뜨개 기법을 숫자만큼 반복한다는 뜻입니다.

  예시 (안2, 안왼모1)×2는 안뜨기 2코, 안뜨기로 왼코 모아뜨기 한 번 하고 다시 안뜨기 2코,
  안뜨기로 왼코 모아뜨기 한 번을 반복합니다. 총 두 번 반복한다는 뜻입니다.

- 한 단 끝부분에 진한 빨간색으로 숫자가 적힌 부분이 있습니다. 이 숫자는 그 단을 떴을 때 바늘에 걸려있는 총 콧
  수입니다. 콧수의 변동이 있을 때 표기하기 때문에 꼭 확인하고 다음 단을 떠야 합니다.

  예시 안1, (안2, 안왼모1)×8, 안1 26은 안뜨기 1코+안뜨기 2코와 안뜨기로 왼코 모아뜨기 1코를
  8번 반복해서 24코+안뜨기 1코하면 총 26코가 된다는 표시입니다.

- 늘리기 기법의 콧수 계산은 왼늘1이면 1코로 계산합니다.

  예시 겉8, 오늘1, 겉1은 총 콧수 10코가 됩니다.

- 코막음하는 단의 총 콧수는 코막음하고 뜨는 콧수에 1코를 더한 콧수입니다.

  예시 4코 코막음, 겉25 26이면 4코 코막음하고 나면 오른쪽 바늘에 한 코가 걸려 있습니다.
  그리고 나서 겉뜨기 25코를 뜨면 총 26코가 됩니다.

- 도안의 오른쪽, 왼쪽은 레이나가 옷을 입었을 때 레이나 입장에서의 방향입니다.
- 도안의 오류가 의심될 때는 QR코드를 확인해 주세요. 오류가 없기를 바라는 마음입니다.

정오 사항 확인

그림 도안

실물과 가깝게 그린 그림에 수치를 넣은 도안입니다. 차트 도안이나 설명 도안을 같이 보면서 뜨면 서로 보충이 되어
쉽게 작업할 수 있습니다.

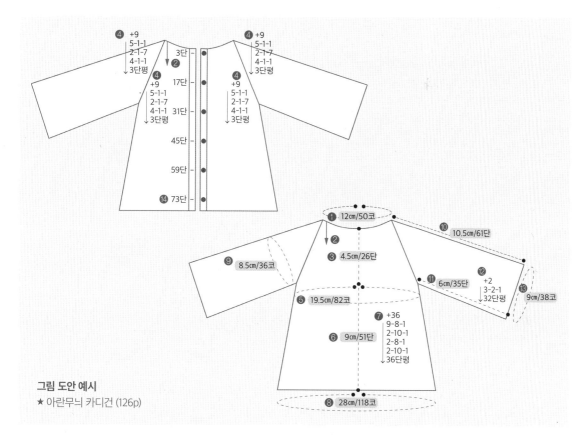

그림 도안 예시
★ 아란무늬 카디건 (126p)

❶ 목둘레 시작코 50코로 시작하고 12㎝입니다.

❷ 뜨개 진행 방향을 표시하는 화살표이며 목둘레에서 아래로 뜬다는 표시입니다.

❸ 시작부터 진동까지의 길이(4.5㎝)와 단수(26단) 표시입니다.

❹ 래글런 소매로 진동 늘리는 방법입니다. 앞·뒤판 여덟 군데에서 늘려줍니다.

숫자의 순서는 단-코-횟수 표시입니다.

+9는 총 9코를 늘린다는 표시입니다.

5-1-1은 4단을 뜨고 5단째에 1코 늘리기를 1번,

2-1-7은 1단을 뜨고 2단째에 1코 늘리기를 7번 반복,

4-1-1은 3단을 뜨고 4단째에 1코 늘리기를 1번,

3단평은 3단을 늘림 없이 뜬다는 표시입니다.

❺ 앞·뒤판 합해서 가슴둘레(19.5㎝)와 콧수(82코) 표시입니다.

❻ 소매 분리한 부분부터 밑단까지의 길이(9㎝)와 단수(51단) 표시입니다.

+36은 앞, 뒤판에서 총 36코를 늘린다는 표시입니다.

9-8-1은 8단 뜨고 9단째에 8코 늘리기를 1번,

2-10-1은 1단 뜨고 2단째에 10코 늘리기를 1번,

2-8-1은 1단 뜨고 2단째에 8코 늘리기를 1번,

2-10-1은 1단 뜨고 2단째에 10코 늘리기를 1번,

36단평은 36단을 늘림 없이 그대로 뜬다는 표시입니다.

❽ 몸판 앞, 뒤판을 완성하고, 밑단 부분 너비(28㎝)와 콧수(118코) 표시입니다.

❾ 소매통 둘레(8.5㎝)와 콧수(36코) 표시입니다.

❿ 목둘레부터 소매길이(10.5㎝)와 단수(61단) 표시입니다.

⓫ 소매 분리한 지점부터 소매길이(6㎝)와 단수(35단) 표시입니다.

⓬ 한쪽 소매를 뜨면서 늘리는 방법입니다. 다른 쪽 소매도 같습니다.

+2는 총 2코를 늘린다는 표시입니다.

3-2-1은 2단 뜨고 3단째에 2코 늘리기를 1번,

32단평은 32단을 늘림 없이 그대로 뜬다는 표시입니다.

⓭ 소맷단 둘레(9㎝)와 콧수(38코) 표시입니다.

⓮ 단춧구멍 만드는 단의 표시입니다. 3, 17, 31, 45, 59, 73단에 단춧구멍을 만든다는 표시입니다.

전개도 도안

도안은 목둘레에서 아래로 떠내려가는 톱다운 방식으로 뜹니다. 목둘레에서 진동까지 늘려가며 뜬 후, 소매 부분의 코를 버림실에 걸어놓고 앞판과 뒤판을 한판으로 이어서 뜹니다. 소매는 남겨 놓은 코를 이용해서 원통으로 뜹니다. 전개도 도안은 평면으로 펼쳐진 모양으로 그렸습니다.

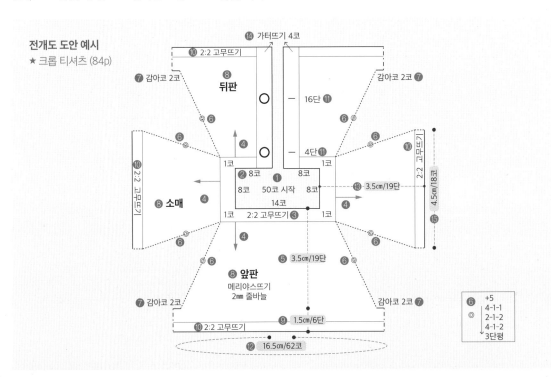

전개도 도안 예시
★ 크롭 티셔츠 (84p)

❶ 목둘레 시작코 50코를 표시합니다.

❷ 오른쪽 뒤판 8코, 오른쪽 소매 8코, 앞판 14코, 왼쪽 소매 8코, 왼쪽 뒤판 8코의 콧수를 표시합니다. 레글런 라인으로 한 코를 두어 뒤판과 소매 사이에 한 코, 소매와 앞판 사이에 한 코, 이런 식으로 한 코씩 들어간다는 표시입니다. 콧수 사이에 마커를 표시 해주면 구분이 되어 편리합니다.

❸ 목둘레 단으로 2:2 고무뜨기를 뜬다는 표시입니다.

❹ 뜨개 진행 방향을 표시하는 화살표이며, 목둘레에서 아래로 진행한다는 표시입니다.

❺ 시작부터 진동까지의 길이(3.5㎝)와 단수(19단)표시입니다.

❻ 늘리는 방법을 나타내는 기호입니다. 숫자의 순서는 단-코-횟수 표시입니다. 늘리는곳 8군데를 ◎로 표시하고 따로 숫자를 표시하였습니다.

+5는 총 5코를 늘린다는 표시입니다.
4-1-1은 3단을 뜨고 4단째에 1코 늘리기를 1번,

2-1-2는 1단을 뜨고 2단째에 1코 늘리기를 2번 반복,
4-1-2는 3단을 뜨고 4단째에 1코 늘리기를 2번 반복,
3단평은 3단을 늘림 없이 뜬다는 표시입니다.

이런 식으로 8군데를 늘립니다. 화살표는 화살표 방향대로 표시된 숫자를 위에서 아래로 보고 뜬다는 표시입니다.

❼ 진동까지 뜬 후 앞, 뒤판 연결해서 뜰 때 소매부분 코를 버림실에 걸어놓고 감아코 2코를 만든다는 표시입니다. 앞판 2코와 뒤판 2코, 총 4코를 한 번에 만들어 준다는 표시입니다.

❽ 각각의 뜨개 부위 명칭, 뜨는 방법, 사용 바늘의 굵기 표시입니다.

❾ 소매 분리한 부분부터 밑단까지의 길이(1.5㎝)와 단수(6단)의 표시입니다.

❿ 밑단과 소맷단 뜨는 방법 2:2 고무뜨기 표시입니다.

⓫ 단춧구멍 만드는 단의 표시입니다. 4단, 16단에 단춧구멍을 만든다는 표시입니다.

⑫ 몸판 앞판과 뒤판을 완성하고 밑단 부분 너비(16.5㎝)와 콧수(62코) 표시입니다.

⑬ 소매 길이(3.5㎝)와 단수(19단) 표시입니다.

⑭ 단춧단이 4코이며 가터뜨기 무늬로 뜬다는 표시입니다.

⑮ 소맷단 둘레(4.5㎝)와 콧수(18코) 표시입니다.

차트 도안

차트 도안은 편물을 떴을 때 겉면에서 보이는 면의 무늬를 기호로 표시한 것으로, 읽는 법을 익혀두면 서술형 도안보다 쉽게 뜰 수 있는 도안입니다. 대바늘 뜨기는 모눈 한 칸을 한 코로 보고 한 칸의 기호대로 뜹니다. 가로 숫자는 코를 표시한 것이며 세로의 숫자는 단을 표시한 것입니다.

평면으로 뜰 때는 겉면에서 한 단, 뒷면에서 한 단을 뜨기 때문에 겉면에서 뜰 때(화살표 방향이 오른쪽에서 왼쪽으로)는 도안의 기호대로 뜨고 안쪽 면에서 뜰 때(화살표 방향이 왼쪽에서 오른쪽으로)는 기호의 반대로 떠야 합니다. 도안 중에는 안쪽 면 먼저 뜨는 도안도 있습니다. 화살표 방향을 잘 보고 떠 주세요. 원형이나 원통으로 뜰 때는 도안의 오른쪽에서 왼쪽으로 보면서 보이는 기호대로 뜨면 됩니다.

❶ 16단이며, 오른쪽에서 왼쪽으로 뜨는 표시입니다. 오른쪽에서 왼쪽으로 뜨기 때문에 겉면입니다. 보이는 기호대로 뜹니다. 1:1왼코위교차, 1:1오른코위교차, 바늘비우기, 안뜨기 1코, 방울뜨기 1개, 안뜨기 2코, 걸러뜨기 1코, 안뜨기 2코, 방울뜨기 1개, 안뜨기 1코, 바늘비우기, 1:1왼코위교차, 1:1오른코위교차 이렇게 뜹니다.

❷ 17단이며 왼쪽에서 오른쪽으로 뜨는 표시입니다. 왼쪽에서 오른쪽으로 뜨기 때문에 안쪽 면입니다. 보이는 기호의 반대로 뜹니다. 안뜨기 4코, 겉뜨기 5코, 안뜨기 1코, 겉뜨기 5코, 안뜨기 4코 이렇게 뜹니다.

❸ 18~25단 8번 더 반복이므로 18~25단을 뜨고 8번을 더 반복해 같은 무늬를 총 9번 뜨라는 표시입니다.

❹ 점선은 아래 무늬에서 계속 이어진다는 표시이고 26~89단은 같은 무늬의 반복으로 생략한다는 표시입니다.

❺ 사슬뜨기를 10㎝ 뜨라는 표시입니다.

❻ 사용한 모든 기호와 뜨개 기법입니다.

❼ 차트 기호 중에 주황색 동그라미에 대한 설명입니다. 방울뜨기는 레이스 0호 코바늘로 기둥코(사슬 2코)와 긴뜨기 3개를 모아 뜬다는 표시입니다.

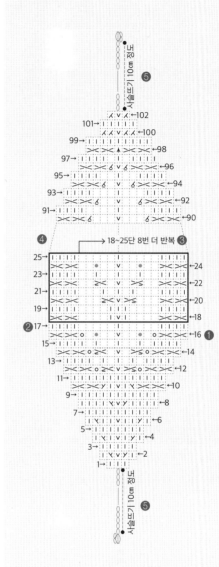

차트 도안 예시
★ 헤어밴드 (134p)

❻
⏐ 겉뜨기	⅄ 왼코 늘리기
안뜨기	오른코 늘리기
⅃ 걸러뜨기	1:1왼코위 교차뜨기
방울뜨기	1:1오른코위 교차뜨기
○ 바늘비우기	1:1왼코위 교차 겉안
⋋ 왼코 모아뜨기	1:1오른코위 교차 안겉

❼ ● = 방울뜨기 - 레이스 0호 코바늘로 기둥코(사슬 2코)와 긴뜨기 3개를 모아뜹니다.

43

평
뜨
는

방
법

도트 래글런 스웨터

난이도 ★★★☆☆

오렌지와 라임의 상큼한 향기를 가득 담아 디자인한 스웨터입니다. 발랄한 도트무늬가 스커트나 바지 등 어디에도 잘 어울리겠죠? 단추를 앞으로 오게 입히면 카디건처럼 연출할 수도 있어요. 배색을 다르게 바꾸면 분위기가 확 달라져 보이니, 나만의 취향으로 배색해도 좋을 것 같아요.

사이즈
* **상의**　　총 길이 8㎝, 가슴둘레 16.2㎝, 소매길이 11㎝

게이지
* 도트무늬 배색뜨기 4.5코, 5.8단(1cm×1cm)

준비물
* **실**　　　앙고라2합 - 레몬색 10g, 오렌지[연두]색 5g
* **바늘**　　2mm 줄바늘, 2mm 장갑바늘
* **부재료**　5mm 원형단추 3개

알아두기

❶ 몸판과 소매 모두 평면뜨기입니다.
❷ 위에서 아래로 뜨는 톱다운 방식입니다.
❸ 소매 분리 후 소매 양쪽을 뜨고 소매 옆선을 연결한 다음 나머지 몸판을 뜹니다.
❹ 도트무늬는 오렌지나 연두색 중 선택해서 뜹니다. 도안은 오렌지색으로 설명했습니다.
❺ 배색할 때 실당김에 주의해서 뜹니다.
❻ '실은 자릅니다.'는 10㎝ 정도 여유를 두고 자르면 됩니다. 이 실은 돗바늘에 끼워 정리할 실입니다.

뜨개 기법

★겉 겉뜨기
★안 안뜨기
★감 감아코
★안꼬 안뜨기로 꼬아뜨기
★원모 왼코 모아뜨기
★안왼모 안뜨기로 왼코 모아뜨기
★바비 바늘비우기

✧ 도트 스웨터 ✧

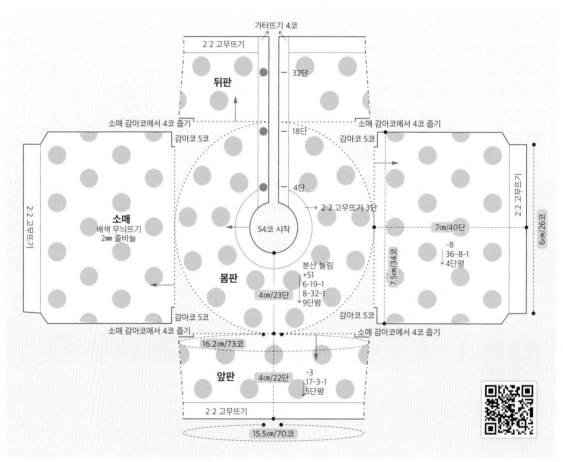

가터뜨기 4코
2:2 고무뜨기
뒤판
32단
소매 감아코에서 4코 줄기
감아코 5코
18단
소매 감아코에서 4코 줄기
감아코 5코
4단
2:2 고무뜨기 3단
2:2 고무뜨기
소매
배색 무늬뜨기
2mm 줄바늘
54코 시작
몸판
분산 늘림
+51
6-19-1
8-32-1
↓9단평
4cm/23단
감아코 5코
소매 감아코에서 4코 줄기
16.2cm/73코
앞판
4cm/22단
2:2 고무뜨기
15.5cm/70코
감아코 5코
7cm/40단
-8
36-8-1
↓4단평
7.5cm/34코
2:2 고무뜨기
6cm/26코
-3
17-3-1
↓5단평

✧ ✧ ✧

× 몸판 ×
목둘레~소매 분리 전까지

실 색상이 표시될 때 명시한 색상 실로 바꿉니다. 2mm 줄바늘과
앙고라2합 레몬색 실로 54코를 만듭니다.

★1단 겉4, (안2, 겉2)×11, 안2, 겉4

★2단 겉4, (겉2, 안2)×11, 겉6

★3단 겉4, (안2, 겉2)×11, 안2, 겉4

★4단 겉51, 바비(단춧구멍), 왼모1, 겉1

★5단 겉4, 안46, 겉4

★6단 겉4, (겉3, 바비1)×3, (겉2, 바비1)×13, (겉3, 바비1)×3, 겉6 73

★7단 겉4, 안2, (안꼬1 안3)×3, (안꼬1, 안2)×13, (안꼬1, 안3)×3, 겉4

★8단 겉7, (오렌지겉3, 레몬겉5)×8, 겉2

★9단 겉4, 안2, (오렌지안5, 레몬안3)×7, 오렌지안5, 레몬안2, 겉4

★10단 겉6, (오렌지겉5, 레몬겉3)×8, 겉3

★11단 9단과 동일

★12단 8단과 동일

★13단 겉4, 안65, 겉4

★14단 겉4, (겉2, 바비1)×32, 겉5 105

★15단 겉4, 안1, (안꼬1, 안2)×32, 겉4

★16단 겉105

★17단 겉4, 안3, (오렌지안3, 레몬안5)×11, 오렌지안3, 레몬안3, 겉4

★18단 겉6, (오렌지겉5, 레몬겉3)×12, 바비(단춧구멍), 왼모1, 겉1

★19단 겉4, 안2, (오렌지안5, 레몬안3)×11, 오렌지안5, 레몬안2, 겉4

★20단 겉6, (오렌지겉5, 레몬겉3)×12, 겉3

★21단 17단과 동일

★22단 겉105

★23단 겉4, 안97, 겉4

레몬색과 오렌지색 실은 자릅니다.

× 소매 분리 ×

오른쪽 뒤판 16코, 오른쪽 소매 24코, 앞판 25코, 왼쪽 소매 24코, 왼쪽 뒤판 16코로 나누어 버림실에 걸어둡니다. (왼쪽, 오른쪽은 레이나가 스웨터로 입었을 때 방향입니다.) 소매 양쪽을 먼저 뜨고 나머지 몸판을 뜹니다.

× 오른쪽 소매 ×

오른쪽 소매 24코를 2㎜ 줄바늘에 옮깁니다. 평면뜨기입니다.

★1단 새로운 레몬색 실로 겉24, 감5 29

★2단 안29, 감5 34

★3단 새로운 오렌지색 실로 겉3, (레몬겉5, 오렌지겉3)×3, 레몬겉5, 오렌지겉2

★4단 안3, (레몬안3, 오렌지안5)×3, 레몬안3, 오렌지안4

★5단 겉4, (레몬겉3, 오렌지겉5)×3, 레몬겉3, 오렌지겉3

★6단 4단과 동일

★7단 겉3, (레몬겉5, 오렌지겉3)×3, 레몬겉5, 오렌지겉2

★8단 레몬안34

★9단 겉34

★10~11단 8~9단 1번 반복

★12단 안3, (오렌지안3, 레몬안5)×3, 오렌지안3, 레몬안4

★13단 겉3, (오렌지겉5, 레몬겉3)×3, 오렌지겉5, 레몬겉2

★14단 안2, (오렌지안5, 레몬안3)×4

★15단 13단과 동일

★16단 12단과 동일

★17단 겉34

★18단 안34

★19~20단 17~18단 1번 반복

★21단 (오렌지겉3, 레몬겉5)×4, 오렌지겉2

★22단 안3, (레몬안3, 오렌지안5)×3, 레몬안3, 오렌지안4

★23단 겉4, (레몬겉3, 오렌지겉5)×3, 레몬겉3, 오렌지겉3

★24단 22단과 동일

★25단 21단과 동일

★26단 레몬안34

★27단 겉34

★28~29단 26~27단 1번 반복

★30~34단 12~16단 1번 반복, 오렌지색 실은 자릅니다.

★35단 겉34

★36단 안1, (안2, 안왼모1)×8, 안1 26

★37단 (겉2, 안2)×6, 겉2

★38단　(안2, 겉2)×6, 안2

★39~40단　37~38단 1번 반복

겉뜨기는 겉뜨기로 뜨고, 안뜨기는 안뜨기로 뜨면서 코막음 합니다.
레몬색 실은 소매 옆선을 연결할 만큼 여유를 두고 자릅니다.

× 왼쪽 소매 ×

왼쪽 소매 24코를 2㎜ 줄바늘에 옮깁니다. 평면뜨기입니다.

★1단　새로운 레몬색 실로 겉24, 감5　29

★2단　안29, 감5　34

★3단　새로운 오렌지색 실로 겉2, (레몬겉5, 오렌지겉3)×4

★4단　안4, (레몬안3, 오렌지안5)×3, 레몬안3, 오렌지안3

★5단　겉3, (레몬겉3, 오렌지겉5)×3, 레몬겉3, 오렌지겉4

★6단　4단과 동일

★7단　겉2, (레몬겉5, 오렌지겉3)×3, 레몬겉5, 오렌지겉3

★8단　레몬안34

★9단　겉34

★10~11단　8~9단 1번 반복

★12단　안4, (오렌지안3, 레몬안5)×3, 오렌지안3, 레몬안3

★13단　겉2, (오렌지겉5, 레몬겉3)×4

★14단　안3, (오렌지안5, 레몬안3)×3, 오렌지안5, 레몬안2

★15단　13단과 동일

★16단　12단과 동일

★17단　겉34

★18단　안34

★19~20단　17~18단 1번 반복

★21단　오렌지겉2, (레몬겉5, 오렌지겉3)×4

★22단　안4, (레몬안3, 오렌지안5)×3, 레몬안3, 오렌지안3

★23단　겉3, (레몬겉3, 오렌지겉5)×3, 레몬겉3, 오렌지겉4

★24단　22단과 동일

★25단　21단과 동일

★26단   레몬안34

★27단   겉34

★28~29단   26~27단 1번 반복

★30~34단   12~16단 1번 반복, 오렌지색 실은 자릅니다.

★35단   겉34

★36단   안1, (안2, 안왼모1)×8, 안1 26

★37단   (겉2, 안2)×6, 겉2

★38단   (안2, 겉2)×6, 안2

★39~40단   37~38단 1번 반복

겉뜨기는 겉뜨기로 뜨고, 안뜨기는 안뜨기로 뜨면서 코막음 합니다. 레몬색 실은 소매 옆선을 연결할 만큼 여유를 두고 자릅니다. 오른쪽과 왼쪽 소매 옆선은 돗바늘로 겉면에서 메리야스잇기를 합니다. (p.48 영상 참고)

× 몸판 ×
소매 분리~밑단까지

오른쪽 뒤판 16코, 앞판 25코, 왼쪽 뒤판 16코를 모두 2㎜ 줄바늘에 옮깁니다.

★24단   새로운 레몬색 실로 겉16, 오른쪽 소매 겨드랑이에서 8코를 줍기, 겉25, 왼쪽 소매 겨드랑이에서 8코를 줍기, 겉16 73

★25단   겉4, 안65, 겉4

★26단   겉11, (오렌지겉3, 레몬겉5)×7, 겉6

★27단   겉4, 안6, (오렌지안5, 레몬안3)×7, 안3, 겉4

★28단   겉10, (오렌지겉5, 레몬겉3)×7, 겉7

★29단   27단과 동일

★30단   26단과 동일

★31단   겉4, 안65, 겉4

★32단   겉70, 바비1(단춧구멍), 왼모1, 겉1

★33단   겉4, 안65, 겉4

★34단   겉73

★35단   겉4, 안3, (오렌지안3, 레몬안5)×7, 오렌지안3, 레몬안3, 겉4

★36단   겉6, (오렌지겉5, 레몬겉3)×7, 오렌지겉5, 레몬겉6

★37단   겉4, 안2, (오렌지안5, 레몬안3)×7, 오렌지안5, 레몬안2, 겉4

★38단   36단과 동일

★39단   35단과 동일, 오렌지색 실은 자릅니다.

★40단   겉4, (왼모1, 겉29)×2, 왼모1, 겉5 70

★41단   겉4, 안62, 겉4

★42단   겉4, (겉2, 안2)×15, 겉6

★43단   겉4, (안2, 겉2)×15, 안2, 겉4

★44~45단   42~43단 1번 반복

겉뜨기는 겉뜨기로 뜨고, 안뜨기는 안뜨기로 뜨면서 코막음 합니다. 레몬색 실은 자릅니다.

─── × 마무리 × ───

❶ 단춧구멍 위치에 맞춰서 단추를 답니다.

❷ 여유로 남긴 실은 정리합니다.

x

★26단   레몬안34

★27단   겉34

★28~29단   26~27단 1번 반복

★30~34단   12~16단 1번 반복, 오렌지색 실은 자릅니다.

★35단   겉34

★36단   안1, (안2, 안왼모1)×8, 안1 26

★37단   (겉2, 안2)×6, 겉2

★38단   (안2, 겉2)×6, 안2

★39~40단   37~38단 1번 반복

겉뜨기는 겉뜨기로 뜨고, 안뜨기는 안뜨기로 뜨면서 코막음 합니다. 레몬색 실은 소매 옆선을 연결할 만큼 여유를 두고 자릅니다. 오른쪽과 왼쪽 소매 옆선은 돗바늘로 겉면에서 메리야스잇기를 합니다. (p.48 영상 참고)

× 몸판 ×
소매 분리~밑단까지

오른쪽 뒤판 16코, 앞판 25코, 왼쪽 뒤판 16코를 모두 2㎜ 줄바늘에 옮깁니다.

★24단   새로운 레몬색 실로 겉16, 오른쪽 소매 겨드랑이에서 8코를 줍기, 겉25, 왼쪽 소매 겨드랑이에서 8코를 줍기, 겉16 73

★25단   겉4, 안65, 겉4

★26단   겉11, (오렌지겉3, 레몬겉5)×7, 겉6

★27단   겉4, 안6, (오렌지안5, 레몬안3)×7, 안3, 겉4

★28단   겉10, (오렌지겉5, 레몬겉3)×7, 겉7

★29단   27단과 동일

★30단   26단과 동일

★31단   겉4, 안65, 겉4

★32단   겉70, 바비1(단춧구멍), 왼모1, 겉1

★33단   겉4, 안65, 겉4

★34단   겉73

★35단   겉4, 안3, (오렌지안3, 레몬안5)×7, 오렌지안3, 레몬안3, 겉4

토끼와 당근 원피스

난이도 ★★★☆☆

토끼와 당근을 단독 무늬로 넣어 두 가지 스타일의 귀여운 원피스를 만들었습니다. 다른 그림의 무늬로 응용해 보세요. 개성 있는 나만의 원피스가 완성될 거예요.

사이즈
* **토끼 원피스**　총 길이 14㎝, 가슴둘레 18.2㎝
* **당근 원피스**　총 길이 13.5㎝, 가슴둘레 18.2㎝

게이지
* 메리야스뜨기 4.0코, 5.8단(1㎝×1㎝)

준비물
* **실**
  - 토끼 원피스　앙고라2합 - 백아이보리색 10g,
    　　　　　　　비비드핑크 5g
  - 당근 원피스　앙고라2합 - 백아이보리색 10g,
    　　　　　　　램스울2합 - 연한초록색 1g, 당근색 1g,
    　　　　　　　연두색 1g
* **바늘**　2mm 줄바늘, 레이스 0호 코바늘
* **부재료**　5mm 원형단추 6개

알아두기

❶ 몸판은 평면뜨기이며, 소매는 따로 뜨지 않고 완성합니다.
❷ 위에서 아래로 뜨는 톱다운 방식입니다.
❸ '//' 표시에는 마커를 걸어놓아 몸판과 소매를 구분합니다.
❹ 실 색상이 바뀔 때는 두 가지 색상을 안쪽 면에서 교차시킵니다.
❺ 실은 엉키지 않게 바로 풀어줍니다.
❻ '실은 자릅니다.'는 10㎝ 정도 여유를 두고 자르면 됩니다. 이 실은 돗바늘에 끼워 정리할 실입니다.

뜨개 기법

✧ 토끼 원피스 ✧

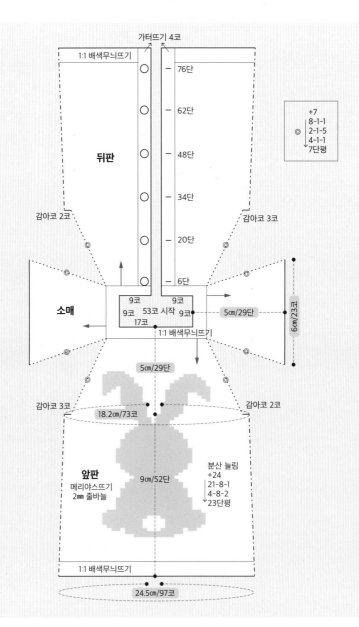

가터뜨기 4코

1:1 배색무늬뜨기

뒤판

76단
62단
48단
34단
20단
6단

감아코 2코

감아코 3코

◎
+7
8-1-1
2-1-5
4-1-1
7단평

소매

9코 9코
9코 53코 시작 9코
17코
1:1 배색무늬뜨기

5cm/29단

6cm/23코

5cm/29단

감아코 3코

18.2cm/73코

감아코 2코

앞판
메리야스뜨기
2mm 줄바늘

9cm/52단

분산 늘림
+24
21-8-1
4-8-2
23단평

1:1 배색무늬뜨기

24.5cm/97코

× 몸판 ×

백아이보리색 실은 3볼, 비비드핑크색 실은 2볼로 소분합니다. 백아이보리는 '백', 비비드핑크는 '핑'으로 표기합니다. 실 색상이 표시될 때 명시한 색상 실로 바꿉니다. 2㎜ 줄바늘과 앙고라2합 비비드핑크색 실로 53코를 만듭니다.

★1단   안53

★2단   (핑겉1, 백겉1)×26, 핑겉1

★3단   (핑안1, 백안1)×26, 핑안1

★4단   (핑겉1, 백겉1)×26, 핑겉1, 비비드핑크색 실은 자릅니다.

★5단   백안53

★6단   겉50, 바비(단춧구멍), 왼모1, 겉1

★7단   겉4, 안45, 겉4

★8단   '//' 표시는 마커를 걸어둡니다. 겉8, 오늘1, 겉1//겉1, 왼늘1, 겉7, 오늘1, 겉1//겉1, 왼늘1, 겉15, 오늘1, 겉1//겉1, 왼늘1, 겉7, 오늘1, 겉1//겉1, 왼늘1, 겉8 61

★9단   겉4, 안6//안11//안19//안11//안6, 겉4

★10단   겉9, 오늘1, 겉1//겉1, 왼늘1, 겉9, 오늘1, 겉1//겉1, 왼늘1, 겉17, 오늘1, 겉1//겉1, 왼늘1, 겉9, 오늘1, 겉1//겉1, 왼늘1, 겉9 69

★11단   겉4, 안7//안13//안21//안13//안7, 겉4

★12단   겉10, 오늘1, 겉1//겉1, 왼늘1, 겉11, 오늘1, 겉1//겉1, 왼늘1, 겉19, 오늘1, 겉1//겉1, 왼늘1, 겉11, 오늘1, 겉1//겉1, 왼늘1, 겉10 77

★13단   겉4, 안8//안15//안23//안15//안8, 겉4

오른쪽 그림 도안을 참고하면서 뜹니다. (p.54 영상 참고)

★14단   겉11, 오늘1, 겉1//겉1, 왼늘1, 겉13, 오늘1, 겉1//겉1, 왼늘1, 새로운 비비드핑크색 실로 겉4, 뜨던 백아이보리색 실로(핑겉4를 건너옵니다.) 겉17, 오늘1, 겉1//겉1, 왼늘1, 겉13, 오늘1, 겉1//겉1, 왼늘1, 겉11 85

★15단   겉4, 안9//안17//안3, 새로운 비비드핑크색 실로 안3, 새로운 백아이보리색 실로 안12, 걸려있는 비비드핑크색 실로 안6, 새로운 백아이보리색 실로 안1//안17//안9, 겉4

백아이보리색 3볼, 비비드핑크색 2볼로 가까운 곳의 실끼리 교차하면서 배색합니다. 실 색상이 바뀔 때는 두 가지 색상을 교차시킵니다.

★16단   겉12, 오늘1, 겉1//겉1, 왼늘1, 겉15, 오늘1, 겉1//겉1, 왼늘1, 핑겉7, 백겉10 핑겉5, 백겉1, 오늘1, 겉1//겉1, 왼늘1, 겉15, 오늘1, 겉1//겉1, 왼늘1, 겉12 93

★17단   겉4, 안10//안19//안2, 핑안7, 백안9, 핑안7, 백안2//안19//안10, 겉4

★18단   겉13, 오늘1, 겉1//겉1, 왼늘1, 겉17, 오늘1, 겉1//겉1, 왼늘1, 겉1, 핑8, 백겉7, 핑겉8, 백겉1, 오늘1, 겉1//겉1, 왼늘1, 겉17, 오늘1, 겉1//겉1, 왼늘1, 겉13 101

★19단   겉4, 안11//안21//안2, 핑안9, 백안6, 핑안5, 백안1, 핑안3, 백안3//안21//안11, 겉4

★20단   겉15//겉21//겉3, 핑겉2, 백겉1, 핑겉5, 백겉5, 핑겉10, 백겉2//겉21//겉12, 바비(단춧구멍), 왼모1, 겉1

★21단   겉4, 안11//안21//안2, 핑안3, 백안2, 핑안5, 백안5, 핑안5, 백안3, 핑안1, 백안3//안21//안11, 겉4

★22단   겉14, 오늘1, 겉1//겉1, 왼늘1, 겉19, 오늘1, 겉1//겉1, 왼늘1, 겉6, 핑겉5, 백겉5, 핑겉5, 백겉3, 핑겉2, 백겉1, 오늘1, 겉1//겉1, 왼늘1, 겉19, 오늘1, 겉1//겉1, 왼늘1, 겉14 109

★23단   겉4, 안12//안23//안3, 핑안1, 백안4, 핑안5, 백안5, 핑안5, 백안8//안23//안12, 겉4

토끼 그림

▲ 뜨고 나서 실을 자릅니다.
△ 새로운 실로 시작합니다.

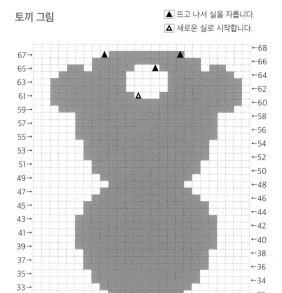

중심코

55

토끼와 당근 원피스

★24단 겉16//겉23//겉8, 핑겉6, 백겉3, 핑겉6, 백겉8//겉23//겉16

★25단 겉4, 안12//안23//안9, 핑안5, 백안3, 핑안5, 백안9//안23//안12, 겉4

★26단 겉16//겉23//겉9, 핑겉5, 백겉3, 핑겉5, 백겉9//겉23//겉16

★27단 겉4, 안12//안23//안9, 핑안5, 백안3, 핑안5, 백안9//안23//안12, 겉4

★28단 겉16//겉23//겉10, 핑겉4, 백겉2, 핑겉5, 백겉10//겉23//겉16

★29단 겉4, 안12//안23//안11, 핑안4, 백안1, 핑안4, 백안11//안23//안12, 겉4

× 소매 분리 ×

★30단 마커는 제거합니다. 겉16, 겉뜨기 뜨면서 23코 코막음, 겉11, 핑겉3, 방금 뜬 비비드핑크색 실은 자릅니다. 백겉1, 방금 뜬 백아이보리색 실은 자릅니다. 핑겉3, 백겉12, 겉뜨기 뜨면서 23코 코막음, 겉15 63

★31단 겉4, 백안12, 감5, 안12, 핑안7, 백안12, 감5, 안12, 겉4 73

★32단 겉32 핑겉9, 백겉32

★33단 겉4, 백안27, 핑안11, 백안27, 겉4

★34단 겉30, 핑겉13, 백겉27, 바비(단춧구멍), 왼모1, 겉1

★35단 겉4, 백안26, 핑안13, 백안26, 겉4

★36단 겉29, 핑겉15, 백겉29

★37단 겉4, 안25, 핑안15, 백안25, 겉4

★38단 겉29, 핑겉15, 백겉29

★39단 겉4, 안24, 핑안17, 백안24, 겉4

★40단 겉28, 핑겉17, 백겉28

★41~42단 39~40단 1번 반복

★43단 겉4, 안24, 핑안17, 백안24, 겉4

★44단 겉29, 핑겉15, 백겉29

★45단 겉4, 안25, 핑안15, 백안25, 겉4

★46단 겉30, 핑겉13, 백겉30

★47단 겉4, 안27, 핑안11, 백안27, 겉4

★48단 겉32, 핑겉9, 백겉29, 바비1(단춧구멍), 왼모1, 겉1

★49단 겉4, 안27, 핑안11, 백안27, 겉4

★50단 겉4, (겉5, 왼늘1)×4, 겉6, 핑겉13, 백겉6, (왼늘1, 겉5)×4, 겉4 81

★51단 겉4, 안30, 핑안13, 백안30, 겉4

★52단 겉33, 핑겉15, 백겉33

★53단 겉4, 안29, 핑안15, 백안29, 겉4

★54단 겉4, (겉6, 왼늘1)×4, 겉5, 핑겉15, 백겉5, (왼늘1, 겉6)×4, 겉4 89

★55단 겉4, 안32, 핑안17, 백안32, 겉4

★56단 겉36, 핑겉17, 백겉36

★57단 겉4, 안32, 핑안17, 백안32, 겉4

★58단 겉4, (겉7, 왼늘1)×4, 겉4, 핑겉17, 백겉4, (왼늘1, 겉7)×4, 겉4 97

★59단 겉4, 안34, 핑안21, 백안34, 겉4

★60단 겉37, 핑겉23, 겉37

★61단 겉4, 안33, 핑안10, 새로운 백아이보리색 실로 안3, 뜨던 비비드핑크색 실로 안10, 백안33, 겉4(꼬리 부분은 비비드핑크색 실을 교차시키지 않고 건너갑니다.)

★62단 겉37, 핑겉9, 백겉5, 핑겉9, 백겉34, 바비1(단춧구멍), 왼모1, 겉1

★63단 겉4, 안33, 핑안9, 백5, 핑안9, 백안33, 겉4

★64단 겉38, 핑겉8, 백겉5, 핑겉8, 백겉38

★65단 겉4, 안35, 핑안2, 뜨던 백아이보리색 실로 백안1, 핑안5, 백안3, 방금 뜬 백아이보리색 실은 자릅니다. 핑5, 백안1, 핑안2, 백안35, 겉4

★66단 겉42, 핑겉13, 백겉42

★67단 겉4, 안40, 방금 뜬 백아이보리색 실은 자릅니다. 핑안9, 비비드핑크색 실은 자릅니다. 백안40, 겉4

★68단 겉97

★69단 겉4, 안89, 겉4

★70~75단 68~69단 3번 반복

★76단 겉94, 바비1(단춧구멍), 왼모1, 겉1

★77단 겉4, 안89, 겉4

★78단 　겉4, (핑겉1, 백겉1)×44, 핑겉1, 백겉4

★79단 　겉4, (핑안1, 백안1)×44, 핑안1, 백겉4

★80단 　78단과 동일

★81단 　겉4, 핑안89, 핑겉4, 백아이보리색 실은 자릅니다.

비비드핑크색 실로 겉뜨기 뜨면서 코막음 합니다. 비비드핑크색
실은 자릅니다.

× 마무리 ×

❶ 단춧구멍 위치에 맞춰서 단추를 답니다.

❷ 여유로 남긴 실은 정리합니다.

토카와 당근 원피스

당근 원피스

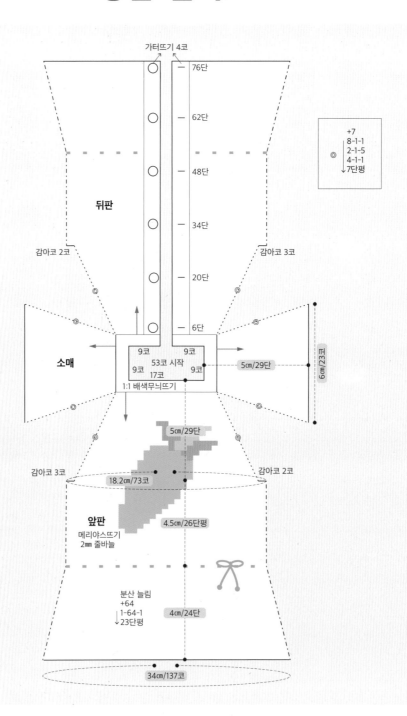

가터뜨기 4코

76단
62단
48단
34단
20단
6단

뒤판

감아코 2코   감아코 3코

+7
8-1-1
2-1-5
4-1-1
↓7단평

소매

9코   9코
53코 시작
9코   9코
17코
1:1 배색무늬뜨기

5cm/29단   6cm/23코

5cm/29단

감아코 3코   감아코 2코

18.2cm/73코

앞판
메리야스뜨기
2mm 줄바늘

4.5cm/26단평

분산 늘림
+64
1-64-1
↓23단평

4cm/24단

34cm/137코

× 몸판 ×

백아이보리색 실은 2볼로 소분합니다. 백아이보리는 '백', 연한초록은 '연초', 연두는 '연', 당근은 '당'으로 표기합니다. 실 색상이 표시될 때 명시한 색상 실로 바꿉니다. 2㎜ 줄바늘과 램스울 2합 연한초록색 실로 53코를 만듭니다.

★1단   안53

★2단   (연초겉1, 백겉1)×26, 연초겉1

★3단   (연초안1, 백안1)×26, 연초안1

★4단   (연초겉1, 백겉1)×26, 연초겉1, 연한초록색 실은 자릅니다.

★5단   백안53

★6단   겉50, 바비(단춧구멍), 왼모1, 겉1

★7단   겉4, 안45, 겉4

★8단   '//'표시는 마커를 걸어둡니다. 겉8, 오늘1, 겉1//겉1, 왼늘1, 겉7, 오늘1, 겉1//겉1, 왼늘1, 겉15, 오늘1, 겉1//겉1, 왼늘1, 겉7, 오늘1, 겉1//겉1, 왼늘1, 겉8 61

★9단   겉4, 안6//안11//안19//안11//안6, 겉4

★10단   겉9, 오늘1, 겉1//겉1, 왼늘1, 겉9, 오늘1, 겉1//겉1, 왼늘1, 겉17, 오늘1, 겉1//겉1, 왼늘1, 겉9, 오늘1, 겉1//겉1, 왼늘1, 겉9 69

★11단   겉4, 안7//안13//안21//안13//안7, 겉4

★12단   겉10, 오늘1, 겉1//겉1, 왼늘1, 겉11, 오늘1, 겉1//겉1, 왼늘1, 겉19, 오늘1, 겉1//겉1, 왼늘1, 겉11, 오늘1, 겉1//겉1, 왼늘1, 겉10 77

★13단   겉4, 안8//안15//안23//안15//안8, 겉4

★14단   겉11, 오늘1, 겉1//겉1, 왼늘1, 겉13, 오늘1, 겉1//겉1, 왼늘1, 겉21, 오늘1, 겉1//겉1, 왼늘1, 겉13, 오늘1, 겉1//겉1, 왼늘1, 겉11 85

★15단   겉4, 안9//안17//안25//안17//안9, 겉4

★16단   겉12, 오늘1, 겉1//겉1, 왼늘1, 겉15, 오늘1, 겉1//겉1, 왼늘1, 겉23, 오늘1, 겉1//겉1, 왼늘1, 겉15, 오늘1, 겉1//겉1, 왼늘1, 겉12 93

★17단   겉4, 안10//안19//안27//안19//안10, 겉4

★18단   겉13, 오늘1, 겉1//겉1, 왼늘1, 겉17, 오늘1, 겉1//겉1, 왼늘1, 겉25, 오늘1, 겉1//겉1, 왼늘1, 겉17, 오늘1, 겉1//겉1, 왼늘1, 겉13 101

★19단   겉4, 안11//안21//안29//안21//안11, 겉4

당근 그림

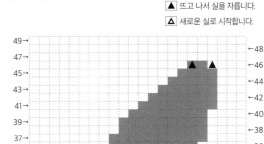

▲ 뜨고 나서 실을 자릅니다.
△ 새로운 실로 시작합니다.

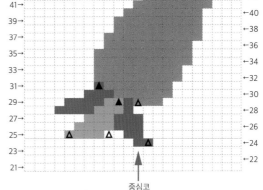

중심코

★20단   겉15//겉21//겉29//겉21//겉12, 바비(단춧구멍), 왼모1, 겉1

★21단   겉4, 안11//안21//안29//안21//안11, 겉4

★22단   겉14, 오늘1, 겉1//겉1, 왼늘1, 겉19, 오늘1, 겉1//겉1, 왼늘1, 겉27, 오늘1, 겉1//겉1, 왼늘1, 겉19, 오늘1, 겉1//겉1, 왼늘1, 겉14 109

★23단   겉4, 안12//안23//안31//안23//안12, 겉4

그림 도안을 참고하면서 뜹니다. 실 색상이 바뀔 때는 두 가지 색상을 교차시킵니다. 가까운 곳의 실끼리 교차하면서 배색합니다.

★24단   겉16//겉23//겉14, 새로운 연한초록색 실로 겉2, 뜨던 백아이보리색 실로 겉15//겉23//겉16

★25단   겉4, 안12//안23//안8, 새로운 연두색 실로 연안4, 새로운 백아이보리색 실로 안2, 연초안2, 뜨던 백아이보리색 실로 안15//안23//안12, 겉4

★26단   겉16//겉23//겉15, 연초겉3, 연겉4, 백겉9//겉23//겉16

★27단   겉4, 안12//안23//안10, 연안3, 연초안3, 백안15//안23//안12, 겉4

★28단   겉16//겉23//겉16, 연초겉1, 연겉3, 뜨던 연초색 실로 연초겉4, 백겉7//겉23//겉16

★29단   겉4, 안12//안23//안8, 연초안4, 연안2, 뜨던 연초색 실로 연초안1, 새로운 당근색 실로 당안3, 백안13//안23//겉4, 연두색 실은 자릅니다.

× 소매 분리 ×

★30단 마커는 제거합니다. 겉16, 겉뜨기 뜨면서 23코 코막음, 겉11, 당겉6, 연초겉3, 백안10, 겉뜨기 뜨면서 23코 코막음, 겉15 63

★31단 겉4, 백안12, 감5, 안11, 연초안1, 당안7, 백안12, 감5, 안12, 겉4, 연한초록색 실은 자릅니다. 73

★32단 겉32 당겉9, 백겉32

★33단 겉4, 백안28, 당안9, 백안28, 겉4

★34단 겉31, 당겉10, 백겉29, 바비(단춧구멍), 왼모1, 겉1

★35단 겉4, 백안28, 당안10, 백안27, 겉4

★36단 겉31, 당겉9, 백겉33

★37단 겉4, 안29, 당안10, 백안26, 겉4

★38단 겉30, 당겉9, 백겉34

★39단 겉4, 안30, 당안9, 백안26, 겉4

★40단 겉30, 당겉8, 백겉35

★41단 겉4, 안32, 당안8, 백안25, 겉4

★42단 겉29, 당겉7, 백겉37

★43단 겉4, 안34, 당겉6, 백안25, 겉4

★44단 겉29, 당안5, 백겉39

★45단 겉4, 안36, 당안4, 백안25, 겉4

★46단 겉30, 방금 뜬 백아이보리색 실은 자릅니다. 당겉2, 백겉41, 당근색 실은 자릅니다.

★47단 겉4, 안65, 겉4

★48단 겉70, 바비1(단춧구멍), 왼모1, 겉1

★49단 겉4, 안65, 겉4

★50단 겉73

★51단 겉4, 안65, 겉4

★52~55단 50~51단 2번 반복

★56단 겉4, (겉1, 바비1)×64, 겉5 137

★57단 겉4, 안129, 겉4

★58단 겉137

★59단 겉4, 안129, 겉4

★60단 겉137

★61단 겉4, 안129, 겉4

★62단 겉134, 바비1(단춧구멍), 왼모1, 겉1

★63단 겉4, 안129, 겉4

★64~75단 60~61단 6번 반복

★76단 겉134, 바비1(단춧구멍), 왼모1, 겉1

★77단 겉4, 안129, 겉4

★78단 겉7, (안3, 겉3)×21, 겉4

★79단 겉4, (안3, 겉3)×21, 안3, 겉4

겉뜨기는 겉뜨기로 뜨고, 안뜨기는 안뜨기로 뜨면서 코막음 합니다.

× 허리끈 ×

앙고라2합 연두색 실과 레이스 0호 코바늘로 시작합니다. 방울뜨기는 사슬 3개, 한길긴뜨기 4개를 모아뜹니다.

❶ 사슬뜨기 20㎝를 뜬 다음, 방울뜨기 1개를 뜨고 마무리합니다.

❷ 사슬뜨기 12㎝를 뜨고 방울뜨기 1개를 떠서 끈을 하나 더 만듭니다.

❸ 56단에 허리끈을 끼우고 뒤판 안쪽 면에 사슬뜨기 시작 부분을 고정시킵니다. 다른 끈도 같은 방법으로 작업합니다.

❹ 끈이 만나는 부분을 리본 모양으로 예쁘게 묶어줍니다.

허리끈

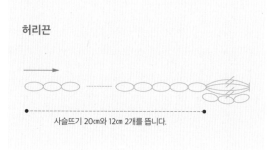

사슬뜨기 20㎝와 12㎝ 2개를 뜹니다.

❶ 단춧구멍 위치에 맞춰서 단추를 답니다.

❷ 여유로 남긴 실은 정리합니다.

오프숄더 웨딩드레스

난이도 ★★★☆☆

부드러운 웨이브 무늬와 진주로 밑단을 장식하여 우아한 드레스를 만들었습니다. 치마에 풍성한 주름을 넣고, 리본으로 허리라인을 강조하여 포인트를 주었습니다. 상의는 오프숄더로 쉽고 깔끔하게 뜰 수 있도록 만들었습니다. 치마의 길이를 짧게 하여 파티 드레스로 입혀도 좋고, 머리에 진주 장식 베일이나 화관을 매치해서 레이나의 드레스를 아름답게 완성해 보세요.

사이즈
★ 드레스　총 길이 22.5㎝, 가슴둘레 15㎝
★ 햇　지름 6.5㎝

게이지
★ 메리야스뜨기 4.2코, 5.8단(1㎝×1㎝)
★ 밑단 웨이브 무늬 4.2코, 6.2단(1㎝×1㎝)
★ 상의 무늬 3.8코, 6.8단(1㎝×1㎝)

준비물
★ 실　앙고라2합 - 백아이보리색 30g
★ 바늘　2㎜ 줄바늘 2개, 2.5㎜ 줄바늘 1개
★ 부재료
　· 드레스　스냅단추 6개, 흰색리본 약간, 5㎜ 진주 15개
　· 햇　망사천·투명비즈·진주 약간씩,
　　　다이아몬드 원형 장식·흰색 레이스 리본 약간씩

알아두기

❶ 상의와 치마 모두 평면뜨기입니다.
❷ 상의는 위에서 아래로 뜨는 톱다운 방식이고, 치마는 바텀업 방식입니다.
❸ 상의, 하의 따로 떠서 연결합니다.
❹ 하의의 오른쪽(레이나가 입었을 때 방향) 뒤판 단춧단만 4코 가터뜨기로 만듭니다.

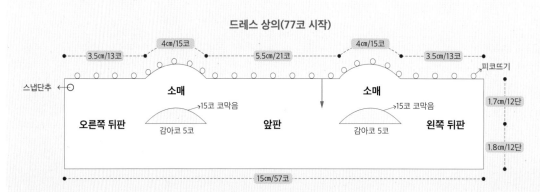

뜨개 기법	★ 겉 겉뜨기	★ 바비 바늘비우기	★ 안원모 안뜨기로 왼코 모아뜨기
	★ 안 안뜨기	★ 원모 왼코 모아뜨기	★ 안오모 안뜨기로 오른코 모아뜨기
	★ 감 감아코	★ 오모 오른코 모아뜨기	

✧ 드레스 ✧

드레스 상의(77코 시작)

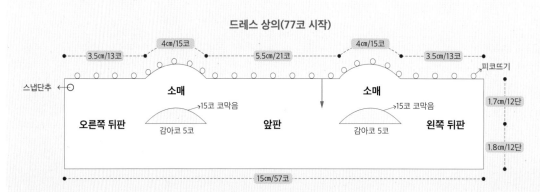

3.5cm/13코   4cm/15코   5.5cm/21코   4cm/15코   3.5cm/13코

피코뜨기

스냅단추 →

소매   소매

앞판

→15코 코막음   →15코 코막음

감아코 5코   감아코 5코

오른쪽 뒤판   왼쪽 뒤판

1.7cm/12단

1.8cm/12단

15cm/57코

드레스 밑단 레이스 1무늬(23코 24단) - 8번 반복

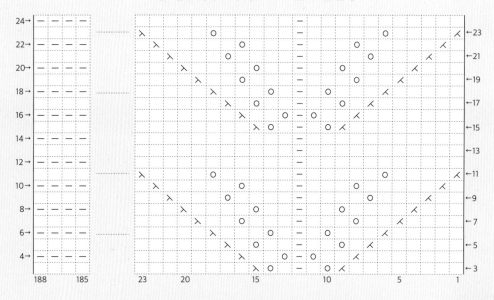

188   185   23   20   15   10   5   1

드레스 하의 사이즈 45cm×19cm(무늬뜨고 나머지는 메리야스뜨기)

× 상의 ×

2㎜ 줄바늘과 앙고라2합 백아이보리색 실로 피코무늬를 만들면서 77코를 만듭니다. (p.64 영상 참고)

★1단 (안1, 겉1)×38, 안1

★2단 안77

★3~12단 1~2단 5번 반복

× 소매분리 ×

★13단 (안1, 겉1)×6, 안1, 겉뜨기는 겉뜨기로, 안뜨기는 안뜨기로 뜨면서 15코 코막음, (겉1, 안1)×10, 겉뜨기는 겉뜨기로, 안뜨기는 안뜨기로 뜨면서 15코 코막음, (겉1, 안1)×6 47

★14단 안13, 감5, 안21, 감5, 안13 57

★15단 (안1, 겉1)×28, 안1

★16단 안57

★17~24단 15~16단 4번 반복

57코는 그대로 바늘에 걸어둡니다.

× 하의 ×

2.5㎜ 줄바늘과 앙고라2합 백아이보리색 실로 188코를 만듭니다.
2.5㎜ 줄바늘은 코만 만들고 2㎜ 줄바늘로 뜨기 시작합니다.
(p.64 무늬뜨기 영상 참고)

★1~2단 겉188×2단

★3단 (겉8, 왼모1, 바비, 겉1, 안1, 겉1, 바비, 오모1, 겉8)×8, 겉4

★4단 겉4, (안7, 안오모1, 안2, 바비, 겉1, 바비, 안2, 안왼모1, 안7)×8

★5단 (겉6, 왼모1, 겉1, 바비, 겉2, 안1, 겉2, 바비, 겉1, 오모1, 겉6)×8, 겉4

★6단 겉4, (안5, 안오모1, 안3, 바비, 안1, 겉1, 안1, 바비, 안3, 안왼모1, 안5)×8

★7단 (겉4, 왼모1, 겉2, 바비, 겉3, 안1, 겉3, 바비, 겉2, 오모1, 겉4)×8, 겉4

★8단 겉4, (안3, 안오모1, 안4, 바비, 안2, 겉1, 안2, 바비, 안4, 안왼모1, 안3)×8

★9단 (겉2, 왼모1, 겉3, 바비, 겉4, 안1, 겉4, 바비, 겉3, 오모1, 겉2)×8, 겉4

★10단 겉4, (안1, 안오모1, 안5, 바비, 안3, 겉1, 안3, 바비, 안5, 안왼모1, 안1)×8

★11단 (왼모1, 겉4, 바비, 겉5, 안1, 겉5, 바비, 겉4, 오모1)×8, 겉4

★12단 겉4, (안11, 겉1, 안11)×8

★13단 (겉11, 안1, 겉11)×8, 겉4

★14단 겉4, (안11, 겉1, 안11)×8

★15~24단 3~12단 1번 반복

★25단~106단 메리야스뜨기 82단(1단부터 18.5㎝ 정도)

무늬를 더 반복하고 싶을 때는 3~14단을 계속 반복하고 메리야스뜨기를 합니다. 레이나에게 입혀보면서 원하는 길이로 뜹니다.

★107단 겉1, 왼모91, 겉5 97

★108단 겉4, 안93

★109단 (겉1, 왼모2)×18, 겉1, 왼모1, 겉4 60

★110단 겉4, 안25, 안왼모3, 안25 57

× 마무리 ×

❶ 상의 무늬는 겉과 안쪽 중 예쁜 무늬로 선택해 최종 겉면으로 결정합니다. 상의 겉면과 치마 겉면을 마주대고, 상의 1코와 치마 1코를 같이 겉뜨기로 뜨면서 코막음 합니다. 이렇게 연결하면 드레스가 완성됩니다.

❷ 스냅단추를 적당한 위치에 달아줍니다.

❸ 밑단 레이스 무늬에 진주를 달아 장식합니다.

❹ 여유로 남긴 실은 정리합니다.

✧ 햇 장식 ✧

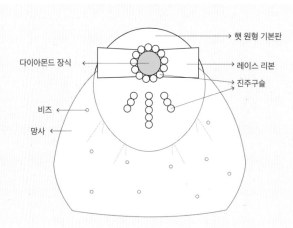

- 햇 원형 기본판
- 레이스 리본
- 진주구슬
- 다이아몬드 장식
- 비즈
- 망사

✧ ✧ ✧

× 원형 기본판 ×

2㎜ 줄바늘과 앙고라2합 백아이보리색 실로 68코를 만들어 평면 뜨기를 합니다.

★1~2단 겉68×2단

★3단 겉1, (겉9, 왼모1)×6, 겉1 62

★4단 겉62

★5단 겉1, (겉8, 왼모1)×6, 겉1 56

★6단 겉56

★7단 겉1, (겉7, 왼모1)×6, 겉1 50

★8단 겉50

★9단 겉1, (겉6, 왼모1)×6, 겉1 44

★10단 겉44

★11단 겉1, (겉5, 왼모1)×6, 겉1 38

★12단 겉38

★13단 겉1, (겉4, 왼모1)×6, 겉1 32

★14단 겉32

★15단 겉1, (겉3, 왼모1)×6, 겉1 26

★16단 겉26

★17단 겉1, (겉2, 왼모1)×6, 겉1 20

★18단 겉20

★19단 겉1, (겉1, 왼모1)×6, 겉1 14

★20단 겉14

★21단 왼모7 7, 20㎝ 정도의 여유를 두고 자릅니다.

× 마무리 ×

❶ 돗바늘에 실을 끼워 7코를 통과한 뒤 잡아당겨 오므려서 마무리
합니다. 좀 더 단단하게 하기 위해 한 번 더 통과시켜줍니다. 통
과한 다음 보이지 않는 안쪽 코에 실을 매듭지어 마무리합니다.

❷ 시작코 만들 때 남은 실로 옆선을 연결해주어 원형으로 만듭니다.

❸ 사진처럼 망사천에 주름을 잡아 햇에 부착합니다.
(p.66 영상 참고)

❹ 레이스 리본, 진주 등으로 장식합니다.

❺ 망사천에도 비즈를 장식합니다.

❻ 햇 안쪽에 핀을 부착하면 사용하기 편리합니다.

세일러 칼라 마린룩

난이도 ★★★★☆

투피스와 원피스 두 가지 스타일의 마린룩이에요. 투피스는 세일러 칼라 민소매 상의와 주름 스커트의 조화로 레이나가 더욱 깜찍 발랄해 보이도록 만들었습니다. 각각 다른 옷과 코디해도 잘 어울릴 수 있도록 디자인해서, 한 벌씩 만들어 두면 유용하게 활용할 수 있을 거예요.

원피스는 블루, 화이트의 줄무늬와 세일러 칼라로 마린룩 느낌을 물씬 풍깁니다. 마린풍 모자도 만들어서 멋진 마린룩을 완성해 보세요.

사이즈
- ★ **투피스 상의**　총 길이 6㎝, 가슴둘레 17.5㎝
- ★ **투피스 스커트**　총 길이 7㎝, 허리둘레 14.5㎝
- ★ **원피스**　총 길이 13㎝, 가슴둘레 17㎝
- ★ **모자**　모자둘레 30㎝, 머리둘레 23㎝, 높이 2.5㎝

게이지
- ★ 메리야스뜨기 4코, 6.2단(1cm×1cm)

준비물
- ★ **실**
  - 원피스　램스울2합 - 마린블루색 10g,
    앙고라2합 - 백아이보리색 3g
  - 투피스　램스울2합 - 마린블루색 20g,
    앙고라2합 - 백아이보리색 3g
  - 모자　램스울2합 - 마린블루색 5g,
    앙고라2합 - 백아이보리색 약간
- ★ **바늘**　2.5mm와 2mm 줄바늘, 2mm 장갑바늘
- ★ **부재료**
  - 투피스　5mm 원형단추 3개, 스냅단추 3개
  - 원피스　5mm 원형단추 2개
  - 모자　마린단추 1개

알아두기

❶ 투피스와 원피스, 모자 모두 평면뜨기입니다.
❷ 투피스와 원피스, 모자 모두 아래에서 위로 뜨는 바텀업 방식입니다.
❸ '실은 자릅니다.'는 10㎝ 정도 여유를 두고 자르면 됩니다. 이 실은 돗바늘에 끼워 정리할 실입니다.

✧ 투피스 ✧

상의

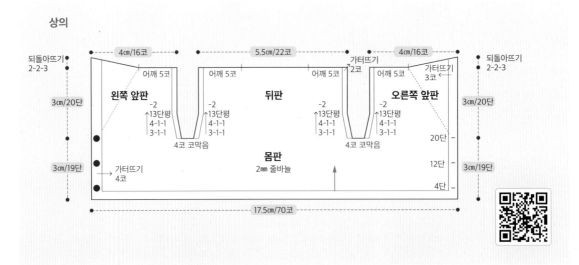

✧ ✧ ✧

× 상의 ×

2㎜ 줄바늘과 램스울2합 마린블루색 실로 70코를 만듭니다.

★1단   겉4, (안2, 겉2)×15, 안2, 겉4

★2단   겉4, (겉2, 안2)×15, 겉6

★3단   겉4, (안2, 겉2)×15, 안2, 겉4

★4단   겉1, 왼모1, 바비(단춧구멍), 겉67

★5단   겉4, 안62, 겉4

★6단   겉70

★7단   겉4, 안62, 겉4

★8~11단   6~7단 2번 반복

★12단   겉1, 왼모1, 바비(단춧구멍), 겉67

★13단   겉4, 안62, 겉4

★14~19단   6~7단 3번 반복

× 오른쪽 앞판과 세일러 칼라 뜨기 ×

지금부터 앞판과 뒤판 분리해서 뜹니다. 70코 중 오른쪽의 18코로 작업합니다. 나머지 52코는 쉼코로 둡니다.

★20단   겉1, 왼모1, 바비(단춧구멍), 겉15

★21단   겉2, 안12, 겉4

★22단   겉3, 안1, 겉10, 왼모1, 겉2 17

★23단   겉2, 안11, 겉4

★24단   겉3, 안1, 겉13

★25단   겉2, 안11, 겉4

★26단   겉3, 안2, 겉8, 왼모1, 겉2 16

★27단 겉2, 안9, 겉5

★28단 겉3, 안3, 겉10

★29단 겉2, 안8, 겉6

★30단 겉3, 안4, 겉9

★31단 겉2, 안7, 겉7

★32단 겉3, 안5, 겉8

★33단 겉2, 안6, 겉8

★34단 겉3, 안6, 겉7

★35단 겉2, 안5, 겉9

★36단 겉3, 안7, 겉6

★37단 겉2, 안4, 겉10

★38단 겉3, 안8, 겉5

★39단 겉2, 안3, 겉11

칼라 부분만 되돌아뜨기(p.72 영상 참고)
① 겉3, 안6, 실뒤, 걸러1, 실앞, 턴
② 걸러1, 겉9
③ 겉3, 안4, 실뒤, 걸러1, 실앞, 턴
④ 걸러1, 겉7
⑤ 겉3, 안2, 실뒤, 걸러1, 실앞, 턴
⑥ 걸러1, 겉5

남은 16코는 버림실에 걸어둡니다. 실은 자릅니다.

오른쪽 앞판 되돌아뜨기

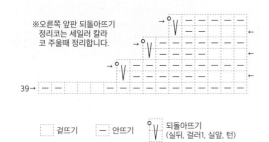

※오른쪽 앞판 되돌아뜨기
정리코는 세일러 칼라
코 주울때 정리합니다.

39→

| 겉뜨기 | 안뜨기 | 되돌아뜨기 (실뒤, 걸러1, 실앞, 턴) |

✧ ✧ ✧

× 뒤판 ×

쉼코로 둔 52코 중 오른쪽의 30코로 작업합니다. 나머지 22코는 쉼코로 둡니다.

★20단 새로운 마린블루색 실로 4코 코막음, 겉25 26

★21단 겉2, 안22, 겉2

★22단 겉2, 오모1, 겉18, 왼모1, 겉2 24

★23단 겉2, 안20, 겉2

★24단 겉24

★25단 겉2, 안20, 겉2

★26단 겉2, 오모1, 겉16, 왼모1, 겉2 22

★27단 겉2, 안18, 겉2

★28단 겉22

★29단 겉2, 안18, 겉2

★30~39단 28~29단 5번 반복

오른쪽 앞판의 16코 중 왼쪽 5코(어깨코)를 장갑바늘에 옮기고, 뒤판의 오른쪽 5코(어깨코)를 겉과 겉끼리 마주대어 겹쳐놓은 뒤 새로운 바늘을 사용하여(총 3개의 바늘로) 겉뜨기로 뜨면서 코막음으로 연결합니다. 실은 자릅니다. 남은 뒤판 17코는 버림실에 걸어둡니다. (p.72 영상 참고)

× 왼쪽 앞판과 세일러 칼라 뜨기 ×

쉼코로 둔 22코로 작업합니다.

★20단 새로운 마린블루색 실로 4코 코막음, 겉17 18

★21단 겉4, 안12, 겉2

★22단 겉2, 오모1, 겉10, 안1, 겉3 17

★23단 겉4, 안11, 겉2

★24단 겉13, 안1, 겉3

★25단 겉4, 안11, 겉2

★26단 겉2, 오모1, 겉8, 안2, 겉3 16

★27단 겉5, 안9, 겉2

★28단 겉10, 안3, 겉3

★29단 겉6, 안8, 겉2

★30단 겉9, 안4, 겉3

★31단 겉7, 안7, 겉2

★32단 겉8, 안5, 겉3

★33단 겉8, 안6, 겉2

★34단 겉7, 안6, 겉3

★35단 겉9, 안5, 겉2

★36단 겉6, 안7, 겉3

★37단 겉10, 안4, 겉2

★38단 겉5, 안8, 겉3

칼라 부분만 되돌아뜨기(p.72 영상 참고)
① 겉9, 실앞, 걸러1, 실뒤, 턴
② 걸러1, 안6, 겉3
③ 겉7, 실앞, 걸러1, 실뒤, 턴
④ 걸러1, 안4, 겉3
⑤ 겉5, 실앞, 걸러1, 실뒤, 턴
⑥ 걸러1, 안2, 겉3

★39단 겉5, (정리코1, 겉1)×3, 안3, 겉2

뒤판의 17코 중 왼쪽 5코(어깨코)를 장갑바늘에 옮기고, 왼쪽 앞판의 오른쪽 5코(어깨코)는 겉과 겉끼리 마주대어 겹쳐놓은 뒤 새로운 바늘을 사용하여(총 3개의 바늘로) 겉뜨기로 뜨면서 코막음으로 연결합니다. 실은 자릅니다. 남은 왼쪽 앞판 11코는 그대로 바늘에 걸어둡니다.

왼쪽 앞판 되돌아뜨기

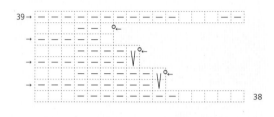

| 겉뜨기 | 안뜨기 | V° 되돌아뜨기 (실앞, 걸러1, 실뒤, 턴) |

✧ ✧ ✧

세일러 칼라 코줍기(총 38코)

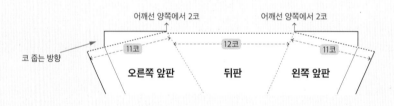

어깨선 양쪽에서 2코   어깨선 양쪽에서 2코

코 줍는 방향   11코   12코   11코

오른쪽 앞판   뒤판   왼쪽 앞판

✧ ✧ ✧

× 세일러 칼라 뜨기 ×

★40단 오른쪽 앞판 11코는 겉3, 안2, (정리코1, 안1)×3, 오른쪽 어깨선 연결한 부분 양쪽에서 1코씩 줍기, 뒤판 12코는 안12, 왼쪽 어깨선 연결한 양쪽에서 1코씩 줍기, 왼쪽 앞판 11코는 안8, 겉3 38 (영상 참고)

★41단 겉38

★42단 겉3, 안32, 겉3

★43~62단 41~42단 10번 반복

★63단 겉3, 새로운 백아이보리색 실로 겉32, 새로운 마린블루색 실로 겉3

★64단 겉3, 지금 3코 뜬 마린블루색 실은 앞쪽으로 옮겨두고 자릅니다. 백아이보리색 실로 안32, 백아이보리색 실은 자릅니다. 걸려있는 마린블루색 실로 겉3

★65~69단 겉38코×5단

겉뜨기 뜨면서 코막음 합니다.

× 마무리 ×

❶ 백아이보리색 실을 돗바늘에 꿰어 칼라에 체인스티치를 놓아줍니다. 세일러 칼라의 양쪽에 흰색 세로줄 스티치를 만들어줍니다. 2단마다 체인스티치 1개를 만듭니다. (영상 참고)

❷ 단춧구멍 위치에 맞춰서 단추를 답니다.

❸ 여유로 남긴 실은 정리합니다.

✧ 주름 스커트 ✧

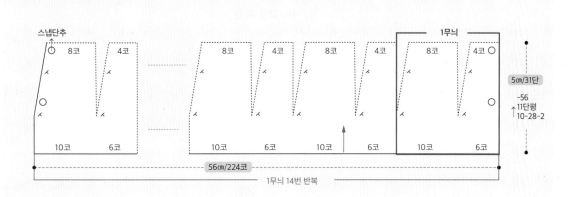

32단 주름 만드는 단

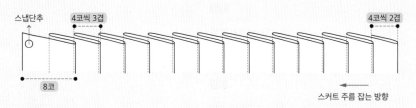

스냅단추

4코씩 3겹

4코씩 2겹

8코

스커트 주름 잡는 방향

× 몸판 ×

2.5㎜ 줄바늘과 램스울2합 마린블루색 실로 224코를 만듭니다.
2.5㎜ 줄바늘로 코만 만들고 2㎜ 줄바늘로 작업합니다. 밑단부터
시작하는 바텀업 방식입니다. 걸러는 안뜨기 방향으로 옮깁니다.

★1단   안224

★2단   (겉6, 걸러1, 겉8, 안1)×14

★3단   (겉1, 안15)×14

★4단   새로운 백아이보리색 실로 (겉15, 안1)×14

★5단   (겉1, 안15)×14

★6단   마린블루색 실로 (겉15, 안1)×14

★7단   (겉1, 안15)×14

★8단   백아이보리색 실로 (겉15, 안1)×14

★9단   (겉1, 안15)×14, 백아이보리색 실은 자릅니다.

★10단   마린블루색 실로 (겉3, 왼모1, 겉7, 왼모1, 겉1, 안1)×14 196

★11단   (겉1, 안13)×14

★12단   (겉5, 걸러1, 겉7, 안1)×14

★13단   (겉1, 안13)×14

★14~19단   12~13단 3번 반복

★20단   (겉2, 왼모1, 겉1, 걸러1, 겉4, 왼모1, 겉1, 안1)×14 168

★21단   (겉1, 안11)×14

★22단   (겉4, 걸러1, 겉6, 안1)×14

★23단   (겉1, 안11)×14

★24~31단   22~23단 4번 반복

★32단 주름 만드는 단입니다. 첫 번째 장갑바늘에 4코를 옮기고, 180˚시계 반대 방향으로 회전합니다. 왼바늘에 4코를 첫 번째 장갑바늘 앞에 오도록 겹쳐줍니다. 이렇게 바늘 2개를 겹쳐서 겉4, (첫 번째 장갑바늘에 4코를 옮깁니다. 두 번째 장갑바늘에 4코를 옮기고, 180˚시계 반대 방향으로 회전해서 첫 번째 장갑바늘 앞에 오도록 겹쳐줍니다. 이렇게 바늘 3개를 겹쳐서 겉4)×13, 겉4 60 (p.75 영상 참고)

★33~43단 안뜨기로 시작하는 메리야스뜨기 11단

겉뜨기 뜨면서 코막음 합니다.

× 마무리 ×

❶ 스커트 주름을 스팀 다림으로 안쪽면에서 다리면서 주름을 잡아 줍니다.

❷ 스냅단추 3개를 달아줍니다.

❸ 여유로 남긴 실은 정리합니다.

✧ 원피스 ✧

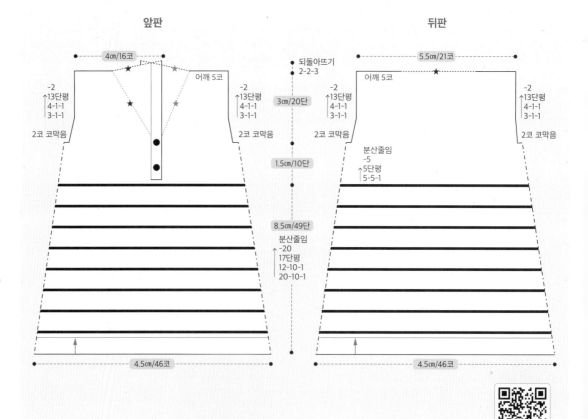

앞판

4cm/16코
어깨 5코
-2
↑13단평
4-1-1
3-1-1
2코 코막음

4.5cm/46코

되돌아뜨기
2-2-3

3cm/20단

1.5cm/10단

8.5cm/49단
분산줄임
-20
17단평
12-10-1
20-10-1

뒤판

5.5cm/21코
어깨 5코
-2
↑13단평
4-1-1
3-1-1
2코 코막음

분산줄임
-5
↑5단평
5-5-1

4.5cm/46코

× 몸판 ×

2mm 줄바늘과 램스울2합 마린블루색 실로 92코를 만듭니다.

★1~3단 (안1, 겉1)×46

★4단 겉92

★5단 백아이보리색 실로 안92

★6단 겉92

★7단 마린블루색 실로 안92

★8단 겉92

★9단 안92

★10단 겉92

★11~16단 5~10단 1번 반복

★17~18단 5~6단 1번 반복

★19단 마린블루색 실로 안92

★20단 겉1, (겉7, 왼모1)×10, 겉1 82

★21단 안82

★22단 겉82

★23단 백아이보리색 실로 안82

★24단 겉82

★25단 마린블루색 실로 안82

★26단 겉82

★27단 안82

★28단 겉82

★29단 백아이보리색 실로 안82

★30단 겉82

★31단 마린블루색 실로 안82

★32단 겉1, (겉6, 왼모1)×10, 겉1 72

★33단 안72

★34단 겉72

★35단 백아이보리색 실로 안72

★36단 겉72

★37단 마린블루색 실로 안72

★38단 겉72

★39단 안72

★40단 겉72

★41~46단 35~40단 1번 반복

★47단 백아이보리색 실로 안72

★48단 겉72, 백아이보리색 실은 자릅니다.

★49단 마린블루색 실로 안72

72코는 그대로 두고 스커트 옆선을 돗바늘로 메리야스잇기 합니다. 지금부터는 평면뜨기이지만 장갑바늘로 뜹니다. 72코 중 오른쪽의 34코를 장갑바늘로 옮깁니다. (p.76 영상 참고)

★50단 새로운 장갑바늘로 겉24, 다른 장갑바늘로 겉12, 오모1, 왼모1, 겉8, 다른 장갑바늘로 겉24, 감4 74

★51단 편물을 뒤로 돌려서 장갑바늘로 겉4, 안66, 겉4

★52단 겉1, 왼모1, 바비(단춧구멍), 겉71

★53단 겉4, 안66, 겉4

★54단 겉12, (왼모1, 겉10)×5, 겉2 69

★55단 겉4, 안61, 겉4

★56단 겉69

★57단 겉4, 안61, 겉4

★58~59단 56~57단 1번 반복

× 오른쪽 앞판과 세일러 칼라 뜨기 ×

지금부터 앞판과 뒤판 분리해서 뜹니다. 69코 중 오른쪽의 18코로 작업합니다. 나머지 51코는 쉼코로 둡니다.

★60단 겉1, 왼모1, 바비(단춧구멍), 겉15

★61단 겉2, 안12, 겉4

★62단 겉3, 안1, 겉10, 왼모1, 겉2 17

★63단 겉2, 안11, 겉4

★64단 겉3, 안1, 겉13

★65단 겉2, 안11, 겉4

★66단 겉3, 안2, 겉8, 왼모1, 겉2 16

★67단 겉2, 안9, 겉5

★68단 겉3, 안3, 겉10

★69단 겉2, 안8, 겉6

★70단 겉3, 안4, 겉9

★71단 겉2, 안7, 겉7

★72단 겉3, 안5, 겉8

★73단 겉2, 안6, 겉8

★74단 겉3, 안6, 겉7

★75단 겉2, 안5, 겉9

★76단 겉3, 안7, 겉6

★77단 겉2, 안4, 겉10

★78단 겉3, 안8, 겉5

★79단 겉2, 안3, 겉11

칼라 부분만 되돌아뜨기(p.76 영상 참고)
① 겉3, 안6, 실뒤, 걸러1, 실앞, 턴
② 걸러1, 겉9
③ 겉3, 안4, 실뒤, 걸러1, 실앞, 턴
④ 걸러1, 겉7
⑤ 겉3, 안2, 실뒤, 걸러1, 실앞, 턴
⑥ 걸러1, 겉5

남은 16코는 버림실에 걸어둡니다. 실은 자릅니다.

× 뒤판 ×

쉼코로 둔 51코 중 오른쪽의 29코로 작업합니다. 나머지 22코는 쉼코로 둡니다.

★60단 새로운 마린블루색 실로 4코 코막음, 겉24 25

★61단 겉2, 안21, 겉2

★62단 겉2, 오모1, 겉17, 왼모1, 겉2 23

★63단 겉2, 안19, 겉2

★64단 겉23

★65단 겉2, 안19, 겉2

★66단 겉2, 오모1, 겉15, 왼모1, 겉2 21

★67단 겉2, 안17, 겉2

★68단 겉21

★69단 겉2, 안17, 겉2

★70~79단 68~69단 5번 반복

오른쪽 앞판의 16코 중 왼쪽 5코(어깨코)를 장갑바늘에 옮기고, 뒤판의 오른쪽 5코(어깨코)를 겉과 겉끼리 마주대어 겹쳐놓은 뒤 새로운 바늘을 사용하여(총 3개의 바늘로) 겉뜨기로 뜨면서 코막음으로 연결합니다. 실은 자릅니다. 남은 뒤판 16코는 버림실에 걸어둡니다. (p.76 영상 참고)

× 왼쪽 앞판과 세일러 칼라 뜨기 ×

쉼코로 둔 22코로 작업합니다.

★60단 새로운 마린블루색 실로 4코 코막음, 겉17 18

★61단 겉4, 안12, 겉2

★62단 겉2, 오모1, 겉10, 안1, 겉3 17

★63단 겉4, 안11, 겉2

★64단 겉13, 안1, 겉3

★65단 겉4, 안11, 겉2

★66단 겉2, 오모1, 겉8, 안2, 겉3 16

★67단 겉5, 안9, 겉2

★68단 겉10, 안3, 겉3

★69단 겉6, 안8, 겉2

★70단 겉9, 안4, 겉3

★71단 겉7, 안7, 겉2

★72단 겉8, 안5, 겉3

★73단 겉8, 안6, 겉2

★74단 겉7, 안6, 겉3

★75단 겉9, 안5, 겉2

★76단 겉6, 안7, 겉3

★77단 겉10, 안4, 겉2

★78단 겉5, 안8, 겉3

칼라 부분만 되돌아뜨기(p.76 영상 참고)
① 겉9, 실앞, 걸러1, 실뒤, 턴
② 걸러1, 안6, 겉3
③ 겉7, 실앞, 걸러1, 실뒤, 턴
④ 걸러1, 안4, 겉3
⑤ 겉5, 실앞, 걸러1, 실뒤, 턴
⑥ 걸러1, 안2, 겉3

★79단 겉5, (정리코1, 겉1)×3, 안3, 겉2

뒤판의 16코 중 왼쪽 5코(어깨코)를 장갑바늘에 옮기고, 왼쪽 앞판의 오른쪽 5코(어깨코)를 겉과 겉끼리 마주대어 겹쳐놓은 뒤 새로운 바늘을 사용하여 (총 3개의 바늘로) 겉뜨기로 뜨면서 코막음으로 연결합니다. 실은 자릅니다. 남은 왼쪽 앞판 11코는 그대로 바늘에 걸어둡니다.

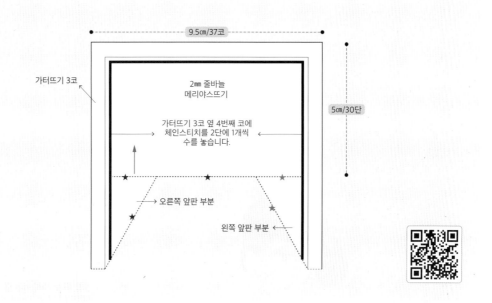

가터뜨기 3코

9.5cm/37코

2mm 줄바늘
메리야스뜨기

가터뜨기 3코 옆 4번째 코에
체인스티치를 2단에 1개씩
수를 놓습니다.

5cm/30단

오른쪽 앞판 부분

왼쪽 앞판 부분

✧ ✧ ✧

× 세일러 칼라 뜨기 ×

★80단 오른쪽 앞판 11코는 겉3, 안2, (정리코1, 안1)×3, 오른쪽 어깨선 연결한 부분 양쪽에서 1코씩 줄기, 뒤판 11코는 안11, 왼쪽 어깨선 연결한 양쪽에서 1코씩 줄기, 왼쪽 앞판 11코는 안8, 겉3 37 (영상 참고)

★81단 겉37

★82단 겉3, 안31, 겉3

★83~102단 81~82단 10번 반복

★103단 겉3, 새로운 백아이보리색 실로 겉31, 새로운 마린블루색 실로 겉3

★104단 겉3, 지금 3코 뜬 마린블루색 실은 앞쪽으로 옮겨두고 자릅니다. 백아이보리색 실로 안31, 백아이보리색 실은 자릅니다. 걸려있는 마린블루색 실로 겉3

★105~109단 겉37코 × 5단

겉뜨기 뜨면서 코막음 합니다.

× 마무리 ×

❶ 백아이보리색 실을 돗바늘에 꿰어 페어 칼라에 체인스티치를 놓아 줍니다. 세일러 칼라의 양쪽에 흰색 세로줄 스티치를 만들어줍니다. 2단마다 체인스티치 1개를 만듭니다. (영상 참고)

❷ 단춧구멍 위치에 맞춰서 단추를 답니다.

❸ 여유로 남긴 실은 정리합니다.

✧ 마린 모자 ✧

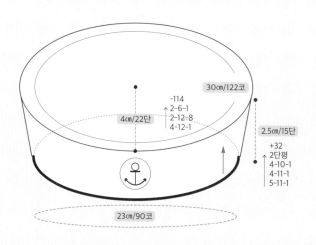

30㎝/122코

-114
↑ 2-6-1
2-12-8
4-12-1

4㎝/22단

2.5㎝/15단

+32
↑ 2단평
4-10-1
4-11-1
5-11-1

23㎝/90코

✧ ✧ ✧

× 모자 ×

2㎜ 줄바늘과 앙고라2합 백아이보리색 실로 90코를 만듭니다.

★1단 겉90

★2단 겉90, 백아이보리색 실은 자릅니다.

★3단 마린블루색 실로 겉90

★4단 안90

★5단 겉1, (겉8, 왼늘1)×11, 겉1 101

★6단 안101

★7단 겉101

★8단 안101

★9단 겉1, (겉9, 왼늘1)×11, 겉1 112

★10단 안112

★11단 겉112

★12단 안112

★13단 겉1, (겉11, 왼늘1)×10, 겉1 122

★14단 안122

★15단 겉122

★16단 겉122(안뜨기가 겉면에서 보입니다.)

★17단 　겉122

★18단 　안122

★19단 　겉1, (겉8, 왼모1)×12, 겉1　110

★20단 　안110

★21단 　겉1, (겉7, 왼모1)×12, 겉1　98

★22단 　안98

★23단 　겉1, (겉6, 왼모1)×12, 겉1　86

★24단 　안86

★25단 　겉1, (겉5, 왼모1)×12, 겉1　74

★26단 　안74

★27단 　겉1, (겉4, 왼모1)×12, 겉1　62

★28단 　안62

★29단 　겉1, (겉3, 왼모1)×12, 겉1　50

★30단 　안50

★31단 　겉1, (겉2, 왼모1)×12, 겉1　38

★32단 　안38

★33단 　겉1, (겉1, 왼모1)×12, 겉1　26

★34단 　안26

★35단 　겉1, 왼모1×12, 겉1　14

★36단 　안14

★37단 　겉1, 왼모1×6, 겉1　8

돗바늘에 실을 끼워 8코를 통과한 뒤 잡아당겨 오므려서 마무리
합니다.

× 마무리 ×

❶ 옆선은 돗바늘로 메리야스잇기 합니다.

❷ 닻 그림이 있는 단추를 달아줍니다.

크롭 티셔츠와
와이드 팬츠

크롭 티 ★★☆☆☆☆
와이드 팬츠 ★★★☆☆

더운 여름에는 크롭 티가 제일이죠~ 시원한 여름을 보낼 수 있도록 레이나에게도 입혀 주세요. 크롭 티와 잘 어울리는 와이드 팬츠도 함께 준비했습니다. 바지통이 넓어서 입히기도 편하고 다른 옷과 코디하기 좋습니다. 쉽게 뜰 수 있는 디자인으로 예쁘게 만들어 보세요.

사이즈
★ **크롭 티셔츠** 총 길이 4.5㎝(short)와 6㎝(long),
          가슴둘레 16.5㎝
★ **와이드 팬츠** 총 길이 15.5㎝, 엉덩이둘레 19㎝

게이지
★ 메리야스뜨기 3.8코, 5.5단(1㎝×1㎝)

준비물
★ **실**
 · 크롭 티셔츠 앙고라3합 - 레몬[연핑크, 백아이보리]색 6g
 · 와이드 팬츠 램스울3합 - 연블루멜란지[밝은블루, 데님]색 18g
★ **바늘** 2㎜ 줄바늘, 2㎜ 장갑바늘
★ **부재료**
 · 크롭 티셔츠 5㎜ 원형단추 2개(short), 3개(long)
 · 와이드 팬츠 신주 5㎜ 별단추 1개

알아두기

❶ 크롭 티셔츠는 평면뜨기이고 와이드 팬츠는 평면뜨기와 원통뜨기입니다.
❷ 크롭 티셔츠와 와이드 팬츠 모두 위에서 아래로 뜨는 톱다운 방식입니다.
❸ 크롭 티셔츠는 소매를 따로 뜨지 않고 완성합니다.
❹ 와이드 팬츠는 왼쪽 앞판, 뒤판, 오른쪽 앞판을 따로 뜨다가 주머니 부분에서 앞뒤 합쳐서 뜹니다.
❺ '실은 자릅니다.'는 10㎝ 정도 여유를 두고 자르면 됩니다. 이 실은 돗바늘에 끼워 정리할 실입니다.

<table>
<tr><td>뜨개
기법</td><td>★겉 겉뜨기
★안 안뜨기
★감 감아코</td><td>★바비 바늘비우기
★왼모 왼코 모아뜨기
★왼늘 왼코 늘리기</td><td>★오늘 오른코 늘리기</td></tr>
</table>

✧ 크롭 티셔츠 ✧

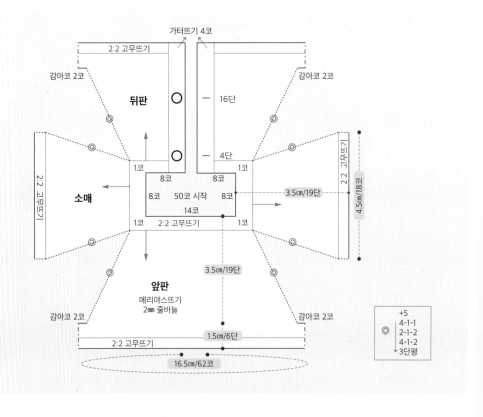

✧ ✧ ✧

× 몸판 ×

2mm 장갑바늘과 앙고라3합 레몬[연핑크, 백아이보리]색 실로 50코를 만듭니다.

★1단 　겉4, (안2, 겉2)×10, 안2, 겉4

★2단 　겉4, (겉2, 안2)×10, 겉6

★3단 　겉4, 안42, 겉4

★4단 　겉8, 바비, 겉1, 바비, 겉8, 바비, 겉1, 바비, 겉14, 바비, 겉1, 바비, 겉8, 바비, 겉1, 바비, 겉5, 바비(단춧구멍), 왼모1, 겉1 58

★5단 　겉4, 안50, 겉4

★6단 　겉9, 바비, 겉1, 바비, 겉10, 바비, 겉1, 바비, 겉16, 바비, 겉1, 바비, 겉10, 바비, 겉1, 바비, 겉9 66

★7단 　겉4, 안58, 겉4

★8단 　겉10, 바비, 겉1, 바비, 겉12, 바비, 겉1, 바비, 겉18, 바비, 겉1, 바비, 겉12, 바비, 겉1, 바비, 겉10 74

★9단 　겉4, 안66, 겉4

★10단 　겉74

★11단 　겉4, 안66, 겉4

★12단   겉11, 바비, 겉1, 바비, 겉14, 바비, 겉1, 바비, 겉20, 바비, 겉1, 바비, 겉14, 바비, 겉1, 바비, 겉11 82

★13단   겉4, 안74, 겉4

★14단   겉82

★15단   겉4, 안74, 겉4

★16단   겉12, 바비, 겉1, 바비, 겉16, 바비, 겉1, 바비, 겉22, 바비, 겉1, 바비, 겉16, 바비, 겉1, 바비, 겉9, 바비(단춧구멍), 왼모1, 겉1 90

★17단   겉4, 안82, 겉4

★18단   겉14, (겉2, 안2)×4, 겉28, (겉2, 안2)×4, 겉16

★19단   겉4, 안12, (겉2, 안2)×4, 안28, (겉2, 안2)×4, 안10, 겉4

× 소매분리 ×

★20단   겉14, 18코 코막음, 겉25, 18코 코막음, 겉13 54
18코 코막음 할 때는 겉뜨기는 겉뜨기로 뜨고, 안뜨기는 안뜨기로 뜨면서 꼼꼼하게 코막음 합니다.

★21단   겉4, 안10, 감4, 안26, 감4, 안10, 겉4 62

★22단   겉62

★23단   겉4, 안54, 겉4
(긴 사이즈는 22~23단을 4번 더 반복합니다.)

★24단   겉4, (겉2, 안2)×13, 겉6

★25단   겉4, (안2, 겉2)×13, 안2, 겉4

겉뜨기는 겉뜨기로 뜨고, 안뜨기는 안뜨기로 뜨면서 코막음 합니다.

× 마무리 ×

❶ 단춧구멍 위치에 맞춰서 단추를 답니다.

❷ 여유로 남긴 실은 정리합니다.

✧ 와이드 팬츠 ✧

× 허리 ×

2mm 줄바늘과 램스울3합 연블루멜란지[밝은블루, 데님]색 실로 60코를 만듭니다.

★1단   겉60

★2단   겉3, 안54, 겉3

★3단   겉57, 바비(단춧구멍), 왼모1, 겉1

★4~6단   (겉3, 안54, 겉3)×3단

× 왼쪽 앞판 ×

60코 중 오른쪽 10코를 장갑바늘로 옮겨서 뜨기 시작합니다. 나머지 50코는 그대로 줄바늘에 걸어둡니다.

★7단   겉10

★8단   안7, 겉3

★9단   겉9, 왼늘1, 겉1 11

★10단   안8, 겉3

★11단   겉10, 왼늘1, 겉1 12

★12단   안9, 겉3

★13단   겉11, 왼늘1, 겉1 13

★14단   안10, 겉3

★15단   겉12, 왼늘1, 겉1 14

★16단   안11, 겉3

★17단   겉13, 왼늘1, 겉1 15, 실은 자릅니다.

15코는 버림실에 걸어둡니다.

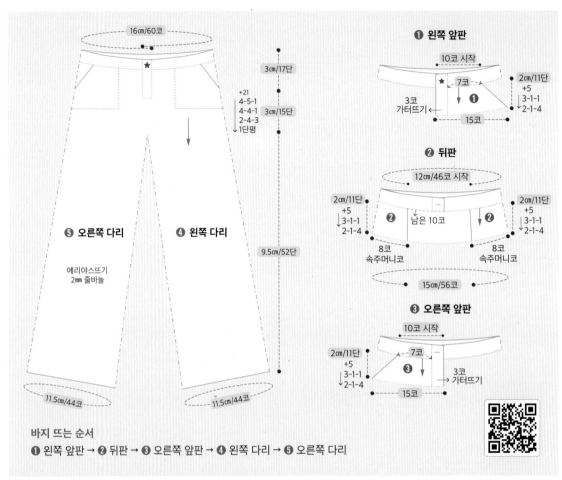

바지 뜨는 순서
❶ 왼쪽 앞판 → ❷ 뒤판 → ❸ 오른쪽 앞판 → ❹ 왼쪽 다리 → ❺ 오른쪽 다리

× 뒤판 ×

★7단   새로운 연블루멜란지색 실로 왼쪽 앞판 시작 10코의 왼쪽 3코 안쪽에서 3코 줍기, 겉40, 오른쪽 앞판 10코의 오른쪽 3코 안쪽에서 3코 줍기, 남은 10코는 버림실에 걸어둡니다. (영상 참고) 46

★8단   안46

★9단   겉16, 왼늘1, 겉14, 오늘1, 겉16 48

★10단   안48

★11단   겉16, 왼늘1, 겉16, 오늘1, 겉16 50

★12단   안50

★13단   겉16, 왼늘1, 겉18, 오늘1, 겉16 52

★14단   안52

★15단   겉16, 왼늘1, 겉20, 오늘1, 겉16 54

★16단   안54

★17단   겉16, 왼늘1, 겉22, 오늘1, 겉16 56, 실은 자릅니다.

56코는 그대로 줄바늘에 걸어둡니다.

× 오른쪽 앞판 ×

★7단   새로운 연블루멜란지색 실로 버림실에 걸어둔 10코를 새로운 장갑바늘로 옮겨서 겉10

★8단   겉3, 안7

★9단 겉1, 오늘1, 겉9, 11

★10단 겉3, 안8

★11단 겉1, 오늘1, 겉10, 12

★12단 겉3, 안9

★13단 겉1, 오늘1, 겉11, 13

★14단 겉3, 안10

★15단 겉1, 오늘1, 겉12, 14

★16단 겉3, 안11

★17단 겉1, 오늘1, 겉13, 15

15코는 장갑바늘에 그대로 둡니다. 앞판 뒤판 합해서 뜹니다.
(p.86 영상 참고)

★18단 오른쪽 앞판 15코는 겉3, 안12, 뒤판 56코 중 처음 8코
는 버림실에 걸어둡니다. 안40, 남은 뒤판 8코는 버림
실에 걸어둡니다. 왼쪽 앞판 15코는 안12, 겉3 70

★19단 원통뜨기 시작 마커로 시작점 표시, 오른쪽의 가터뜨
기 3코를 장갑바늘에 옮겨서 19단 시작코 앞에 3코와
겹쳐서 겉3, 이어서 겉64, 실은 그대로 둡니다. 67

18단에 버림실에 걸어둔 8코 2군데는 새로운 연블루멜란지색 실
로 각각 6단씩 뜨고 버림실에 걸어둡니다. 주머니 부분으로 미리
준비해 둡니다.

★20단 겉67

★21단 겉9, 왼늘1, (겉13, 왼늘1)×3, 겉14, 왼늘1, 겉5 72

★22~23단 겉72×2단

★24단 겉8, 미리 준비한 주머니코 8코와 겹쳐서 겉8, 겉42,
주머니코 8코와 겹쳐서 겉8, 겉6

★25단 겉1, 오늘1, 겉2, 왼늘1, 겉34, 오늘1, 겉2, 왼늘1, 겉33 76

★26단 겉76

★27단 겉2, 오늘1, 겉2, 왼늘1, 겉36, 오늘1, 겉2, 왼늘1, 겉34 80

★28단 겉80

★29단 겉3, 오늘1, 겉2, 왼늘1, 겉38, 오늘1, 겉2, 왼늘1, 겉35 84

★30단 겉84

★31단 겉4, 오늘1, 겉2, 왼늘1, 겉40, 오늘1, 겉2, 왼늘1, 겉36 88

★32단 겉88, 실은 자릅니다.

6코는 오른쪽 다리로 버림실에 걸어둡니다. 이어서 44코는 왼쪽
다리를 원통으로 뜰수 있게 장갑바늘 3개에 나누어 옮깁니다. 나머
지 38코는 오른쪽 다리로 6코 걸어둔 버림실에 같이 걸어둡니다.

× 왼쪽 다리 ×

★33~84단 겉44×52단, 입혀보고 원하는 길이까지만 뜹니다.

겉뜨기 뜨면서 코막음 합니다.

× 오른쪽 다리 ×

왼쪽 다리와 동일합니다.

× 마무리 ×

❶ 허리 단춧구멍 위치에 맞춰서 별단추를 답니다.

❷ 여유로 남긴 실은 정리합니다.

멜빵
청 반바지

난이도 ★ ★ ★ ☆ ☆

귀엽고 깜찍한 멜빵 청바지예요. 데님 색상으로 청바지 느낌을 주어 캐주얼하게 입힐 수 있습니다. 크롭 티나 스트라이프 티와 함께 코디해도 좋아요. 바지 길이는 쉽게 조절할 수도 있으니 다양한 기장으로 만들어 보세요.

사이즈
* 총 길이 12.2㎝, 엉덩이둘레 17㎝

게이지
* 메리야스뜨기 3.7코, 5.6단(1㎝×1㎝)

준비물
* **실**　　　램스울3합 - 데님색 15g, 연블루멜란지색 3g,
　　　　　　토마토색 약간
* **바늘**　　2㎜ 줄바늘, 2㎜ 장갑바늘
* **부재료**　6㎜ 원형단추 3개, 스냅단추 2개

알아두기

❶ 멜빵끈을 먼저 뜨고 몸판을 뜹니다.

❷ 허리부터 원통뜨기이며 톱다운 방식입니다.

❸ 주머니는 1개나 2개를 선택해서 만들 수 있습니다.

❹ '실은 자릅니다.'는 10㎝ 정도 여유를 두고 자르면 됩니다. 이 실은 돗바늘에 끼워 정리할 실입니다.

뜨개 기법			
★ 겉　겉뜨기	★ 왼늘　왼코 늘리기	★ 1:1오위교차　1:1 오른코위 교차뜨기
★ 안　안뜨기	★ 오늘　오른코 늘리기	★ 1:1왼위교차　1:1 왼코위 교차뜨기
★ 감　감아코		

✧ 멜빵 청 반바지 ✧

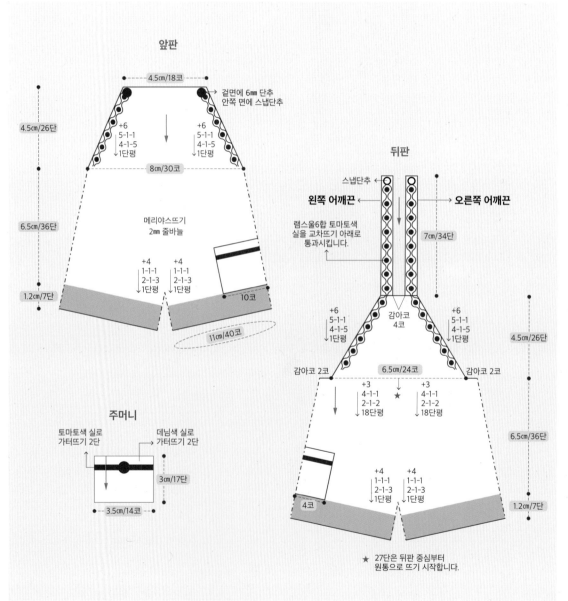

앞판

4.5cm/18코

겉면에 6mm 단추
안쪽 면에 스냅단추

4.5cm/26단

+6
5-1-1
4-1-5
↓1단평

+6
5-1-1
4-1-5
↓1단평

8cm/30코

메리야스뜨기
2mm 줄바늘

6.5cm/36단

+4
1-1-1
2-1-3
↓1단평

+4
1-1-1
2-1-3
↓1단평

10코

1.2cm/7단

11cm/40코

뒤판

스냅단추

왼쪽 어깨끈 ←　→ 오른쪽 어깨끈

7cm/34단

램스울6합 토마토색
실을 교차뜨기 아래로
통과시킵니다.

감아코
4코

+6
5-1-1
4-1-5
↓1단평

+6
5-1-1
4-1-5
↓1단평

4.5cm/26단

감아코 2코

6.5cm/24코

감아코 2코

+3
4-1-1
2-1-2
↓18단평

★

+3
4-1-1
2-1-2
↓18단평

6.5cm/36단

4코

+4
1-1-1
2-1-3
↓1단평

+4
1-1-1
2-1-3
↓1단평

1.2cm/7단

주머니

토마토색 실로
가터뜨기 2단

데님색 실로
가터뜨기 2단

3cm/17단

3.5cm/14코

★ 27단은 뒤판 중심부터
원통으로 뜨기 시작합니다.

✧ ✧ ✧

× 바대 앞판 ×

2㎜ 줄바늘과 램스울3합 데님색 실로 18코를 만듭니다.

★1단 1:1오위교차, 1:1왼위교차, 겉10, 1:1오위교차, 1:1왼위교차

★2단 안4, 겉10, 안4

★3단 1:1왼위교차, 1:1오위교차, 겉10, 1:1왼위교차, 1:1오위교차

★4단 안18

★5단 1:1오위교차, 1:1왼위교차, 오늘1, 겉10, 왼늘1, 1:1오위교차, 1:1왼위교차 20

★6단 안20

★7단 1:1왼위교차, 1:1오위교차, 겉12, 1:1왼위교차, 1:1오위교차

★8단 안20

★9단 1:1오위교차, 1:1왼위교차, 오늘1, 겉12, 왼늘1, 1:1오위교차, 1:1왼위교차 22

★10단 안22

★11단 1:1왼위교차, 1:1오위교차, 겉14, 1:1왼위교차, 1:1오위교차

★12단 안22

★13단 1:1오위교차, 1:1왼위교차, 오늘1, 겉14, 왼늘1, 1:1오위교차, 1:1왼위교차 24

★14단 안24

★15단 1:1왼위교차, 1:1오위교차, 겉16, 1:1왼위교차, 1:1오위교차

★16단 안24

★17단 1:1오위교차, 1:1왼위교차, 오늘1, 겉16, 왼늘1, 1:1오위교차, 1:1왼위교차 26

★18단 안26

★19단 1:1왼위교차, 1:1오위교차, 겉18, 1:1왼위교차, 1:1오위교차

★20단 안26

★21단 1:1오위교차, 1:1왼위교차, 오늘1, 겉18, 왼늘1, 1:1오위교차, 1:1왼위교차 28

★22단 안28

★23단 1:1왼위교차, 1:1오위교차, 겉20, 1:1왼위교차, 1:1오위교차

★24단 안28

★25단 1:1오위교차, 1:1왼위교차, 오늘1, 겉20, 왼늘1, 1:1오위교차, 1:1왼위교차 30

★26단 안30

30코를 장갑바늘에 걸어둡니다. 데님색 실은 자릅니다.

× 왼쪽 어깨끈 ×

2㎜ 장갑바늘과 램스울3합 데님색 실로 4코를 만듭니다.

★1단 겉4

★2단 안4

★3단 1:1오위교차, 1:1왼위교차

★4단 안4

★5단 1:1왼위교차, 1:1오위교차

★6단 안4

★7~34단 3~6단을 7번 반복, 감4 8

8코를 그대로 장갑바늘에 두고 실은 끊지 않습니다.

× 오른쪽 어깨끈 ×

★1~33단 새로운 데님색 실로 왼쪽 어깨끈 1~33단과 동일하게 작업합니다. 데님색 실은 자릅니다.

★34단 왼쪽 어깨끈 34단까지 뜬 바늘에 걸린 8코에 이어서 왼쪽 어깨끈 뜨고 남겨 놓은 실로 오른쪽 어깨코 안4 12

× 바대 뒤판 ×

어깨끈 뜨고 장갑바늘에 걸려있는 12코로 시작합니다. 콧수가 많아지니 2㎜ 줄바늘로 바꿔서 뜹니다.

★1단 1:1오위교차, 1:1왼위교차, 겉4, 1:1오위교차, 1:1왼위교차

★2단 안4, 겉4, 안4

★3단 1:1왼위교차, 1:1오위교차, 겉4, 1:1왼위교차, 1:1오위교차

★4단 안12

★5단 1:1오위교차, 1:1왼위교차, 오늘1, 겉4, 왼늘1, 1:1오위교차, 1:1왼위교차 14

★6단 안14

★7단 1:1왼위교차, 1:1오위교차, 겉6, 1:1왼위교차, 1:1오위교차

★8단 안14

★9단 1:1오위교차, 1:1왼위교차, 오늘1, 겉6, 왼늘1, 1:1오위교차, 1:1왼위교차 16

★10단 안16

★11단 1:1왼위교차, 1:1오위교차, 겉8, 1:1왼위교차, 1:1오위교차

★12단 안16

★13단 1:1오위교차, 1:1왼위교차, 오늘1, 겉8, 왼늘1, 1:1오위교차, 1:1왼위교차 18

★14단 안18

★15단 1:1왼위교차, 1:1오위교차, 겉10, 1:1왼위교차, 1:1오위교차

★16단 안18

★17단 1:1오위교차, 1:1왼위교차, 오늘1, 겉10, 왼늘1, 1:1오위교차, 1:1왼위교차 20

★18단 안20

★19단 1:1왼위교차, 1:1오위교차, 겉12, 1:1왼위교차, 1:1오위교차

★20단 안20

★21단 1:1오위교차, 1:1왼위교차, 오늘1, 겉12, 왼늘1, 1:1오위교차, 1:1왼위교차 22

★22단 안22

★23단 1:1왼위교차, 1:1오위교차, 겉14, 1:1왼위교차, 1:1오위교차

★24단 안22

★25단 1:1오위교차, 1:1왼위교차, 오늘1, 겉14, 왼늘1, 1:1오위교차, 1:1왼위교차 24

★26단 안24

24코를 12코씩 2개의 장갑바늘에 걸어둡니다. 데님색 실은 자릅니다.

× 주머니 ×

2mm 장갑바늘과 데님색 실로 14코를 만듭니다. 바지를 뜨기 전에 미리 준비합니다. 양쪽에 2개를 붙여주려면 1장 더 뜹니다.

★1~2단 겉14×2단

★3~4단 토마토색 실로 겉14×2단, 토마토색 실은 자릅니다.

★5~17단 데님색 실 겉뜨기로 시작하는 메리야스뜨기 13단

14코를 장갑바늘에 걸어둡니다. 데님색 실은 자릅니다.

× 바지 ×

새로운 데님색 실로 바대 뒤판에 남겨 놓은 24코 중 왼쪽 장갑바늘 12코부터 원통으로 뜨기 시작합니다. 시작 부분을 마커로 표시합니다.

★27단 바대 뒤판 중심부터 겉12, 감2, 앞판에서 겉30, 감2, 뒤판 나머지 겉12 58

★28단 겉58

★29단 겉58

★30단 겉7, 오늘1, 겉44, 왼늘1, 겉7 60

★31단 겉60

★32단 겉8, 오늘1, 겉44, 왼늘1, 겉8 62

★33단 겉62

★34단 겉9, 오늘1, 겉44, 왼늘1, 겉9 64

★35~52단 겉64×18단

★53단 겉1, 왼늘1, 겉30, 오늘1, 겉2, 왼늘1, 겉30, 오늘1, 겉1 68

★54단 겉68

★55단 겉1, 왼늘1, 겉32, 오늘1, 겉2, 왼늘1, 겉32, 오늘1, 겉1 72

★56단 겉72

★57단 겉1, 왼늘1, 겉34, 오늘1, 겉2, 왼늘1, 겉34, 오늘1, 겉1 76

★58단 겉76

★59단 겉1, 왼늘1, 겉36, 오늘1, 겉2, 왼늘1, 겉36, 오늘1, 겉1 80

★60단 겉80

× 오른쪽 다리 ×

80코 중 40코로 원통뜨기하고 나머지 40코는 버림실에 걸어둡니다.

★1~2단 걸려있는 데님색 실로 겉40×2단, 데님색 실은 자릅니다. 바지 길이를 길게 하려면 원하는 길이 만큼 더 뜨고 다음 단으로 넘어갑니다.

★3단 연블루멜란지색 실로 겉40

★4단 안40

★5~8단 3~4단 2번 반복

★9단 겉40

안뜨기로 뜨면서 코막음 합니다.

× 왼쪽 다리 ×

남아있는 40코로 가랑이 부분부터 데님색 실로 시작합니다.

★1단 겉10, 주머니를 몸판 위에 놓고 겹쳐서 겉14, 겉16

★2단 겉40, 바지 길이를 길게 하려면 원하는 길이만큼 더 뜨고 다음 단으로 넘어갑니다.

★3단 연블루멜란지색 실로 겉40

★4단 안40

★5~8단 3~4단 2번 반복

★9단 겉40

안뜨기로 뜨면서 코막음 합니다.

──── × 마무리 × ────

❶ 주머니 옆선은 데님색 실로 홈질하여 몸판에 붙입니다.

❷ 교차뜨기를 한 부분에 토마토색 6합(3합 2겹) 실을 교차뜨기 아래로 통과시킵니다.

❸ 스냅단추와 원형단추를 답니다.

❹ 여유로 남긴 실은 정리합니다.

아가일
브이넥 조끼

아가일 패턴이 들어간 배색 조끼예요. 핑크에는 초록 배색, 연두에는 파랑 배색으로 디자인해서 골프웨어 느낌이 나는 옷입니다. 스포츠 웨어는 물론 일상복으로 발랄하게 코디할 수도 있고 색상을 달리해서 정장에 코디해도 멋지게 연출할 수 있어요. 활용도 만점인 기본 아이템입니다.

사이즈
★ 총 길이 8.5㎝, 가슴둘레 16㎝

게이지
★ 메리야스뜨기 5코, 5단(1×1cm)

준비물
★ 실   앙고라2합 - 비비드핑크[연두]색 6g
          램스울2합 - 초록[마린블루]색 4g
★ 바늘   2mm 줄바늘
★ 부재료 5mm 원형단추 4개

알아두기

❶ 평면뜨기이며 바텀업 방식입니다.
❷ 브이넥의 단은 코를 주워서 뜹니다.
❸ 소매분리 후 아가일 패턴을 넣을 때 실 색상이 바뀌면 꼭 교차시켜서 뜹니다.
❹ 배색할 때 실 당김에 주의해서 뜹니다.
❺ '실은 자릅니다.'는 10㎝ 정도 여유를 두고 자르면 됩니다. 이 실은 돗바늘에 끼워 정리할 실입니다.

아가일 브이넥 조끼

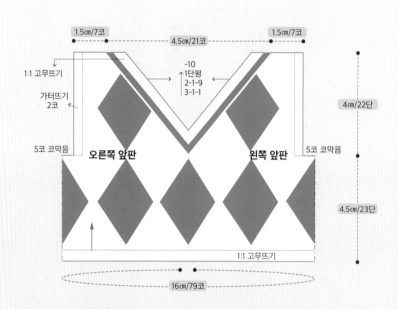

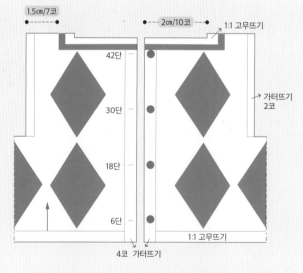

아가일 브이넥 조끼 무늬 도안

범례:
겉뜨기   o 바늘비우기   • 코막음   베이비핑크색
─ 안뜨기   ⋏ 왼코 모아뜨기   ⋋ 오른코 모아뜨기   초록색

→ 이 방향으로 뜨는 단은 보이는 기호의 반대로 뜹니다.
예) 뒷면에서 뜨기 때문에 겉뜨기는 안뜨기로, 안뜨기는 겉뜨기로 뜁니다.

× 몸판 ×

2mm 줄바늘과 앙고라2합 비비드핑크색 실로 79코를 만듭니다. 비비드핑크색 실은 '핑'으로 초록색 실은 '초'로 표기합니다. 연두색 실로 뜨려면 '핑'대신 연두로, '초'는 마린블루색 실로 작업하세요.

★1단 겉4, (안1, 겉1)×35, 안1, 겉4

★2단 겉4, (겉1, 안1)×35, 겉1, 겉4

★3단 겉4, 안71, 겉4

★4단 겉9, (초겉1, 핑겉9)×7 (p.96 영상 참고)

★5단 겉4, 안5, (초안1, 핑안9)×6, 초안1, 핑안5, 겉4

★6단 겉1, 왼모1, 바비(단춧구멍), 겉5, (초겉3, 핑겉7)×7, 겉1

★7단 겉4, 안4, (초안3, 핑안7)×6, 초안3, 핑안4, 겉4

★8단 겉7, (초겉5, 핑겉5)×7, 겉2

★9단 겉4, 안3, (초안5, 핑안5)×6, 초안5, 핑안3, 겉4

★10단 겉6, (초겉7, 핑겉3)×7, 겉3

★11단 겉4, 안2, (초안7, 핑안3)×6, 초안7, 핑안2, 겉4

★12단 겉5, (초겉9, 핑겉1)×7, 겉4

★13단 겉4, 안1, (초안9, 핑안1)×7, 겉4

★14단 겉6, (초겉7, 핑겉3)×7, 겉3

★15단 겉4, 안2, (초안7, 핑안3)×6, 초안7, 핑안2, 겉4

★16단 겉7, (초겉5, 핑겉5)×7, 겉2

★17단 겉4, 안3, (초안5, 핑안5)×6, 초안5, 핑안3, 겉4

★18단 겉1, 왼모1, 바비(단춧구멍), 겉5, (초겉3, 핑겉7)×7, 겉1

★19단 겉4, 안4, (초안3, 핑안7)×6, 초안3, 핑안4, 겉4

★20단 겉9, (초겉1, 핑겉9)×7

★21단 겉4, 안5, (초안1, 핑안9)×6, 초안1, 핑안5, 겉4

★22단 겉79

★23단 겉4, 안71, 겉4

× 왼쪽 뒤판 ×

앞판과 뒤판 분리해서 뜹니다. 79코 중 오른쪽의 17코로 작업합니다. 나머지 62코는 쉼코로 둡니다. 24단 배색부터 실 색상이 바뀔 때는 꼭 교차시켜주세요.(무늬가 하나이기 때문입니다.)

★24단 비비드핑크색 실로 겉9, 초겉1, 핑겉7

★25단 겉2, 안5, 초안1, 핑안5, 겉4

★26단 겉8, 초겉3, 핑겉6

★27단 겉2, 안4, 초안3, 핑안4, 겉4

★28단 겉7, 초겉5, 핑겉5

★29단 겉2, 안3, 초안5, 핑안3, 겉4

★30단 겉1, 왼모1, 바비(단춧구멍), 겉3, 초겉7, 핑겉4

★31단 겉2, 안2, 초안7, 핑안2, 겉4

★32단 겉5, 초겉9, 핑겉3

★33단 겉2, 안1, 초안9, 핑안1, 겉4

★34단 겉6, 초겉7, 핑겉4

★35단 겉2, 안2, 초안7, 핑안2, 겉4

★36단 겉7, 초겉5, 핑겉5

★37단 겉2, 안3, 초안5, 핑안3, 겉4

★38단 겉8, 초겉3, 핑겉6

★39단 겉2, 안4, 초안3, 핑안4, 겉4

★40단 겉9, 초겉1, 핑겉7

★41단 겉2, 안5, 초안1, 핑안5, 겉4, 초록색 실은 자릅니다.

★42단 겉1, 왼모1, 바비(단춧구멍), 겉14

★43단 겉2, 안11, 겉4, 비비드핑크색 실은 자릅니다.

★44단 버림실에 오른쪽 10코를 걸어둡니다. 나머지 7코는 새로운 비비드핑크색 실로 겉7

★45단 겉2, 안5, 비비드핑크색 실은 자릅니다.

7코는 버림실에 걸어둡니다.

× 왼쪽 앞판 ×

쉼코로 둔 62코 중 오른쪽의 22코로 작업합니다. 나머지 40코는 쉼코로 둡니다.

★24단   새로운 비비드핑크색 실로 5코 코막음, 겉6, 초겉1, 핑겉9 17

★25단   안9, 초안1, 핑안5, 겉2

★26단   겉6, 초겉3, 핑겉5, 왼모1, 겉1 16

★27단   안7, 초안3, 핑안4, 겉2

★28단   겉5, 초겉5, 핑겉3, 왼모1, 겉1 15

★29단   안5, 초안5, 핑안3, 겉2

★30단   겉4, 초겉7, 핑겉1, 왼모1, 겉1 14

★31단   안3, 초안7, 핑안2, 겉2

★32단   겉3, 초겉7, 핑겉1, 왼모1, 겉1 13

★33단   안3, 초안7, 핑안1, 겉2

★34단   겉4, 초겉5, 핑겉1, 왼모1, 겉1 12

★35단   안3, 초안5, 핑안2, 겉2

★36단   겉5, 초겉3, 핑겉1, 왼모1, 겉1 11

★37단   안3, 초안3, 핑안3, 겉2

★38단   겉6, 초겉1, 핑겉1, 왼모1, 겉1 10

★39단   안3, 초안1, 핑안4, 겉2, 초록색 실은 자릅니다.

★40단   겉7, 왼모1, 겉1 9

★41단   안7, 겉2

★42단   겉6, 왼모1, 겉1 8

★43단   안6, 겉2

★44단   겉5, 왼모1, 겉1 7

★45단   안5, 겉2

왼쪽 뒤판의 어깨코 7코를 장갑바늘에 옮기고, 왼쪽 앞판의 어깨코 7코와 겉과 겉끼리 마주대어 겹쳐놓은 뒤 새로운 바늘로(총 3개의 바늘) 겉뜨기 뜨면서 코막음으로 연결합니다. (p.96 영상 참고) 비비드핑크색 실은 자릅니다.

× 오른쪽 앞판 ×

쉼코로 둔 40코 중 오른쪽의 1코는 마커에 걸어둡니다.(중심코) 39코 중 오른쪽의 17코로 작업합니다. 나머지 22코는 쉼코로 둡니다.

★24단   새로운 비비드핑크색 실로 겉9, 초겉1, 핑겉7 17

★25단   겉2, 안5, 초안1, 핑안9

★26단   겉1, 오모1, 겉5, 초겉3, 핑겉6 16

★27단   겉2, 안4, 초안3, 핑안7

★28단   겉1, 오모1, 겉3, 초겉5, 핑겉5 15

★29단   겉2, 안3, 초안5, 핑안5

★30단   겉1, 오모1, 겉1, 초겉7, 핑겉4 14

★31단   겉2, 안2, 초안7, 핑안3

★32단   겉1, 오모1, 겉1, 초겉7, 핑겉3 13

★33단   겉2, 안1, 초안7, 핑안3

★34단   겉1, 오모1, 겉1, 초겉5, 핑겉4 12

★35단   겉2, 안2, 초안5, 핑안3

★36단   겉1, 오모1, 겉1, 초겉3, 핑겉5 11

★37단   겉2, 안3, 초안3, 핑안3

★38단   겉1, 오모1, 겉1, 초겉1, 핑겉6 10

★39단   겉2, 안4, 초안1, 핑안3, 초록색 실은 자릅니다.

★40단   겉1, 오모1, 겉7 9

★41단   겉2, 안7

★42단   겉1, 오모1, 겉6 8

★43단   겉2, 안6

★44단   겉1, 오모1, 겉5 7

★45단   겉2, 안5, 비비드핑크색 실은 자릅니다.

남은 7코는 버림실에 걸어둡니다.

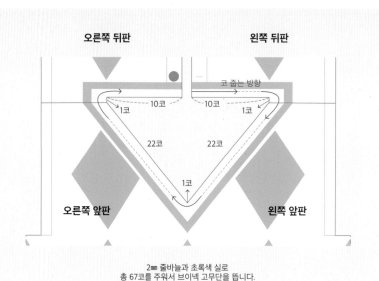

오른쪽 뒤판   왼쪽 뒤판

코 줍는 방향

10코   10코

1코   1코

22코   22코

1코

오른쪽 앞판   왼쪽 앞판

2㎜ 줄바늘과 초록색 실로
총 67코를 주워서 브이넥 고무단을 뜹니다.

× 오른쪽 뒤판 ×

쉼코로 둔 22코로 작업합니다.

★24단	새로운 비비드핑크색 실로 5코 코막음, 겉6, 초겉1, 핑겉9 17
★25단	겉4, 안5, 초안1, 핑안5, 겉2
★26단	겉6, 초겉3, 핑겉8
★27단	겉4, 안4, 초안3, 핑안4, 겉2
★28단	겉5, 초겉5, 핑겉7
★29단	겉4, 안3, 초안5, 핑안3, 겉2
★30단	겉4, 초겉7, 핑겉6
★31단	겉4, 안2, 초안7, 핑안2, 겉2
★32단	겉3, 초겉9, 핑겉5
★33단	겉4, 안1, 초안9, 핑안1, 겉2
★34단	겉4, 초겉7, 핑겉6
★35단	겉4, 안2, 초안7, 핑안2, 겉2
★36단	겉5, 초겉5, 핑겉7
★37단	겉4, 안3, 초안5, 핑안3, 겉2
★38단	겉6, 초겉3, 핑겉8
★39단	겉4, 안4, 초안3, 핑안4, 겉2
★40단	겉7, 초겉1, 겉9
★41단	겉4, 안5, 초안1, 핑안5, 겉2, 초록색 실은 자릅니다.
★42단	겉17
★43단	겉4, 안11, 겉2
★44단	겉7, 남은 10코를 버림실에 걸어둡니다. 7
★45단	안5, 겉2

오른쪽 앞판의 어깨코 7코를 장갑바늘에 옮기고, 오른쪽 뒤판의 어깨코 7코를 겉과 겉끼리 마주대 겹쳐놓은 뒤 새로운 바늘로(총 3개의 바늘) 겉뜨기로 뜨면서 코막음으로 연결합니다. (영상 참고) 비비드핑크색 실은 자릅니다.

× 브이넥 고무단 ×

2㎜ 줄바늘과 초록색 실로 왼쪽 뒤판부터 코를 주워서 고무단을 뜹니다. (그림 도안 참고) 왼쪽 뒤판에 남아있는 10코는 겉10, 왼쪽 어깨 연결한 곳에서 1코 줍기, 왼쪽 앞판 브이넥에서 1단에 1코씩 주우면 22코, 중심코 1코는 겉1, 오른쪽 앞판 브이넥에서 1단에 1코씩 주우면 22코, 오른쪽 어깨 연결한 곳에서 1코 줍기, 오른쪽 뒤판에 남아 있는 10코는 겉10 67 (영상 참고)

★1단 (안1, 겉1)×16, 안중3모1, (겉1, 안1)×16 65, 초록색 실은
       자릅니다.

★2단 새로운 비비드핑크색 실로(겉1, 안1)×15, 겉1, 중3모, 겉1,
       (안1, 겉1)×15 63

★3단 (안1, 겉1)×15, 안중3모1, (겉1, 안1)×15 61

★4단 코막음을 할 때 (겉1, 안1)×14, 겉1, 중3모, 겉1, (안1, 겉1)
       ×14번을 뜨면서 코막음 합니다. 늘어지지 않게 꼼꼼히
       코막음 합니다.

───────── × 마무리 × ─────────

❶ 단춧구멍 위치에 맞춰서 단추를 답니다.

❷ 여유로 남긴 실은 정리합니다.

AUTUMN

스트라이프 긴팔 티셔츠

난이도 ★ ★ ☆ ☆ ☆

기본 래글런 소매 티에 다양한 색상의 줄무늬를 넣어 보았어요. 옷의 길이나 소매길이를 조절하기 어렵지 않기 때문에 원하는 모양으로 응용이 가능한 옷이에요. 색상별로 만들어두면 어떤 옷과도 코디하기 쉬울 거예요.

사이즈
* 총 길이 6.5㎝, 가슴둘레 17.5㎝

게이지
* 메리야스뜨기 3.8코, 5.5단(1㎝×1㎝)

준비물
* 실　　　램스울3합 - 백아이보리색 10g, 배색 3g, 무지개 색상 약간
* 바늘　　2㎜ 줄바늘
* 부재료　6㎜ 원형단추 3개

알아두기

❶ 몸판, 소매 모두 평면뜨기이며 톱다운 방식입니다.
❷ 소매 분리 후 소매 양쪽을 뜨고 소매 옆선을 연결 후 나머지 몸판을 뜹니다.
❸ '실은 자릅니다.'는 10㎝ 정도 여유를 두고 자르면 됩니다. 이 실은 돗바늘에 끼워 정리할 실입니다.

✧ 스트라이프 긴팔 티셔츠 ✧

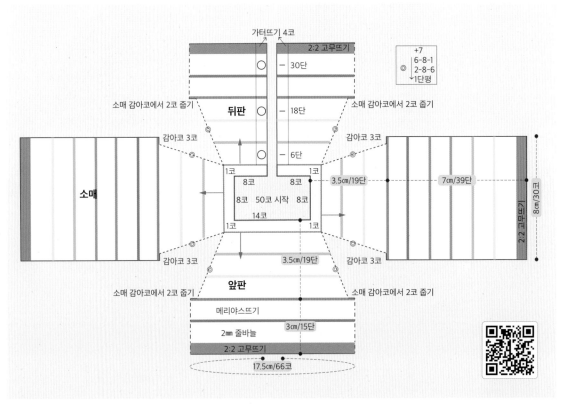

✧ ✧ ✧

× 몸판 ×
목둘레~소매 분리 전까지

2㎜ 줄바늘과 램스울3합 토마토색 실로 50코를 만듭니다. 무지개 색상 배색으로 설명합니다. 한가지 배색으로 할 경우 무지개 색상일 때 선택한 배색으로 뜹니다.

★1단 안50

★2단 겉50

★3단 안50, 토마토색 실은 자릅니다.

★4단 백아이보리색 실로 겉50

★5단 겉4, 안42, 겉4

★6단 겉8, 바비, 겉1, 바비, 겉8, 바비, 겉1, 바비, 겉14, 바비, 겉1, 바비, 겉8, 바비, 겉1, 바비, 겉5, 바비(단춧구멍), 왼모1, 겉1 58

★7단 겉4, 안4, 안꼬1, 안1, 안꼬1, 안8, 안꼬1, 안1, 안꼬1, 안14, 안꼬1, 안1, 안꼬1, 안8, 안꼬1, 안1, 안꼬1, 안4, 겉4

★8단 주황색 실로 겉9, 바비, 겉1, 바비, 겉10, 바비, 겉1, 바비, 겉16, 바비, 겉1, 바비, 겉10, 바비, 겉1, 바비, 겉9 66

★9단 겉4, 안5, 안꼬1, 안1, 안꼬1, 안10, 안꼬1, 안1, 안꼬1, 안16,
안꼬1, 안1, 안꼬1, 안10, 안꼬1, 안1, 안꼬1, 안5, 겉4, 주황
색실은 자릅니다.

★10단 백아이보리색 실로 겉10, 바비, 겉1, 바비, 겉12, 바비,
겉1, 바비, 겉18, 바비, 겉1, 바비, 겉12, 바비, 겉1, 바비,
겉10 74

★11단 겉4, 안6, 안꼬1, 안1, 안꼬1, 안12, 안꼬1, 안1, 안꼬1, 안18,
안꼬1, 안1, 안꼬1, 안12, 안꼬1, 안1, 안꼬1, 안6, 겉4

★12단 겉11, 바비, 겉1, 바비, 겉14, 바비, 겉1, 바비, 겉20, 바비,
겉1, 바비, 겉14, 바비, 겉1, 바비, 겉11 82

★13단 겉4, 안7, 안꼬1, 안1, 안꼬1, 안14, 안꼬1, 안1, 안꼬1, 안20,
안꼬1, 안1, 안꼬1, 안14, 안꼬1, 안1, 안꼬1, 안7, 겉4

★14단 노랑색 실로 겉12, 바비, 겉1, 바비, 겉16, 바비, 겉1, 바비,
겉22, 바비, 겉1, 바비, 겉16, 바비, 겉1, 바비, 겉12 90

★15단 겉4, 안8, 안꼬1, 안1, 안꼬1, 안16, 안꼬1, 안1, 안꼬1, 안22,
안꼬1, 안1, 안꼬1, 안16, 안꼬1, 안1, 안꼬1, 안8, 겉4, 노랑색
실은 자릅니다.

★16단 백아이보리색 실로 겉13, 바비, 겉1, 바비, 겉18, 바비, 겉1,
바비, 겉24, 바비, 겉1, 바비, 겉18, 바비, 겉1, 바비, 겉13
98

★17단 겉4, 안9, 안꼬1, 안1, 안꼬1, 안18, 안꼬1, 안1, 안꼬1, 안24,
안꼬1, 안1, 안꼬1, 안18, 안꼬1, 안1, 안꼬1, 안9, 겉4

★18단 겉14, 바비, 겉1, 바비, 겉20, 바비, 겉1, 바비, 겉26, 바비,
겉1, 바비, 겉20 바비, 겉1, 바비, 겉11, 바비(단춧구멍),
왼모1, 겉1 106

★19단 겉4, 안10, 안꼬1, 안1, 안꼬1, 안20, 안꼬1, 안1, 안꼬1,
안26, 안꼬1, 안1, 안꼬1, 안20, 안꼬1, 안1, 안꼬1, 안10,
겉4, 백아이보리색 실은 자릅니다.

× 소매 분리 ×

돗바늘에 버림실을 끼워 오른쪽 뒤판 15코, 오른쪽 소매 24코, 앞
판 28코, 왼쪽 소매 24코, 왼쪽 뒤판 15코로 나눠서 따로 따로 코
를 걸어둡니다.(왼쪽, 오른쪽은 레이나가 입었을 때 방향입니다.)

× 오른쪽 소매 ×

★20단 새로운 초록색 실로 겉24, 감3 27

★21단 안27, 감3 30, 초록색 실은 자릅니다.

★22단 새로운 백아이보리색 실로 겉30

★23단 안30

★24단 겉30

★25단 안30

★26단 마린블루색 실로 겉30

★27단 안30, 마린블루색 실은 자릅니다.

★28단 백아이보리색 실로 겉30

★29단 안30

★30단 겉30

★31단 안30

★32단 진보라색 실로 겉30

★33단 안30, 진보라색 실은 자릅니다.

★34단 백아이보리색 실로 겉30

★35단 안30

★36단 겉30

★37단 안30

★38단 토마토색 실로 겉30

★39단 안30, 토마토색 실은 자릅니다.

★40단 백아이보리색 실로 겉30

★41단   안30

★42단   겉30

★43단   안30

★44단   주황색 실로 겉30

★45단   안30, 주황색 실은 자릅니다.

★46단   백아이보리색 실로 겉30

★47단   안30

★48단   겉30

★49단   안30

★50단   노랑색 실로 겉30

★51단   안30, 노랑색 실은 자릅니다.

★52단   백아이보리색 실로 겉30

★53단   안30

★54단   겉30

★55단   안30

★56단   초록색 실로 겉30

★57단   (겉2, 안2)×7, 겉2

★58단   (안2, 겉2)×7, 안2

겉뜨기는 겉뜨기로 뜨고, 안뜨기는 안뜨기로 뜨면서 코막음 합니다. 초록과 백아이보리색 실은 자릅니다.

× 왼쪽 소매 ×

오른쪽 소매와 동일합니다. 소매 옆선을 양쪽 모두 메리야스잇기 하고 몸판을 뜹니다.

× 몸판 ×
소매 분리~밑단

남아있는 58코를 모두 줄바늘로 옮깁니다.

★20단   초록색 실로 겉15, 오른쪽 소매 겨드랑이에서 4코를 줍기, 겉28, 왼쪽 소매 겨드랑이에서 4코를 줍기, 겉15 66 (p.106 영상 참고)

★21단   겉4, 안58, 겉4, 초록색 실은 자릅니다.

★22단   새로운 백아이보리색 실로 겉66

★23단   겉4, 안58, 겉4

★24단   겉66

★25단   겉4, 안58, 겉4

★26단   마린블루색 실로 겉66

★27단   겉4, 안58, 겉4, 마린블루색 실은 자릅니다.

★28단   백아이보리색 실로 겉66

★29단   겉4, 안58, 겉4

★30단   겉63, 바비(단춧구멍), 왼모1, 겉1

★31단   겉4, 안58, 겉4

★32단   진보라색 실로 겉66

★33단   겉4, (안2, 겉2)×14, 안2, 겉4

★34단   겉4, (겉2, 안2)×14, 겉6

겉뜨기는 겉뜨기로 뜨고, 안뜨기는 안뜨기로 뜨면서 코막음 합니다. 진보라색과 백아이보리색 실은 자릅니다.

× 마무리 ×

❶ 단춧구멍 위치에 맞춰서 단추를 답니다.

❷ 여유로 남긴 실은 정리합니다.

빨간 머리 앤과 다이애나

난이도 ★★★☆☆

동화 속 주인공 빨간 머리 앤과 친구 다이애나의 의상이에요. 스타일이 다른 두 가지 원피스와 에이프런을 준비하였습니다. 원피스, 에이프런 모두 깔끔한 스타일이라서 자수나 액세서리로 예쁘게 꾸며주면 더욱 사랑스러울 것 같아요. 작은 사이즈의 챙 모자는 귀여운 장식용으로 사용할 수 있답니다. 무늬가 없는 깔끔한 디자인이지만 디테일이 숨어있어요. 레이나를 동화 속 주인공으로 만들어 볼까요?

사이즈
★ **원피스** 총 길이 16.5㎝, 가슴둘레 16㎝, 소매길이 11~12.5㎝
★ **에이프런** 총 길이 12.5㎝, 끈길이 25~26㎝
★ **작은 챙모자** 모자둘레 15㎝, 높이 1㎝, 챙둘레 24㎝

게이지
★ 메리야스뜨기 4.2코, 6단(1㎝×1㎝)

준비물
★ **실** 램스울2합 - 포도멜란지색 20g, 레몬색 20g
앙고라2합 - 백아이보리색 25g(에이프런 2벌)
레이온 - 브라운색 15g(모자)

★ **바늘** 2mm 줄바늘, 2mm 장갑바늘, 2.5㎜ 줄바늘,
모사용 2호 코바늘

★ **부재료** 스냅단추 10개, 검정리본 약간

알아두기

❶ 몸판과 에이프런은 평면뜨기이고 소매는 원통뜨기입니다.
❷ 원피스는 위에서 아래로 뜨는 톱다운 방식이고 에이프런은 바텀업 방식입니다.
❸ 다이애나 에이프런의 진동 부분 주름은 따로 떠서 연결합니다.
❹ '//' 표시는 마커가 걸리는 자리입니다. 몸판의 소매 분리 전까지는 몸판과 소매를 구분하고,
치마 부분에서는 마커를 중심으로 양쪽으로 늘려줍니다.
❺ 몸판의 양쪽 4코는 단춧단입니다. 단춧구멍은 없고 스냅단추로 마무리합니다.
❻ '실은 자릅니다.'는 10㎝ 정도 여유를 두고 자르면 됩니다. 이 실은 돗바늘에 끼워 정리할 실입니다.

✦ 앤 원피스 ✦

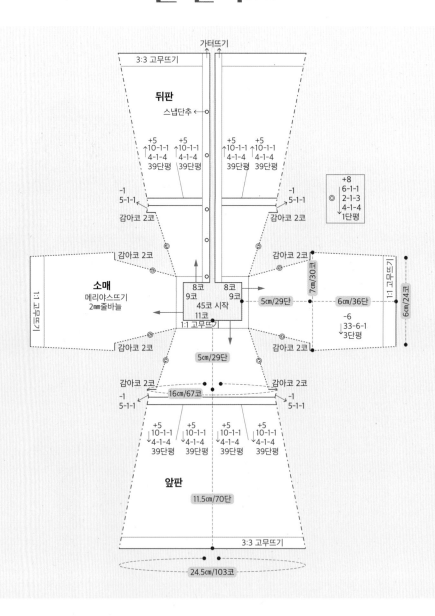

✧ ✧ ✧

× 몸판 ×

2mm 줄바늘과 램스울2합 포도멜란지색 실로 45코를 만듭니다.
'//' 표시는 마커가 걸리는 자리입니다. 앞판, 뒤판, 소매 부분의
구분을 마커로 표시합니다.

★1단 겉4, (겉1, 안1)×18, 겉5

★2단 겉4, (안1, 겉1)×18, 안1, 겉4

★3단 겉4, (겉1, 안1)×18, 겉5

★4단 되돌아뜨기 단입니다.
　　　① 겉19, 실앞, 걸러1, 실뒤, 턴
　　　② 걸러1, 안15, 겉4
　　　③ 겉14, 실앞, 걸러1, 실뒤, 턴
　　　④ 걸러1, 안10, 겉4

　　　겉14, 정리1코, 겉4, 정리1코, 겉25

★5단 되돌아뜨기 단입니다.
　　　① 겉4, 안15, 실뒤, 걸러1, 실앞, 턴
　　　② 걸러1, 겉19
　　　③ 겉4, 안10, 실뒤, 걸러1, 실앞, 턴
　　　④ 걸러1, 겉14

　　　겉4, 안10, 정리1코, 안4, 정리1코, 안21, 겉4

★6단 겉7, 오늘1, 겉1//겉1, 왼늘1, 겉7, 오늘1, 겉1//겉1, 왼늘1,
　　　겉9, 오늘1, 겉1//겉1, 왼늘1, 겉7, 오늘1, 겉1//겉1, 왼늘1,
　　　겉7 53

★7단 겉4, 안5//안11//안13//안11//안5, 겉4

★8단 겉8, 오늘1, 겉1//겉1, 왼늘1, 겉9, 오늘1, 겉1//겉1, 왼늘1,
　　　겉11, 오늘1, 겉1//겉1, 왼늘1, 겉9, 오늘1, 겉1//겉1, 왼늘1,
　　　겉8 61

★9단 겉4, 안6//안13//안15//안13//안6, 겉4

★10단 겉9, 오늘1, 겉1//겉1, 왼늘1, 겉11, 오늘1, 겉1//겉1, 왼늘1,
　　　겉13, 오늘1, 겉1//겉1, 왼늘1, 겉11, 오늘1, 겉1//겉1, 왼늘1,
　　　겉9 69

★11단 겉4, 안7//안15//안17//안15//안7, 겉4

★12단 겉10, 오늘1, 겉1//겉1, 왼늘1, 겉13, 오늘1, 겉1//겉1, 왼늘1,
　　　겉15, 오늘1, 겉1//겉1, 왼늘1, 겉13, 오늘1, 겉1//겉1, 왼늘1,
　　　겉10 77

★13단 겉4, 안8//안17//안19//안17//안8, 겉4

★14단 겉12//겉17//겉19//겉17//겉12

★15단 겉4, 안8//안17//안19//안17//안8, 겉4

★16단 겉11, 오늘1, 겉1//겉1, 왼늘1, 겉15, 오늘1, 겉1//겉1, 왼늘1,
　　　겉17, 오늘1, 겉1//겉1, 왼늘1, 겉15, 오늘1, 겉1//겉1, 왼늘1,
　　　겉11 85

★17단 겉4, 안9//안19//안21//안19//안9, 겉4

★18단 겉13//겉19//겉21//겉19//겉13

★19단 겉4, 안9//안19//안21//안19//안9, 겉4

★20단 겉12, 오늘1, 겉1//겉1, 왼늘1, 겉17, 오늘1, 겉1//겉1, 왼늘1,
　　　겉19, 오늘1, 겉1//겉1, 왼늘1, 겉17, 오늘1, 겉1//겉1, 왼늘1,
　　　겉12 93

★21단 겉4, 안10//안21//안23//안21//안10, 겉4

★22단 겉14//겉21//겉23//겉21//겉14

★23단 겉4, 안10//안21//안23//안21//안10, 겉4

★24단 겉13, 오늘1, 겉1//겉1, 왼늘1, 겉19, 오늘1, 겉1//겉1, 왼늘1,
　　　겉21, 오늘1, 겉1//겉1, 왼늘1, 겉19, 오늘1, 겉1//겉1, 왼늘1,
　　　겉13 101

★25단 겉4, 안11//안23//안25//안23//안11, 겉4

★26단 겉15//겉23//겉25//겉23//겉15

★27단 겉4, 안11//안23//안25//안23//안11, 겉4

★28단 겉14, 오늘1, 겉1//겉1, 왼늘1, 겉21, 오늘1, 겉1//겉1, 왼늘1,
　　　겉23, 오늘1, 겉1//겉1,왼늘1, 겉21, 오늘1, 겉1//겉1, 왼늘1,
　　　겉14 109

★29단 겉4, 안12//안25//안27//안25//안12, 겉4

× 소매 분리 ×

★30단 겉16, 지금부터 마커 제거, 감4, 버림실에 25코 걸어두
　　　기, 겉27, 감4, 버림실에 25코 걸어두기, 겉16 67

★31단 겉4, 안59, 겉4

★32단 겉67

★33단 겉4, 안59, 겉4

★34단 겉16, 왼모, 오모, 겉27, 왼모, 오모, 겉16 63

★35단 겉4, 안55, 겉4

★36~38단 겉63×3단

★39단 겉4, 안55, 겉4

★40~43단 36~39단 1번 반복

★44단 //표시에 마커 걸어두기, 겉6, 오늘1, 겉1//겉1, 왼늘1,
　　　겉18, 오늘1, 겉1//겉1, 왼늘1, 겉7, 오늘1, 겉1//겉1,왼늘1,
　　　겉18, 오늘1, 겉1//겉1, 왼늘1, 겉6 71

★45단　겉4, 안4//안22//안11//안22//안4, 겉4

★46단　겉8//겉22//겉11//겉22//겉8

★47단　겉4, 안4//안22//안11//안22//안4, 겉4

★48단　겉7, 오늘1, 겉1//겉1, 왼늘1, 겉20, 오늘1, 겉1//겉1, 왼늘1,
　　　　겉9, 오늘1, 겉1//겉1,왼늘1, 겉20, 오늘1, 겉1//겉1, 왼늘1,
　　　　겉7 79

★49단　겉4, 안5//안24//안13//안24//안5, 겉4

★50단　겉9//겉24//겉13//겉24//겉9

★51단　겉4, 안5//안24//안13//안24//안5, 겉4

★52단　겉8, 오늘1, 겉1//겉1, 왼늘1, 겉22, 오늘1, 겉1//겉1, 왼늘1,
　　　　겉11, 오늘1, 겉1//겉1,왼늘1, 겉22, 오늘1, 겉1//겉1, 왼늘1,
　　　　겉8 87

★53단　겉4, 안6//안26//안15//안26//안6, 겉4

★54단　겉10//겉26//겉15//겉26//겉10

★55단　겉4, 안6//안26//안15//안26//안6, 겉4

★56단　겉9, 오늘1, 겉1//겉1, 왼늘1, 겉24, 오늘1, 겉1//겉1, 왼늘1,
　　　　겉13, 오늘1, 겉1//겉1,왼늘1, 겉24, 오늘1, 겉1//겉1, 왼늘1,
　　　　겉9 95

★57단　겉4, 안7//안28//안17//안28//안7, 겉

★58단　겉11//겉28//겉17//겉28//겉11

★59단　겉4, 안7//안28//안17//안28//안7, 겉4

★60단　겉10, 오늘1, 겉1//겉1, 왼늘1, 겉26, 오늘1, 겉1//겉1, 왼늘1,
　　　　겉15, 오늘1, 겉1//겉1,왼늘1, 겉26, 오늘1, 겉1//겉1, 왼늘1,
　　　　겉10 103

★61단　겉4, 안95, 겉4(마커는 제거합니다.)

★62단　겉103

★63단　겉4, 안95, 겉4

★64~95단　62~63단 16번 반복(반복 횟수로 길이를 조절하
　　　　세요.)

★96단　겉4, 겉4, (안3, 겉3)×15, 겉5

★97단　겉4, 안4, (겉3, 안3)×15, 안1, 겉4

★98~99단　96~97단 1번 반복

겉뜨기는 겉뜨기로 뜨고, 안뜨기는 안뜨기로 뜨면서 코막음 합니다.

× 소매 ×

버림실에 걸어둔 25코를 장갑바늘 2개에 나누어 옮깁니다. 원통
뜨기입니다.

★1단　새로운 실과 장갑바늘로 감아코 4코에서 5코를 줍고,
　　　　장갑바늘에 걸려있는 25코는 겉25 30

★2~32단　겉30×31단 (입혀보고 길이를 조절하세요.)

★33단　(겉3, 왼모1)×6 24

★34~36단　(겉1, 안1)×12

겉뜨기는 겉뜨기로 뜨고, 안뜨기는 안뜨기로 뜨면서 코막음 합니다.
다른 한쪽도 같은 방법으로 뜹니다.

──── × 마무리 × ────

❶ 스냅단추를 적당한 위치에 답니다.

❷ 여유로 남긴 실은 정리하고 겨드랑이 부분에 구멍 난 부분은 남
긴 실로 정리합니다.

앤 에이프런

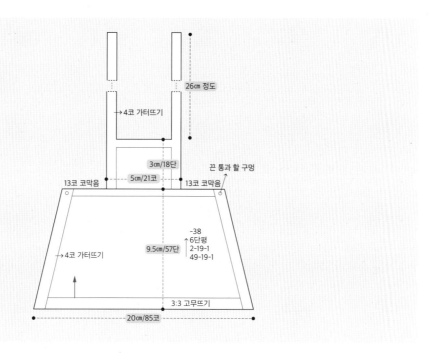

- 26cm 정도
- →4코 가터뜨기
- 3cm/18단
- 5cm/21코
- 끈 통과 할 구멍
- 13코 코막음
- 13코 코막음
- -38
- ↑6단평
- 2-19-1
- 49-19-1
- 9.5cm/57단
- →4코 가터뜨기
- 3:3 고무뜨기
- 20cm/85코

✧ ✧ ✧

× 몸판 ×

2mm 줄바늘과 앙고라2합 백아이보리색 실로 85코를 만듭니다.

★1단   겉8, (안3, 겉3)×12, 겉5

★2단   겉4, 안4, (겉3, 안3)×12, 안1, 겉4

★3~4단   1~2단 1번 반복

★5단   겉85

★6단   겉4, 안77, 겉4

★7~48단   5~6단 21번 반복

★49단   겉4, (왼모1, 겉2)×19, 겉5 66

★50단   겉4, 안58, 겉4

★51단   겉4, (왼모1, 겉1)×19, 겉5 47

★52단   겉4, 안39, 겉4

★53~54단   겉47×2단

★55단   겉1, 왼모1, 바비1(끈 통과할 구멍), 겉41, 바비1(끈 통과할 구멍), 왼모1, 겉1

★56단   겉4, 안39, 겉4

★57단   겉47

× 가슴 바대 ×

★58단   겉뜨기 뜨면서 13코 코막음, 겉20, 겉뜨기 뜨면서 13코 코막음, 실은 자릅니다. 21

★59단   새로운 백아이보리색 실로 겉면에서 겉21

★60단   겉3, 안15, 겉3

★61단   겉21

★62~71단   60~61단 5번 반복

★72~75단   겉21×4단

× 오른쪽 끈 ×
레이나가 입었을 때

75단까지 뜬 다음 편물을 돌려서 21코 중 오른쪽 4코로만 계속 겉뜨기 합니다. 나머지 17코는 쉼코로 둡니다. 살짝 당겨서 쟀을 때 26㎝ 정도로 뜹니다. 가터뜨기 끈이 완성된 다음 실은 자릅니다.

× 왼쪽 끈 ×
레이나가 입었을 때

새로운 실로 바대 안쪽 면에서 쉼코로 둔 17코를 겉뜨기 뜨면서 13코 코막음하고 나머지 4코로 26㎝ 정도가 될 때까지 겉뜨기를 합니다. 가터뜨기 끈이 완성된 다음 실은 자릅니다.

─── × 마무리 × ───

❶ 여유로 남긴 실은 정리합니다.

❷ 에이프런 끈은 뒤에서 교차시키고, 몸판의 양쪽 구멍으로 통과시켜 리본 모양으로 묶어줍니다.

◇ 다이애나 원피스 ◇

× 몸판 ×

레이스 2호 코바늘과 램스울2합 레몬색 실로 사슬뜨기 111코를 만듭니다. '//' 표시는 마커가 걸리는 자리입니다. 앞판, 뒤판, 소매 부분의 구분을 마커로 표시합니다.

★1단 사슬뜨기 111코에서 2mm 줄바늘로 37코를 줍는데 1코 주울 때마다 사슬 2코씩 건너가면서 겉4, (겉1, 안1)×14, 겉5를 뜨면서 주워줍니다. 37 (p.117 영상 참고)

★2단 겉4, (안1, 겉1)×14, 안1, 겉4

★3단 겉4, (겉1, 안1)×14, 겉5

★4단 되돌아뜨기 단입니다.
① 겉16, 실앞, 걸러1, 실뒤, 턴
② 걸러1, 안12, 겉4
③ 겉11, 실앞, 걸러1, 실뒤, 턴
④ 걸러1, 안7, 겉4

겉11, 정리1코, 겉4, 정리1코, 겉20

★5단 되돌아뜨기 단입니다.
① 겉4, 안12, 실뒤, 걸러1, 실앞, 턴
② 걸러1, 겉16
③ 겉4, 안7, 실뒤, 걸러1, 실앞, 턴
④ 걸러1, 겉11

겉4, 안7, 정리1코, 안4, 정리1코, 안16, 겉4

★6단 겉5, 왼늘1, 겉1, 오늘1, 겉1//겉1, 왼늘1, 겉2, 왼늘1, 겉1, 오늘1, 겉2, 오늘1, 겉1//겉1, 왼늘1, 겉2, 왼늘1, 겉3, 오늘1, 겉2, 오늘1, 겉1//겉1, 왼늘1, 겉2, 왼늘1, 겉1, 오늘1, 겉2, 오늘1, 겉1//겉1, 왼늘1, 겉1, 오늘1, 겉5 53

★7단 겉4, 안5//안11//안13//안11//안5, 겉4

★8단 겉8, 오늘1, 겉1//겉1, 왼늘1, 겉9, 오늘1, 겉1//겉1, 왼늘1, 겉11, 오늘1, 겉1//겉1, 왼늘1, 겉9, 오늘1, 겉1//겉1, 왼늘1, 겉8 61

★9단 겉4, 안6//안13//안15//안13//안6, 겉4

★10단 겉9, 오늘1, 겉1//겉1, 왼늘1, 겉11, 오늘1, 겉1//겉1, 왼늘1,

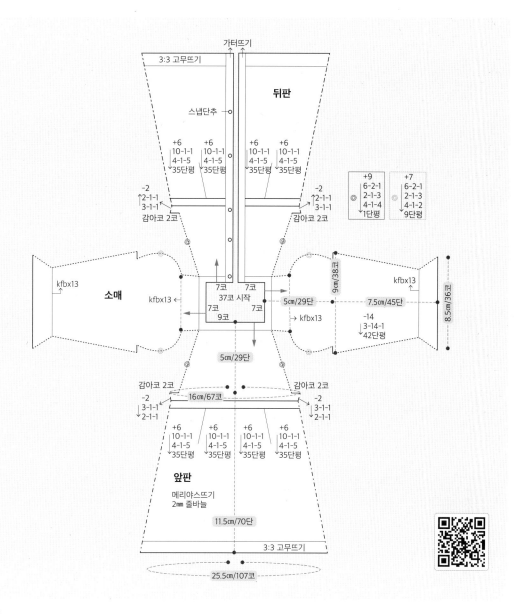

I 빨간 머리 앤과 다이애나

겉13, 오늘1, 겉1//겉1, 왼늘1, 겉11, 오늘1, 겉1//겉1, 왼늘1, 겉9 69

★11단 겉4, 안7//안15//안17//안15//안7, 겉4

★12단 겉10, 오늘1, 겉1//겉1, 왼늘1, 겉13, 오늘1, 겉1//겉1, 왼늘1, 겉15, 오늘1, 겉1//겉1, 왼늘1, 겉13, 오늘1, 겉1//겉1, 왼늘1, 겉10 77

★13단 겉4, 안8//안17//안19//안17//안8, 겉4

★14단 겉12//겉2, kfb×13, 겉2//겉19//겉2, kfb×13, 겉2//겉12 103

★15단 겉4, 안8//안30//안19//안30//안8, 겉4

★16단 겉11, 오늘1, 겉1//겉1, 왼늘1, 겉28, 오늘1, 겉1//겉1, 왼늘1, 겉17, 오늘1, 겉1//겉1, 왼늘1, 겉28, 오늘1, 겉1//겉1, 왼늘1, 겉11 111

★17단 겉4, 안9//안32//안21//안32//안9, 겉4

★18단　겉13//겉32//겉21//겉32//겉13

★19단　겉4, 안9//안32//안21//안32//안9, 겉4

★20단　겉12, 오늘1, 겉1//겉1, 왼늘1, 겉30, 오늘1, 겉1//겉1, 왼늘1, 겉19, 오늘1, 겉1//겉1, 왼늘1, 겉30, 오늘1, 겉1//겉1, 왼늘1, 겉12　119

★21단　겉4, 안10//안34//안23//안34//안10, 겉4

★22단　겉14//겉34//겉23//겉34//겉14

★23단　겉4, 안10//안34//안23//안34//안10, 겉4

★24단　겉13, 오늘1, 겉1//겉34//겉1, 왼늘1, 겉21, 오늘1, 겉1//겉34//겉1, 왼늘1, 겉13　123

★25단　겉4, 안11//안34//안25//안34//안11, 겉4

★26단　겉15//겉34//겉25//겉34//겉15

★27단　겉4, 안11//안34//안25//안34//안11, 겉4

★28단　겉14, 오늘1, 겉1//겉34//겉1, 왼늘1, 겉23, 오늘1, 겉1//겉34//겉1, 왼늘1, 겉14　127

★29단　겉4, 안12//안34//안27//안34//안12, 겉4

× 소매 분리 ×

★30단　겉16, 지금부터 마커 제거, 감4, 버림실에 34코 걸어두기, 겉27, 감4, 버림실에 34코 걸어두기, 겉16　67

★31단　겉4, 안59, 겉4

★32단　겉15, 왼모1, 겉1, 오모1, 겉27, 왼모1, 겉1, 오모1, 겉15　63

★33단　겉4, 안55, 겉4

★34단　겉14, 왼모1, 겉1, 오모1, 겉25, 왼모1, 겉1, 오모1, 겉14　59

★35단　겉4, 안51, 겉4

★36~38단　겉59×3단

★39단　겉4, 안51, 겉4

★40~43단　36~39단 1번 반복

★44단　'//' 표시에 마커 걸기, 겉6, 오늘1, 겉1//겉1, 왼늘1, 겉16, 오늘1, 겉1//겉1, 왼늘1, 겉7, 오늘1, 겉1//겉1,왼늘1, 겉16, 오늘1, 겉1//겉1, 왼늘1, 겉6　67

★45단　겉4, 안4//안20//안11//안20//안4, 겉4

★46단　겉8//겉20//겉11//겉20//겉8

★47단　겉4, 안4//안20//안11//안20//안4, 겉4

★48단　겉7, 오늘1, 겉1//겉1, 왼늘1, 겉18, 오늘1, 겉1//겉1, 왼늘1, 겉9, 오늘1, 겉1//겉1,왼늘1, 겉18, 오늘1, 겉1//겉1, 왼늘1, 겉7　75

★49단　겉4, 안5//안22//안13//안22//안5, 겉4

★50단　겉9//겉22//겉13//겉22//겉9

★51단　겉4, 안5//안22//안13//안22//안5, 겉4

★52단　겉8, 오늘1, 겉1//겉1, 왼늘1, 겉20, 오늘1, 겉1//겉1, 왼늘1, 겉11, 오늘1, 겉1//겉1, 왼늘1, 겉20, 오늘1, 겉1//겉1, 왼늘1, 겉8　83

★53단　겉4, 안6//안24//안15//안24//안6, 겉4

★54단　겉10//겉24//겉15//겉24//겉10

★55단　겉4, 안6//안24//안15//안24//안6, 겉4

★56단　겉9, 오늘1, 겉1//겉1, 왼늘1, 겉22, 오늘1, 겉1//겉1, 왼늘1, 겉13, 오늘1, 겉1//겉1,왼늘1, 겉22, 오늘1, 겉1//겉1, 왼늘1, 겉9　91

★57단　겉4, 안7//안26//안17//안26//안7, 겉4

★58단　겉11//겉26//겉17//겉26//겉11

★59단　겉4, 안7//안26//안17//안26//안7, 겉4

★60단　겉10, 오늘1, 겉1//겉1, 왼늘1, 겉24, 오늘1, 겉1//겉1, 왼늘1, 겉15, 오늘1, 겉1//겉1,왼늘1, 겉24, 오늘1, 겉1//겉1, 왼늘1, 겉10　99

★61단　겉4, 안8//안28//안19//안28//안8, 겉4

★62단　겉12//겉28//겉19//겉28//겉12

★63단　겉4, 안8//안28//안19//안28//안8, 겉4

★64단　겉11, 오늘1, 겉1//겉1, 왼늘1, 겉26, 오늘1, 겉1//겉1, 왼늘1, 겉17, 오늘1, 겉1//겉1,왼늘1, 겉26, 오늘1, 겉1//겉1, 왼늘1, 겉11　107

★65단　겉4, 안99, 겉4(마커는 제거합니다.)

★66단　겉107

★67단　겉4, 안99, 겉4

★68~93단　66~67단 13번 반복

★94~95단　겉107×2단

★96단　겉4, 겉3, (안3, 겉3)×16, 겉4

★97단　겉4, 안3, (겉3, 안3)×16, 겉4

★98~99단　96~97단 1번 반복

겉뜨기는 겉뜨기로 뜨고, 안뜨기는 안뜨기로 뜨면서 코막음 합니다.

× 소매 ×

버림실에 걸어둔 34코를 장갑바늘 2개에 나누어 옮깁니다. 원통 뜨기입니다.

★1단　새로운 실과 장갑바늘로 감아코 4코에서 4코를 줍고 장갑바늘에 걸려있는 34코는 겉34　38

★2단　겉38

★3단　겉7, 왼모14, 겉3　24

★4~34단　겉24×31단 (입혀보고 길이를 조절합니다.)

★35단　안24

★36단　겉24

★37단　(겉1, kfb)×12　36

★38~45단　(겉2, 안1)×12

겉뜨기는 겉뜨기로 뜨고, 안뜨기는 안뜨기로 뜨면서 코막음 합니다. 다른 한쪽도 같은 방법으로 뜹니다.

× 마무리 ×

❶ 스냅단추를 적당한 위치에 답니다.

❷ 여유로 남긴 실은 정리하고 겨드랑이 부분에 구멍 난 부분은 남긴 실로 정리합니다.

✧ 다이애나 에이프런 ✧

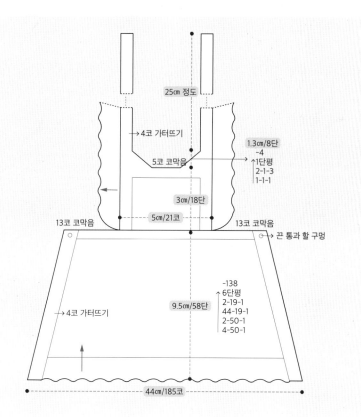

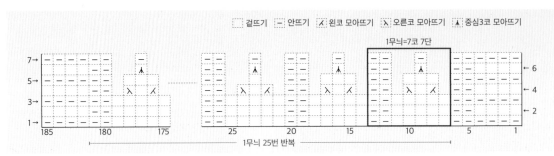

겉뜨기	안뜨기	왼코 모아뜨기	오른코 모아뜨기	중심3코 모아뜨기

1무늬=7코 7단

7→
5→
3→
1→

185   180   175   25   20   15   10   5   1

← 6
← 4
← 2

1무늬 25번 반복

✧ ✧ ✧

× 밑단 레이스 ×

2.5mm 줄바늘과 앙고라2합 백아이보리색 실로 185코를 만듭니다.
2.5mm 줄바늘로 코만 만들고 2mm 줄바늘로 작업합니다.

★1단   겉4, 겉2, (안5, 겉2)×25, 겉4

★2단   겉4, 안2, (겉5, 안2)×25, 겉4

★3단   겉4, 겉2, (안5, 겉2)×25, 겉4

★4단   겉4, 안2, (왼모1, 겉1, 오모1, 안2)×25, 겉4 135

★5단   겉4, 겉2, (안3, 겉2)×25, 겉4

★6단   겉4, 안2, (중3모1, 안2)×25, 겉4 85

★7단   겉85

× 몸판 ×

★8단   겉85

★9단   겉4, 안77, 겉4

★10~49단   8~9단 20번 반복

★50단   겉4, (왼모1, 겉2)×19, 겉5 66

★51단   겉4, 안58, 겉4

★52단   겉4, (왼모1, 겉1)×19, 겉5 47

★53단   겉4, 안39, 겉4

★54~55단   겉47×2단

★56단   겉1, 왼모1, 바비1(끈 통과할 구멍), 겉41, 바비1(끈 통과할 구멍), 왼모1, 겉1

★57단   겉4, 안39, 겉4

★58단   겉47

× 가슴 바대 ×

★59단   겉뜨기 뜨면서 13코 코막음, 겉20, 겉뜨기 뜨면서 13코 코막음, 실은 자릅니다. 21

★60단   새로운 백아이보리색 실로 겉면에서 겉21

★61단   겉3, 안15, 겉3

★62~71단   60~61단 5번 반복

★72~75단   겉21×4단

× 왼쪽 가슴 바대 ×
레이나가 입었을 때

21코 중 오른쪽 8코로 작업합니다. 나머지 13코는 쉼코로 둡니다.

★76단   겉5, 왼모1, 겉1 7

★77단   겉7

★78단   겉4, 왼모1, 겉1 6

★79단   겉6

★80단   겉3, 왼모1, 겉1 5

★81단   겉5

★82단   겉2, 왼모1, 겉1 4

★83단   겉4

× 왼쪽 끈 ×
레이나가 입었을 때

이어서 4코로 겉뜨기를 25㎝ 정도 될 때까지 계속 뜹니다. 겉뜨기 뜨면서 코막음 하고 실은 자릅니다.

× 오른쪽 가슴 바대 ×
레이나가 입었을 때

쉼코로 둔 13코로 작업합니다.

★76단 5코 코막음, 왼모1, 겉5 7

★77단 겉7

★78단 겉1, 왼모1, 겉4 6

★79단 겉6

★80단 겉1, 왼모1, 겉3 5

★81단 겉5

★82단 겉1, 왼모1, 겉2 4

★83단 겉4

× 오른쪽 끈 ×
레이나가 입었을 때

이어서 4코로 겉뜨기를 25㎝ 정도 될 때까지 계속 뜹니다. 겉뜨기 뜨면서 코막음하고 실은 자릅니다.

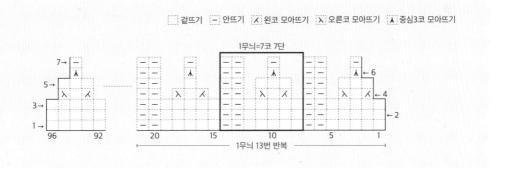

□ 겉뜨기 − 안뜨기 ⋏ 왼코 모아뜨기 ⋌ 오른코 모아뜨기 ⋏ 중심3코 모아뜨기

1무늬=7코 7단

1무늬 13번 반복

◇ ◇ ◇

× 진동 부분 레이스 ×

2.5㎜ 줄바늘과 앙고라2합 백아이보리색 실로 96코를 만듭니다. 2.5㎜ 줄바늘로 코만 만들고 2㎜ 줄바늘로 작업합니다.

★1단 (안5, 겉2)×13, 안5

★2단 (겉5, 안2)×13, 겉5

★3단 (안5, 겉2)×13, 안5

★4단 (왼모1, 겉1, 오모1, 안2)×13, 왼모1, 겉1, 오모1 68

★5단 (안3, 겉2)×13, 안3

★6단 (중3모1, 안2)×13, 중3모1 40

★7단 안40

안뜨기 뜨면서 코막음 합니다. 실은 진동에 연결할 만큼 남기고 자릅니다. 새로운 백아이보리색 실로 1장 더 뜹니다. 실은 진동에 연결할 만큼 남기고 자릅니다.

─── × 마무리 × ───

❶ 여유로 남긴 실은 정리합니다.

❷ 에이프런 양쪽 진동 부분에 완성된 레이스를 가터뜨기한 끈 밑으로 놓고 남겨 놓은 실로 홈질 합니다. (p.119 영상 참고)

❸ 에이프런 끈은 교차하지 않고 뒤로 넘겨서 몸판의 양쪽 구멍으로 통과시킨 뒤 리본 모양으로 묶어줍니다.

작은 챙모자

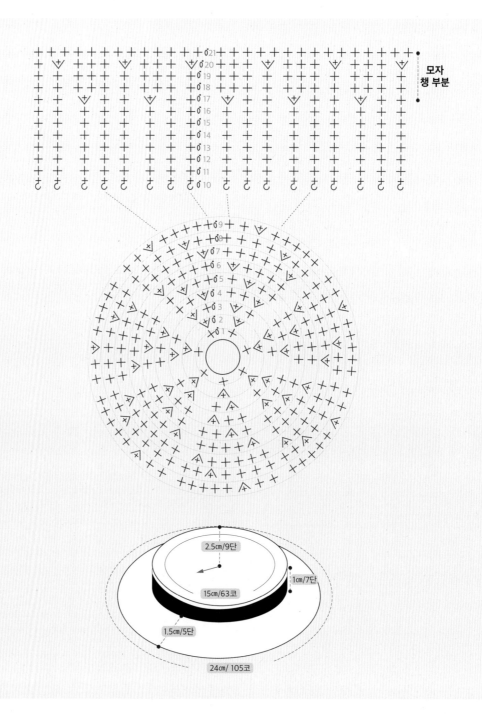

모자
챙 부분

2.5cm/9단

1cm/7단

15cm/63코

1.5cm/5단

24cm/ 105코

× 모자 ×

모사용 2호 코바늘과 브라운색 실로 시작합니다. 원형뜨기입니다.
빼뜨기는 매번 단의 첫 번째 코에 넣어 빼뜨기 합니다.

★1단   매직링을 만들어 그 안에 기둥(사슬1), 짧7, 빼뜨기 7

★2단   기둥(사슬1), (한 코에 짧2)×7, 빼뜨기 14

★3단   기둥(사슬1), (짧1, 한 코에 짧2)×7, 빼뜨기 21

★4단   기둥(사슬1), (한 코에 짧2, 짧2)×7, 빼뜨기 28

★5단   기둥(사슬1), (짧2, 한 코에 짧2, 짧1)×7, 빼뜨기 35

★6단   기둥(사슬1), (짧4, 한 코에 짧2)×7, 빼뜨기 42

★7단   기둥(사슬1), (한 코에 짧2, 짧5)×7, 빼뜨기 49

★8단   기둥(사슬1), (짧2, 한 코에 짧2, 짧4)×7, 빼뜨기 56

★9단   기둥(사슬1), (짧5, 한 코에 짧2, 짧2)×7, 빼뜨기 63

★10단 기둥(사슬1), 뒤걸어 짧은뜨기 63, 빼뜨기

★11~16단 기둥(사슬1), 짧63, 빼뜨기

× 모자 챙 ×

★17단   기둥(사슬1), (짧2, 한 코에 짧2)×21, 빼뜨기 84

★18~19단   기둥(사슬1), 짧84, 빼뜨기

★20단   기둥(사슬1), (한 코에 짧2, 짧3)×21, 빼뜨기 105

★21단   기둥(사슬1), 짧105, 빼뜨기

──── × 마무리 × ────

❶ 검정 리본으로 장식합니다.

❷ 안쪽에 핀을 고정시키면 사용하기 편리합니다.

아란무늬 카디건과 헤어밴드

나뭇가지에 달린 열매처럼 동글동글 귀여운 방울 무늬와 케이블 무늬를 카디건 전체에 넣었습니다. 단추를 뒤로 가게 입히면 예쁜 A라인의 원피스가 됩니다. 소매에도 방울 무늬를 넣어 귀엽게 포인트를 주었고, 소매 통이 넓어서 이너웨어와 함께 편하게 입힐 수 있습니다. 옷의 길이를 조절하여 긴 코트로 연출해도 좋겠지요? 귀여운 무늬의 헤어밴드까지 떠서 세트로 연출해 보세요. 헤어밴드는 넥워머로 활용해도 예쁘답니다.

사이즈
- ★ **카디건**   총 길이 13.5㎝, 가슴둘레 19.5㎝, 소매길이 10.5㎝
- ★ **헤어밴드**   총 길이 18㎝(끈 제외), 폭 4.5㎝

게이지
- ★ 무늬뜨기 4.2코, 5.8단(1㎝×1㎝)

준비물
- ★ **실**   앙고라3합 - 베이지색 또는 올리브색 40g
- ★ **바늘**   2㎜ 줄바늘, 레이스 0호 코바늘
- ★ **부재료**   5㎜ 원형단추 6개

알아두기

❶ 몸판과 소매 모두 평면뜨기입니다.
❷ 위에서 아래로 뜨는 톱다운 방식입니다.
❸ 소매 분리 후 소매 양쪽을 뜨고 소매 옆선을 연결 후 나머지 몸판을 뜹니다.
❹ 방울뜨기는 레이스 0호 코바늘로 기둥(사슬 2개), 긴뜨기 3개를 모아서 만듭니다.
❺ '//' 표시는 마커가 걸리는 자리입니다. 몸판과 소매를 구분합니다.
❻ '실은 자릅니다.'는 10㎝ 정도 여유를 두고 자르면 됩니다. 이 실은 돗바늘에 끼워 정리할 실입니다.

뜨개 기법	★ 겉 겉뜨기 ★ 안 안뜨기 ★ 감 감아코 ★ 바비 바늘비우기	★ 왼모 왼코 모아뜨기 ★ 왼늘 왼코 늘리기 ★ 오늘 오른코 늘리기 ★ 안왼늘 안뜨기로 왼코 늘리기	★ 안오늘 안뜨기로 오른코 늘리기 ★ 걸러 걸러뜨기 ★ 방울 코바늘로 긴뜨기 3코 모아뜨기

★ 1:1왼위교차   1:1왼코위 교차뜨기
★ 1:1오위교차   1:1오른코위 교차뜨기
★ 1:1왼위교차겉안   1:1왼코위 교차 겉안
★ 1:1오위교차안겉   1:1오른코위 교차 안겉

✧ 아란무늬 카디건 ✧

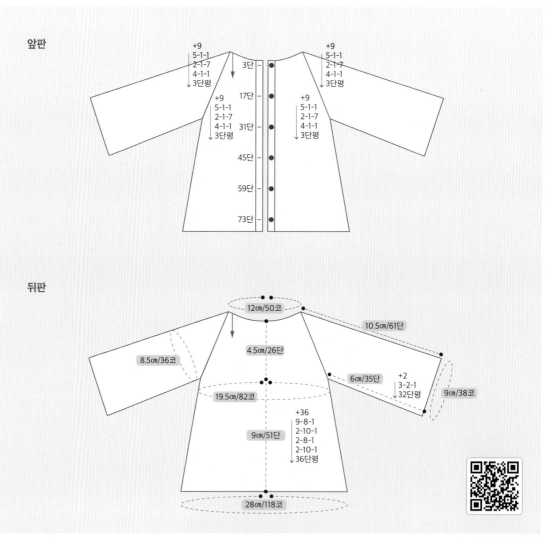

아란무늬 카디건 몸판

43~50단 3번 더 반복

범례

ǀ	겉뜨기
−	안뜨기
>	걸러뜨기

•	방울뜨기
⅄	왼코 모아뜨기
○	바늘비우기

Ⅹ	왼코 늘리기
Ⅴ	오른코 늘리기
Ⅴ	안뜨기로 왼코 늘리기
Ⅴ	안뜨기로 오른코 늘리기

Ⅹ	1:1왼코위 교차뜨기
Ⅹ	1:1오른코위 교차뜨기
Ⅹ	1:1왼코위 교차 걸안
Ⅹ	1:1오른코위 교차 안걸

좌측 단 번호: 50→ 48→ 46→ 44→ 42→ 40→ 38→ 36→ 34→ 32→ 30→ 28→

우측 단 번호: 49→ 47→ 45→ 43→ 41→ 39→ 37→ 35→ 33→ 31→ 29→ 27

7코 줄기

오른쪽 앞판 17코
오른쪽 앞판 8코
오른쪽 소매 9코
뒤판 34코
뒤판 16코
왼쪽 소매 9코
왼쪽 앞판 17코
왼쪽 앞판 8코

상단 단 번호: 25 23 21 19 17 15 13 11 9 7 5 3

하단 단 번호: 26→ 24→ 22→ 20→ 18→ 16→ 14→ 12→ 10→ 8→ 6→ 4→

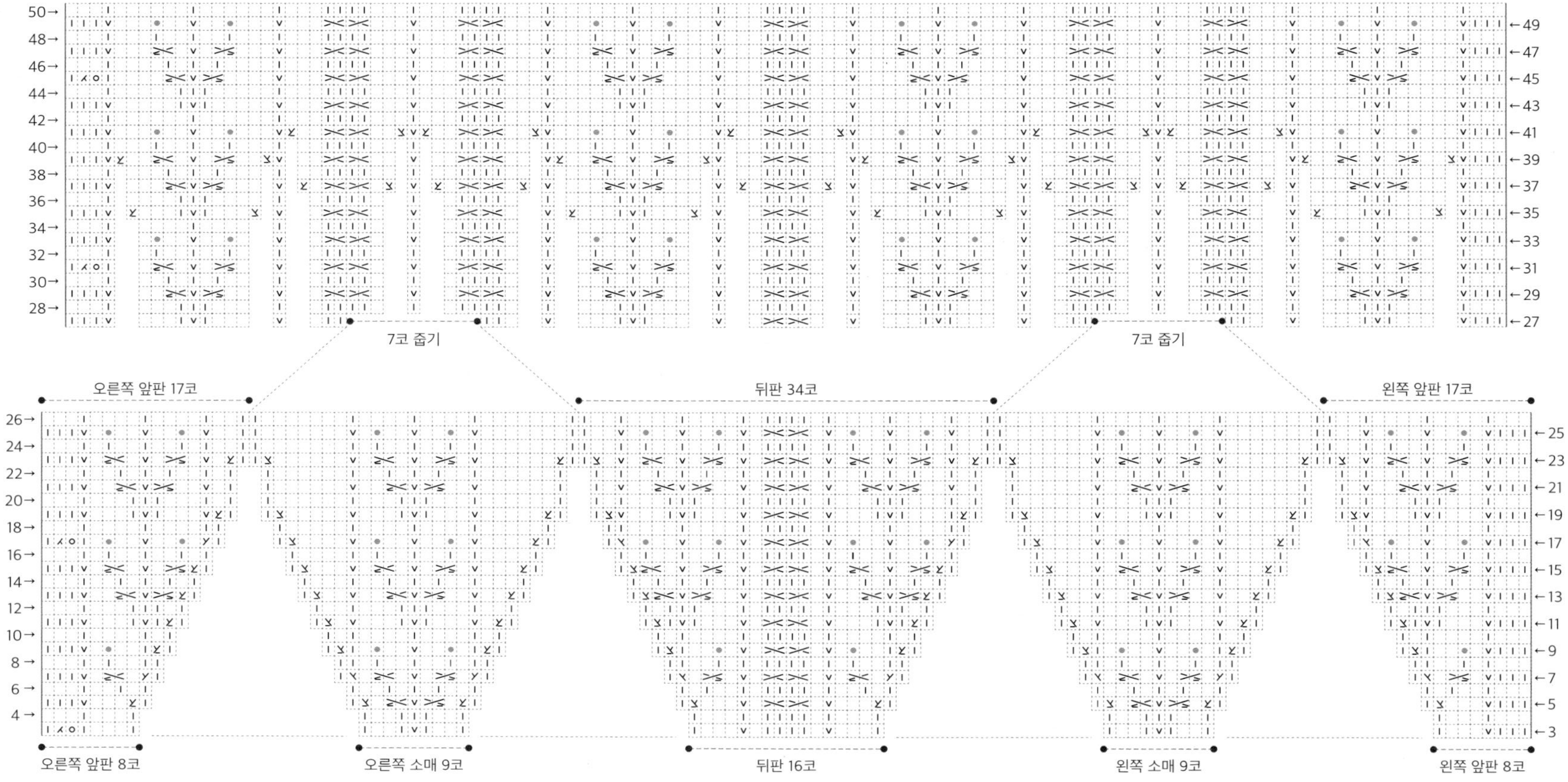

→ 이 방향으로 뜨는 단은 보이는 기호와 반대로 뜹니다.
예) 뒷면에서 걸러뜨기 때문에 겉뜨기는 안뜨기로, 안뜨기는 겉뜨기로 뜹니다.

= ⦿⦿ 방울뜨기 - 레이스 0호 코바늘로 기둥코(사슬 2코)와 긴뜨기 3개를 모아뜹니다.

● = 위 그림 참조

ㅣ 아란무늬 카디건과 헤어밴드

× 몸판 ×
목 둘레~소매 분리 전까지

2㎜ 줄바늘과 앙고라3합 올리브[베이지]색 실로 50코를 만듭니다.
'//' 표시에는 마커를 걸어 몸판과 소매를 구분해 줍니다. 초록색
글자는 소매 부분 설명입니다. (p.126 영상 참고)

★1~2단　겉 × 2단

★3단　겉3, 걸러1, 실앞, 안3, 겉1//겉1, 안2, 겉1, 걸러1, 겉1, 안2,
겉1//겉1, 안3, 실뒤, 걸러1, 실앞, 안1, 겉4, 안1, 실뒤, 걸러1,
실앞, 안3, 겉1//겉1, 안2, 겉1, 걸러1, 겉1, 안2, 겉1//겉1,
안3, 겉1, 바비(단춧구멍), 왼모1, 겉1

★4단　겉3, 안1, 겉3, 안1//겉1, 겉2, 안3, 겉2, 안1//안1, 겉3, 안1,
겉1, 안4, 겉1, 안1, 겉3, 안1//안1, 겉2, 안3, 겉2, 안1//안1,
겉3, 안1, 겉3

★5단　겉3, 걸러1, 실앞, 안3, 안오늘1, 겉1//겉1, 안왼늘1, 안1,
1:1원위교차겉안, 실뒤, 걸러1, 실앞, 1:1오위교차안겉, 안1,
안오늘1, 겉1//겉1, 안왼늘1, 안3, 실뒤, 걸러1, 실앞, 안1,
1:1원위교차, 1:1오위교차, 안1, 실뒤, 걸러1, 실앞, 안3, 안
오늘1, 겉1//겉1, 안왼늘1, 안1, 1:1원위교차겉안, 실뒤, 걸
러1, 실앞, 1:1오위교차안겉, 안1, 안오늘1, 겉1//겉1, 안왼
늘1, 안3, 실뒤, 걸러1, 겉3 58

★6단　겉3, 안1, 겉2, 안1, 겉1, 안1//안1, 겉2, (안1, 겉1)×3, 겉1,
안1//안1, 겉1, 안1, 겉2, 안1, 겉1, 안4, 겉1, 안1, 겉2, 안1,
겉1, 안1//안1, 겉2, (안1, 겉1)×3, 겉1, 안1//안1, 겉1, 안1,
겉2, 안1, 겉3

★7단　겉3, 걸러1, 실앞, 안1, 1:1원위교차겉안, 안1, 오늘1, 겉1//
겉1, 왼늘1, 안1, 1:1원위교차겉안, 안1, 실뒤, 걸러1, 실앞,
안1, 1:1오위교차안겉, 안1, 오늘1, 겉1//겉1, 왼늘1, 안1,
1:1오위교차안겉, 안1, 실뒤, 걸러1, 실앞, 안1, 1:1오위교
차, 1:1원위교차, 안1, 실뒤, 걸러1, 실앞, 안1, 1:1원위교차
겉안, 안1, 오늘1, 겉1//겉1, 왼늘1, 안1, 1:1원위교차겉안,
안1, 실뒤, 걸러1, 실앞, 안1, 1:1오위교차안겉, 안1, 오늘1,
겉1//겉1, 왼늘1, 안1, 1:1오위교차안겉, 안1, 실뒤, 걸러1,
겉3 66

★8단　겉3, 안1, 겉1, 안1, 겉2, 안2//안2, 겉1, 안1, (겉2, 안1)×2,
겉1, 안2//안2, 겉2, (안1, 겉1)×2, 안4, (겉1, 안1)×2, 겉2,
안2//안2, 겉1, 안1, (겉2, 안1)×2, 겉1, 안2//안2, 겉2, 안1,
겉1, 안1, 겉3

★9단　겉3, 걸러1, 실앞, 안1, 방울1, 안2, 겉1, 안오늘1, 겉1//겉1,
안왼늘1, 겉1, 안1, 방울1, 안2, 실뒤, 걸러1, 실앞, 안2,
방울1, 안1, 겉1, 안오늘1, 겉1//겉1, 안왼늘1, 겉1, 안2,
방울1, 안1, 실뒤, 걸러1, 실앞, 안1, 1:1원위교차, 1:1오위교
차, 안1, 실뒤, 걸러1, 실앞, 안2, 방울1, 안2, 겉1, 안오늘1,
겉1//겉1, 안왼늘1, 겉1, 안1, 방울1, 안2, 실뒤, 걸러1, 실앞,
안2, 방울1, 안1, 겉1, 안오늘1, 겉1//겉1, 안왼늘1, 겉1, 안2,
방울1, 안1, 실뒤, 걸러1, 겉3 74

★10단　겉3, 안1, 겉4, 안1, 겉1, 안1//안1, 겉1, 안1, (겉4, 안1)×2,
겉1, 안1//안1, 겉1, 안1, 겉4, 안1, 겉1, 안4, 안1, 겉1, 겉4,

★11단　안1, 겉1, 안1//안1, 겉1, 안1, (겉4, 안1)×2, 겉1, 안1//안1,
겉1, 안1, 겉4, 안1, 겉3

★11단　겉3, 걸러1, 실앞, 안3, 겉1, 걸러1, 겉1, 안오늘1, 겉1//겉1,
안왼늘1, 안1, 실뒤, 걸러1, 실앞, 안3, 겉1, 걸러1, 겉1, 안2,
실뒤, 걸러1, 실앞, 안1, 안오늘1, 겉1//겉1, 안왼늘1, 겉1,
걸러1, 겉1, 안3, 실뒤, 걸러1, 실앞, 안1, 1:1오위교차, 1:1
원위교차, 안1, 실뒤, 걸러1, 실앞, 안3, 겉1, 걸러1, 겉1,
안오늘1, 겉1//겉1, 안왼늘1, 안1, 실뒤, 걸러1, 실앞, 안3,
겉1, 걸러1, 겉1, 안3, 실뒤, 걸러1, 겉3 82

★12단　겉3, 안1, 겉3, 안3, 겉1, 안1//안1, 겉2, 안1, 겉3, 안3, 겉3,
안1, 겉2, 안1//안1, 겉1, 안3, 겉3, 안1, 겉1, 안4, 겉1, 안1,
겉3, 안3, 겉1, 안1//안1, 겉2, 안1, 겉3, 안3, 겉3, 안1, 겉2,
안1//안1, 겉1, 안3, 겉3, 안1, 겉3

★13단　겉3, 걸러1, 실앞, 안2, 1:1원위교차겉안, 실뒤, 걸러1,
실뒤, 1:1오위교차겉안, 안오늘1, 겉1//겉1, 안왼늘1, 안2,
걸러1, 걸러1, 실앞, 안2, 1:1원위교차겉안, 실뒤, 걸러1,
실앞, 1:1오위교차안겉, 안2, 실뒤, 걸러1, 실앞, 안2,
안오늘1, 겉1//겉1, 안왼늘1, 1:1원위교차겉안, 실뒤,
걸러1, 실앞, 1:1오위교차안겉, 안2, 실뒤, 걸러1, 실앞,
안1, 1:1원위교차, 1:1오위교차, 안1, 실뒤, 걸러1, 실앞,
안2, 1:1원위교차겉안, 실뒤, 걸러1, 실앞, 1:1오위교차안
겉, 안오늘1, 겉1//겉1, 안왼늘1, 안2, 실뒤, 걸러1, 실앞,
안2, 1:1원위교차겉안, 실뒤, 걸러1, 실앞, 1:1오위교차
안겉, 안2, 실뒤, 걸러1, 실앞, 안2, 안오늘1, 겉1//겉1,
안왼늘1, 1:1원위교차겉안, 실뒤, 걸러1, 실앞, 1:1오위교
차안겉, 안2, 실뒤, 걸러1, 겉3 90

★14단　겉3, 안1, 겉1, (겉1, 안1)×4//안1, 겉3, 안1, 겉2, (안1, 겉1)
×3, 겉1, 안1, 겉3, 안1//(안1, 겉1)×4, 겉1, 안1, 겉1, 안4,
겉1, 안1, 겉1, (겉1, 안1)×4//안1, 겉3, 안1, 겉2, (안1, 겉1)
×3, 겉1, 안1, 겉3, 안1//(안1, 겉1)×4, 겉1, 안1, 겉3

★15단　겉3, 걸러1, 실앞, 안1, 1:1원위교차겉안, 안1, 실뒤, 걸러1,
실앞, 안1, 1:1오위교차안겉, 안오늘1, 겉1//겉1, 안왼늘1,
안3, 실뒤, 걸러1, 실앞, 안1, 1:1원위교차겉안, 안1, 실뒤,
걸러1, 실앞, 안1, 1:1오위교차안겉, 안1, 실뒤, 걸러1, 실앞,
안3, 안오늘1, 겉1//겉1, 안왼늘1, 1:1원위교차겉안, 안1,
실뒤, 걸러1, 실앞, 안1, 1:1오위교차안겉, 안1, 실뒤, 걸러1,
실앞, 안1, 1:1오위교차, 1:1원위교차, 안1, 실뒤, 걸러1,
실앞, 안1, 1:1원위교차겉안, 안1, 실뒤, 걸러1, 실앞, 안1,
1:1오위교차안겉, 안오늘1, 겉1//겉1, 안왼늘1, 안3, 실뒤,
걸러1, 실앞, 안1, 1:1원위교차겉안, 안1, 실뒤, 걸러1, 실
앞, 안1, 1:1오위교차안겉, 안1, 실뒤, 걸러1, 실앞, 안3, 안오
늘1, 겉1//겉1, 안왼늘1, 1:1원위교차겉안, 안1, 실뒤, 걸러1,
실앞, 안1, 1:1오위교차안겉, 안1, 실뒤, 걸러1, 겉3 98

★16단　겉3, 안1, 겉1, (안1, 겉2)×2, 안1, 겉1, 안1//안1, 겉4, 안1,
겉1, (안1, 겉2)×2, 안1, 겉2, 안1, 겉4, 안1//안1, 겉1, (안1,
겉2)×2, (안1, 겉1)×2, 안4, (겉1, 안1)×2, (겉2, 안1)×2,
겉1, 안1//안1, 겉4, 안1, 겉1, (안1, 겉2)×2, 안1, 겉1, 안1,
겉4, 안1//안1, 겉1, 안1, (겉2, 안1)×2, 겉1, 안1, 겉3

★17단　겉3, 걸러1, 실앞, 안1, 방울1, 안2, 실뒤, 걸러1, 실앞, 안2,
방울1, 안1, 오늘1, 겉1//겉1, 안왼늘1, 안4, 실뒤, 걸러1,
실앞, 안1, 방울1, 안2, 실뒤, 걸러1, 실앞, 안2, 방울1, 안1,

실뒤, 걸러1, 실앞, 안4, 안오늘1, 겉1//겉1, 왼늘1, 안1,
방울1, 안2, 실뒤, 걸러1, 실앞, 안2, 방울1, 안1, 실뒤,
걸러1, 실앞, 안1, 1:1윈위교차, 1:1오위교차, 안1, 실뒤,
걸러1, 실앞, 안1, 방울1, 안2, 실뒤, 걸러1, 실앞, 안2,
방울1, 안1, 오늘1, 겉1//겉1, 안왼늘1, 안4, 실뒤, 걸러1,
실앞, 안1, 방울1, 안2, 실뒤, 걸러1, 실앞, 안2, 방울1, 안1,
실뒤, 걸러1, 실앞, 안4, 안오늘1, 겉1//겉1, 왼늘1, 안1,
방울1, 안2, 실뒤, 걸러1, 실앞, 안2, 방울1, 안1, 겉1, 바비
(단춧구멍), 왼모1, 겉1 106

★18단 겉3, 안(겉4, 안1)×2, 안1//안1, 겉5, (안1, 겉4)×2, 안1,
겉5, 안1//안1, (안1, 겉4)×2, 안1, 겉1, 안4, 겉1, 안1, (겉4,
안1)×2, 안1//안1, 겉5, (안1, 겉4)×2, 안1, 겉1, 안4, 겉1, 안1,
(안1, 겉4)×2, 안1, 겉3

★19단 겉3, 걸러1, 실앞, 안3, 겉1, 걸러1, 겉1, 안3, 실뒤, 걸러1,
실앞, 안오늘1, 겉1//겉1, 안왼늘1, 안5, 실뒤, 걸러1,
실앞, 안3, 겉1, 걸러1, 겉1, 안3, 실뒤, 걸러1, 실앞, 안5,
안오늘1, 겉1//겉1, 안왼늘1, 겉1, 안3, 겉1, 걸러1, 겉1,
안3, 실뒤, 걸러1, 실앞, 안1, 1:1오위교차, 1:1윈위교차,
안1, 실뒤, 걸러1, 실앞, 안1, 겉1, 걸러1, 겉1, 안3, 실뒤,
걸러1, 실앞, 안오늘1, 겉1//겉1, 안왼늘1, 안5, 실뒤, 걸러1,
실앞, 안3, 겉1, 걸러1, 겉1, 안3, 실뒤, 걸러1, 실앞, 안5,
안오늘1, 겉1//겉1, 안왼늘1, 실뒤, 걸러1, 실앞, 안3, 겉1,
걸러1, 겉1, 안3, 실뒤, 걸러1, 겉3 114

★20단 겉3, 안1, 겉3, 안3, 겉3, 안1, 겉1, 안1//안1, 겉6, 안1, 겉3,
안3, 겉3, 안1, 겉6, 안1//안1, 겉1, 안1, 겉3, 안3, 겉3, 안1,
겉1, 안4, 겉1, 안1, 겉3, 안3, 겉3, 안1, 겉1, 안1//안1, 겉6,
안1, 겉3, 안3, 겉3, 안1, 겉6, 안1//안1, 겉1, 안1, 겉3, 안3,
겉3, 안1, 겉3

★21단 겉3, 걸러1, 실앞, 안2, 1:1윈위교차겉안, 실뒤, 걸러1,
실앞, 1:1오위교차안겉, 안2, 실뒤, 걸러1, 실앞, 안1, 겉1//
겉1, 안6, 실뒤, 걸러1, 실앞, 안2, 1:1윈위교차겉안, 실뒤,
걸러1, 실앞, 1:1오위교차안겉, 안2, 실뒤, 걸러1, 실앞,
안6, 겉1//겉1, 안1, 실뒤, 걸러1, 실앞, 안2, 1:1윈위교차겉
안, 실뒤, 걸러1, 실앞, 1:1오위교차안겉, 안2, 실뒤, 걸러1,
실앞, 안1, 1:1윈위교차, 1:1오위교차, 안1, 실뒤, 걸러1,
실앞, 안2, 1:1윈위교차겉안, 실뒤, 걸러1, 실앞, 1:1오위교
차안겉, 안2, 실뒤, 걸러1, 실앞, 안1, 겉1//겉1, 안6, 실뒤,
걸러1, 실앞, 안2, 1:1윈위교차겉안, 실뒤, 걸러1, 실앞, 1:1
오위교차안겉, 안2, 실뒤, 걸러1, 실앞, 안6, 겉1//겉1, 안1,
실뒤, 걸러1, 실앞, 안2, 1:1윈위교차겉안, 실뒤, 걸러1,
실앞, 1:1오위교차안겉, 안2, 실뒤, 걸러1, 겉3

★22단 겉3, 안1, 겉2, (안1, 겉1)×3, (겉1, 안1)×2//안1, 겉6, 안1,
겉2, (안1, 겉1)×3, 겉1, 안1, 겉6, 안1//(안1, 겉1)×2, (겉1,
안1)×3, 겉2, 안1, 겉1, 안4, 겉1, 안1, 겉2, (안1, 겉1)×3,
(겉1, 안1)×2//안1, 겉6, 안1, 겉2, (안1, 겉1)×3, 겉1, 안1,
겉6, 안1//(안1, 겉1)×2, (겉1, 안1)×3, 겉2, 안1, 겉3

★23단 겉3, 걸러1, 실앞, 안1, 1:1윈위교차겉안, 안1, 실뒤, 걸러1,
실앞, 안1, 1:1오위교차안겉, 안1, 실뒤, 걸러1, 실앞,
안1, 안오늘1, 겉1//겉1, 안왼늘1, 안6, 실뒤, 걸러1, 실앞,
안1, 1:1윈위교차겉안, 안1, 실뒤, 걸러1, 실앞, 안1, 1:1오
위교차안겉, 안1, 실뒤, 걸러1, 실앞, 안6, 안오늘1, 겉1//
겉1, 안왼늘1, 안1, 실뒤, 걸러1, 실앞, 안1, 1:1윈위교차
겉안, 안1, 실뒤, 걸러1, 실앞, 안1, 1:1오위교차겉안, 안1,

실뒤, 걸러1, 실앞, 안1, 1:1오위교차, 1:1윈위교차, 안1,
실뒤, 걸러1, 실앞, 안1, 1:1윈위교차겉안, 안1, 실뒤,
걸러1, 실앞, 안1, 1:1오위교차안겉, 안1, 실뒤, 걸러1,
실앞, 안1, 안오늘1, 겉1//겉1, 안왼늘1, 안6, 실뒤, 걸러1,
실앞, 안1, 1:1윈위교차겉안, 안1, 실뒤, 걸러1, 실앞,
안1, 1:1오위교차안겉, 안1, 실뒤, 걸러1, 실앞, 안6, 안오
늘1, 겉1//겉1, 안왼늘1, 안1, 실뒤, 걸러1, 실앞, 안1, 1:1윈
위교차겉안, 안1, 실뒤, 걸러1, 실앞, 안1, 1:1오위교차안
겉, 안1, 실뒤, 걸러1, 겉3 122

★24단 겉3, 안1, 겉1, (안1, 겉2)×2, (안1, 겉1)×2, 겉1, 안1//안1,
겉7, 안1, 겉1, (안1, 겉2)×2, (안1, 겉1), 겉1, 겉7, 안1//안1,
겉2, 안1, (안1, 겉2)×2, (안1, 겉1)×2, 안4, (겉1, 안1)
×2, (겉2, 안1)×2, 겉1, 안1, 겉2, 안1//겉1, 겉7, 안1, 겉1,
(안1, 겉2)×2, 안1, 겉1, 안1, 겉7, 안1// 안1, (겉1, 안1)
×2, (겉2, 안1)×2, 겉1, 안1, 겉3

★25단 겉3, 걸러1, 실앞, 안1, 방울1, 안2, 실뒤, 걸러1, 실앞, 안2,
방울1, 안1, 실뒤, 걸러1, 실앞, 안2, 겉1//겉1, 안7, 실뒤,
걸러1, 실앞, 안1, 방울1, 안2, 실뒤, 걸러1, 실앞, 안2,
방울1, 안1, 실뒤, 걸러1, 실앞, 안7, 겉1//겉1, 안2, 실뒤,
걸러1, 실앞, 안1, 방울1, 안2, 실뒤, 걸러1, 실앞, 안1,
방울1, 안1, 실뒤, 걸러1, 실앞, 안1, 1:1윈위교차, 1:1오위교
차, 안1, 실뒤, 걸러1, 실앞, 안1, 방울1, 안2, 실뒤, 걸러1,
실앞, 안2, 방울1, 안1, 실뒤, 걸러1, 실앞, 안2, 겉1//겉1,
안7, 실뒤, 걸러1, 실앞, 안1, 방울1, 안2, 실뒤, 걸러1,
실앞, 안2, 방울1, 안1, 실뒤, 걸러1, 실앞, 안7, 겉1//겉1,
안2, 실뒤, 걸러1, 실앞, 안1, 방울1, 안2, 실뒤, 걸러1,
실앞, 안2, 방울1, 안1, 실뒤, 걸러1, 겉3

★26단 겉3, 안1, (겉4, 안1)×2, 겉2, 안1//안1, 겉7, (안1, 겉4)×2,
안1, 겉7, 안1//안1, 겉2, (안1, 겉4)×2, 안1, 겉1, 안4, 겉1,
안1, (겉4, 안1)×2, 겉2, 안1//안1, 겉7, (안1, 겉4)×2, 안1,
겉7, 안1//안1, 겉2, (안1, 겉4)×2, 안1, 겉3, 실은 자릅니다.

× 소매 분리 ×

마커 제거, 총 122코를 왼쪽 앞판 17코, 왼쪽 소매 27코, 뒤판 34코,
오른쪽 소매 27코, 오른쪽 앞판 17코로 나누어 버림실에 걸어둡니다.
(왼쪽, 오른쪽은 레이나가 카디건으로 입었을 때 방향입니다.) 소매
양쪽을 먼저 뜨고 나머지 몸판을 뜹니다.

× 왼쪽 소매 ×

왼쪽 소매 27코를 2㎜ 줄바늘에 옮깁니다. 평면뜨기입니다.

★1단 새로운 올리브[베이지]색 실로 안8, 실뒤, 걸러1, 실앞, 안
3, 겉1, 걸러1, 겉1, 안3, 실뒤, 걸러1, 실앞, 안8, 감5
32

★2단 겉13, 안1, 겉3, 안3, 겉3, 안1, 겉8, 감4 36

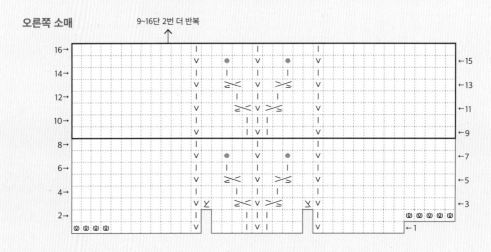

왼쪽 소매

9~16단 2번 더 반복

오른쪽 소매

9~16단 2번 더 반복

| ⌶ 겉뜨기 | ⋁ 걸러뜨기 | ◉ 감아코 | ⋋ 안뜨기로 왼코 늘리기 | ⋊ 1:1왼코위 교차 겉안 |
| ⌄ 안뜨기 | ◉ 방울뜨기 | | ⋌ 안뜨기로 오른코 늘리기 | ⋌ 1:1오른코위 교차 안겉 |

→ 이 방향으로 뜨는 단은 보이는 기호의 반대로 뜹니다.
예) 뒷면에서 뜨기 때문에 겉뜨기는 안뜨기로, 안뜨기는 겉뜨기로 뜹니다.

✧ ✧ ✧

★3단 안12, 실뒤, 걸러1, 실앞, 안오늘1, 안2, 1:1왼위교차겉안, 실뒤, 걸러1, 실앞, 1:1오위교차안겉, 안2, 안왼늘1, 실뒤, 걸러1, 실앞, 안13 38

★4단 겉13, 안1, 겉3, (안1, 겉1)×3, 겉2, 안1, 겉12

★5단 안12, 실뒤, 걸러1, 실앞, 안2, 1:1왼위교차겉안, 안1, 실뒤, 걸러1, 실앞, 안1, 1:1오위교차안겉, 안2, 실뒤, 걸러1, 실앞, 안13

★6단 겉13, (안1, 겉2)×4, 안1, 겉12

★7단 안12, 실뒤, 걸러1, 실앞, 안2, 방울1, 안2, 실뒤, 걸러1, 실앞, 안2, 방울1, 안2, 실뒤, 걸러1, 실앞, 안13

★8단 겉13, (안1, 겉5)×2, 안1, 겉12

★9단 안12, 실뒤, 걸러1, 실앞, 안4, 겉1, 걸러1, 겉1, 안4, 실뒤, 걸러1, 실앞, 안13

★10단 겉13, 안1, 겉4, 안3, 겉4, 안1, 겉12

★11단 안12, 실뒤, 걸러1, 실앞, 안3, 1:1왼위교차겉안, 실뒤, 걸러1, 실앞, 1:1오위교차안겉, 안3, 실뒤, 걸러1, 실앞, 안13

★12단 겉13, 안1, 겉3, (안1, 겉1)×3, 겉2, 안1, 겉12

★13단 안12, 실뒤, 걸러1, 실앞, 안2, 1:1왼위교차겉안, 안1, 실뒤, 걸러1, 실앞, 안1, 1:1오위교차안겉, 안2, 실뒤, 걸러1, 실앞, 안13

★14단 겉13, (안1, 겉2)×4, 안1, 겉12

★15단 안12, 실뒤, 걸러1, 실앞, 안2, 방울1, 안2, 실뒤, 걸러1, 실앞, 안2, 방울1, 안2, 실뒤, 걸러1, 실앞, 안13

★16단 겉13, (안1, 겉5)×2, 안1, 겉12

★17~32단 9~16단 2번 반복

★33~35단 겉38×3단

겉뜨기 뜨면서 코막음 합니다. 남은 실은 소매 옆선을 연결할 만큼 여유를 두고 자릅니다.

★10단 겉12, 안1, 겉4, 안3, 겉4, 안1, 겉13

★11단 안13, 실뒤, 걸러1, 실앞, 안3, 1:1왼위교차겉안, 실뒤, 걸러1, 실앞, 1:1오위교차안겉, 안3, 실뒤, 걸러1, 실앞, 안12

★12단 겉12, 안1, 겉3, (안1, 겉1)×3, 겉2, 안1, 겉13

★13단 안13, 실뒤, 걸러1, 실앞, 안2, 1:1왼위교차겉안, 안1, 실뒤, 걸러1, 실앞, 안1, 1:1오위교차안겉, 안2, 실뒤, 걸러1, 실앞, 안12

★14단 겉12, (안1, 겉2)×4, 안1, 겉13

★15단 안13, 실뒤, 걸러1, 실앞, 안2, 방울1, 안2, 실뒤, 걸러1, 실앞, 안2, 방울1, 안2, 실뒤, 걸러1, 실앞, 안12

★16단 겉12, (안1, 겉5)×2, 안1, 겉13

★17~32단 9~16단 2번 반복

★33~35단 겉38×3단

겉뜨기 뜨면서 코막음 합니다. 남은 실은 소매 옆선을 연결할 만큼 여유를 두고 자릅니다. 돗바늘로 양쪽 소매 옆선을 겉면에서 메리야스잇기로 연결합니다. (p.126 영상 참고)

× 오른쪽 소매 ×

오른쪽 소매 27코를 2㎜ 줄바늘에 옮깁니다. 평면뜨기입니다.

★1단 새로운 올리브[베이지]색 실로 안8, 실뒤, 걸러1, 실앞, 안3, 겉1, 걸러1, 겉1, 안3, 실뒤, 걸러1, 실앞, 안8, 감4 31

★2단 겉12, 안1, 겉3, 안3, 겉1, 안1, 겉8, 감5 36

★3단 안13, 실뒤, 걸러1, 실앞, 안오늘1, 안2, 1:1왼위교차겉안, 실뒤, 걸러1, 실앞, 1:1오위교차안겉, 안2, 안왼늘1, 실뒤, 걸러1, 실앞, 안12 38

★4단 겉12, 안1, 겉3, (안1, 겉1)×3, 겉2, 안1, 겉13

★5단 안13, 실뒤, 걸러1, 실앞, 안2, 1:1왼위교차겉안, 안1, 실뒤, 걸러1, 실앞, 안1, 1:1오위교차안겉, 안2, 실뒤, 걸러1, 실앞, 안12

★6단 겉12, (안1, 겉2)×4, 안1, 겉13

★7단 안13, 실뒤, 걸러1, 실앞, 안2, 방울1, 안2, 실뒤, 걸러1, 실앞, 안2, 방울1, 안2, 실뒤, 걸러1, 실앞, 안12

★8단 겉12, (안1, 겉5)×2, 안1, 겉13

★9단 안13, 실뒤, 걸러1, 실앞, 안4, 겉1, 걸러1, 겉1, 안4, 실뒤, 걸러1, 실앞, 안12

× 몸판 ×

소매 분리~밑단까지

왼쪽 앞판 17코, 뒤판 34코, 오른쪽 앞판 17코를 모두 2㎜ 줄바늘에 옮깁니다.

★27단 새로운 올리브[베이지]색 실로 겉3, 걸러1, 실앞, 안3, 겉1, 걸러1, 겉1, 안3, 실뒤, 걸러1, 실앞, 안1, 겉2, 소매에서 7코 줍기, 겉2, 안1, 실뒤, 걸러1, 실앞, 안3, 겉1, 걸러1, 겉1, 안3, 실뒤, 걸러1, 실앞, 안1, 1:1오위교차, 1:1왼위교차, 안1, 실뒤, 걸러1, 실앞, 안3, 겉1, 걸러1, 겉1, 안3, 겉2, 소매에서 7코 줍기, 겉2, 안1, 실뒤, 걸러1, 실앞, 안3, 겉1, 걸러1, 겉1, 안3, 실뒤, 걸러1, 겉3 82 (p.126 영상 참고)

★28단 겉3, 안1, 겉3, 안3, 겉3, 안1, (겉1, 안4, 겉1, 안1)×2, 겉3, 안3, 겉3, 안1, 겉1, 안4, 겉1, 안1, 겉3, 안3, 겉3, 안1, (겉1, 안4, 겉1, 안1)×2, 겉3, 안3, 겉3, 안1, 겉3

★29단 겉3, 걸러1, 실앞, 안2, 1:1왼위교차겉안, 실뒤, 걸러1, 실앞, 1:1오위교차안겉, 안2, (실뒤, 걸러1, 실앞, 안1, 1:1왼위교차, 1:1오위교차, 안1)×2, 실뒤, 걸러1, 실앞, 안2, 1:1왼위교차겉안, 실뒤, 걸러1, 실앞, 1:1오위교차안겉, 안2, 실뒤, 걸러1, 실앞, 안1, 1:1왼위교차, 1:1오위교차, 안1, 실뒤, 걸러1, 실앞, 안2, 1:1왼위교차겉안, 실뒤, 걸러1, 실앞, 1:1오위교차안겉, 안2, (실뒤, 걸러1, 실앞, 안1, 1:1왼위교차, 1:1오위교차, 안1)×2, 실뒤, 걸러1, 실앞, 안2, 1:1왼위교차겉안, 실뒤, 걸러1, 실앞, 1:1오위교차안겉, 안2, 실뒤, 걸러1, 겉3

AUTUMN Ｉ

★30단 겉3, 안1, 겉2, (안1, 겉1)×3, 겉1, 안1, (겉1, 안4, 겉1, 안1)×2, 겉2, (안1, 겉1)×3, 겉1, 안1, 겉1, 안4, 겉1, 안1, 겉2, (안1, 겉1)×3, 겉1, 안1, (겉1, 안4, 겉1, 안1)×2, 겉2, (안1, 겉1)×3, 겉1, 안1, 겉3

★31단 겉3, 걸러1, 실앞, 안1, 1:1왼위교차겉안, 안1, 실뒤, 걸러1, 실앞, 안1, 1:1오위교차겉, 안1, (실뒤, 걸러1, 실앞, 안1, 1:1오위교차, 1:1왼위교차, 안1)×2, 실뒤, 걸러1, 실앞, 안1, 1:1왼위교차겉안, 안1, 실뒤, 걸러1, 실앞, 안1, 1:1오위교차겉, 안1, 실뒤, 걸러1, 실앞, 안1, 1:1왼위교차, 안1, 실뒤, 걸러1, 실앞, 안1, 1:1왼위교차겉안, 안1, 실뒤, 걸러1, 실앞, 안1, 1:1오위교차겉, 안1, (실뒤, 걸러1, 실앞, 안1, 1:1오위교차, 1:1왼위교차, 안1)×2, 실뒤, 걸러1, 실앞, 안1, 1:1왼위교차겉안, 안1, 실뒤, 걸러1, 실앞, 안1, 1:1오위교차겉, 안1, 겉1, 바비(단춧구멍), 왼모1, 겉1

★32단 겉3, 안1, 겉1, 안1, (겉2, 안1)×2, 겉1, 안1, (겉1, 안4, 겉1, 안1)×2, 겉1, 안1, (겉2, 안1)×2, 겉1, 안1, 겉1, 안4, 겉1, 안1, 겉1, 안1, (겉2, 안1)×2, 겉1, 안1, (겉1, 안4, 겉1, 안1)×2, 겉1, 안1, (겉2, 안1)×2, 겉1, 안1, 겉3

★33단 겉3, 걸러1, 실앞, 안1, 방울1, 안2, 실뒤, 걸러1, 실앞, 안2, 방울1, 안1, (실뒤, 걸러1, 실앞, 안1, 1:1왼위교차, 1:1오위교차, 안1)×2, 실뒤, 걸러1, 실앞, 안1, 방울1, 안2, 실뒤, 걸러1, 실앞, 안2, 방울1, 안1, 실뒤, 걸러1, 실앞, 안1, 1:1왼위교차, 1:1오위교차, 안1, 실뒤, 걸러1, 실앞, 안1, 방울1, 안2, 실뒤, 걸러1, 실앞, 안2, 방울1, 안1, (실뒤, 걸러1, 실앞, 안1, 1:1왼위교차, 1:1오위교차, 안1)×2, 실뒤, 걸러1, 실앞, 안1, 방울1, 안2, 실뒤, 걸러1, 실앞, 안2, 방울1, 안1, 실뒤, 걸러1, 겉3

★34단 겉3, 안1, (겉4, 안1)×2, (겉1, 안4, 겉1, 안1)×2, (겉4, 안1)×2, 겉1, 안4, 겉1, 안1, (겉4, 안1)×2, (겉1, 안4, 겉1, 안1)×2, (겉4, 안1)×2, 겉3

★35단 겉3, 걸러1, 실앞, 안오늘1, 안3, 겉1, 걸러1, 겉1, 안3, 안왼늘1, (실뒤, 걸러1, 실앞, 안1, 1:1오위교차, 1:1왼위교차, 안1)×2, 실뒤, 걸러1, 실앞, 안오늘1, 안3, 겉1, 걸러1, 겉1, 안3, 안왼늘1, 실뒤, 걸러1, 실앞, 안1, 1:1오위교차, 1:1왼위교차, 안1, 실뒤, 걸러1, 실앞, 안오늘1, 안3, 겉1, 걸러1, 겉1, 안3, 안왼늘1, (실뒤, 걸러1, 실앞, 안1, 1:1오위교차, 1:1왼위교차, 안1)×2, 실뒤, 걸러1, 실앞, 안오늘1, 안3, 겉1, 걸러1, 겉1, 안3, 안왼늘1, 실뒤, 걸러1, 겉3 90

★36단 겉3, 안1, 겉4, 안3, 겉4, 안1, (겉1, 안4, 겉1, 안1)×2, 겉4, 안3, 겉4, 안1, 겉1, 안4, 겉1, 안1, 겉4, 안3, 겉4, 안1, (겉1, 안4, 겉1, 안1)×2, 겉4, 안3, 겉4, 안1, 겉3

★37단 겉3, 걸러1, 실앞, 안3, 1:1왼위교차겉안, 실뒤, 걸러1, 실앞, 1:1오위교차안겉, 안3, (실뒤, 걸러1, 실앞, 안오늘1, 안1, 1:1왼위교차, 1:1오위교차, 안1, 안왼늘1)×2, 실뒤, 걸러1, 실앞, 안3, 1:1왼위교차겉안, 실뒤, 걸러1, 실앞, 1:1오위교차안겉, 안3, 실뒤, 걸러1, 실앞, 안오늘1, 안1, 1:1왼위교차, 1:1오위교차, 안1, 안왼늘1, 실뒤, 걸러1, 실앞, 안3, 1:1왼위교차겉안, 실뒤, 걸러1, 실앞, 1:1오위교차안겉, 안3, (실뒤, 걸러1, 실앞, 안오늘1, 안1, 1:1왼위교차, 1:1오위교차, 안1, 안왼늘1)×2, 실뒤, 걸러1,

실앞, 안3, 1:1왼위교차겉안, 실뒤, 걸러1, 실앞, 1:1오위교차안겉, 안3, 실뒤, 걸러1, 겉3 100

★38단 겉3, 안1, 겉3, (안1, 겉1)×3, 겉2, 안1, (겉2, 안4, 겉2, 안1)×2, 겉3, (안1, 겉1)×3, 겉2, 안1, 겉2, 안4, 겉2, 안1, 겉3, (안1, 겉1)×3, 겉2, 안1, (겉2, 안4, 겉2, 안1)×2, 겉3, (안1, 겉1)×3, 겉2, 안1, 겉3

★39단 겉3, 걸러1, 실앞, 안오늘1, 안2, 1:1왼위교차겉안, 안1, 실뒤, 걸러1, 실앞, 안1, 1:1오위교차겉안, 안2, 안왼늘1, (실뒤, 걸러1, 실앞, 안2, 1:1오위교차, 1:1왼위교차, 안2)×2, 실뒤, 걸러1, 실앞, 안오늘1, 안2, 1:1왼위교차겉안, 안1, 실뒤, 걸러1, 실앞, 안1, 1:1오위교차겉안, 안2, 안왼늘1, 실뒤, 걸러1, 실앞, 안2, 1:1오위교차, 1:1왼위교차, 안2, 실뒤, 걸러1, 실앞, 안오늘1, 안2, 1:1왼위교차겉안, 안1, 실뒤, 걸러1, 실앞, 안1, 1:1오위교차안겉, 안2, 안왼늘1, (실뒤, 걸러1, 실앞, 안2, 1:1오위교차, 1:1왼위교차, 안2)×2, 실뒤, 걸러1, 실앞, 안오늘1, 안2, 1:1왼위교차겉안, 안1, 실뒤, 걸러1, 실앞, 안1, 1:1오위교차안겉, 안2, 안왼늘1, 실뒤, 걸러1, 겉3 108

★40단 겉3, 안1, 겉3, (안1, 겉2)×3, 겉1, 안1, (겉2, 안4, 겉2, 안1)×2, 겉3, (안1, 겉2)×3, 겉1, 안1, 겉2, 안4, 겉2, 안1, 겉3, (안1, 겉2)×3, 겉1, 안1, (겉2, 안4, 겉2, 안1)×2, 겉3, (안1, 겉2)×3, 겉1, 안1, 겉3

★41단 겉3, 걸러1, 실앞, 안3, 방울1, 안2, 실뒤, 걸러1, 실앞, 안2, 방울1, 안3, (실뒤, 걸러1, 실앞, 안오늘1, 안2, 1:1왼위교차, 1:1오위교차, 안2, 안왼늘1)×2, 실뒤, 걸러1, 실앞, 안3, 방울1, 안2, 실뒤, 걸러1, 실앞, 안2, 방울1, 안3, 실뒤, 걸러1, 실앞, 안오늘1, 안2, 1:1왼위교차, 1:1오위교차, 안2, 안왼늘1, 실뒤, 걸러1, 실앞, 안3, 방울1, 안2, 실뒤, 걸러1, 실앞, 안2, 방울1, 안3, (실뒤, 걸러1, 실앞, 안오늘1, 안2, 1:1왼위교차, 1:1오위교차, 안2, 안왼늘1)×2, 실뒤, 걸러1, 실앞, 안3, 방울1, 안2, 실뒤, 걸러1, 실앞, 안2, 방울1, 안3, 실뒤, 걸러1, 겉3 118

★42단 겉3, 안1, (겉6, 안1)×2, (겉3, 안4, 겉3, 안1)×2, (겉6, 안1)×2, 겉3, 안4, 겉3, 안1, (겉6, 안1)×2, (겉3, 안4, 겉3, 안1)×2, (겉6, 안1)×2, 겉3

★43단 겉3, 걸러1, 실앞, 안5, 겉1, 걸러1, 겉1, 안5, (실뒤, 걸러1, 실앞, 안3, 1:1오위교차, 1:1왼위교차, 안3)×2, 실뒤, 걸러1, 실앞, 안5, 겉1, 걸러1, 겉1, 안5, 실뒤, 걸러1, 실앞, 안3, 1:1오위교차, 1:1왼위교차, 안3, 실뒤, 걸러1, 실앞, 안5, 겉1, 걸러1, 겉1, 안5, (실뒤, 걸러1, 실앞, 안3, 1:1오위교차, 1:1왼위교차, 안3)×2, 실뒤, 걸러1, 실앞, 안5, 겉1, 걸러1, 겉1, 안5, 실뒤, 걸러1, 겉3

★44단 겉3, 안1, 겉5, 안3, 겉5, 안1, (겉3, 안4, 겉3, 안1)×2, 겉5, 안3, 겉5, 안1, 겉3, 안4, 겉3, 안1, 겉5, 안3, 겉5, 안1, (겉3, 안4, 겉3, 안1)×2, 겉5, 안3, 겉5, 안1, 겉3

★45단 겉3, 걸러1, 실앞, 안4, 1:1왼위교차겉안, 실뒤, 걸러1, 실앞, 1:1오위교차안겉, 안4, (실뒤, 걸러1, 실앞, 안3, 1:1왼위교차, 1:1오위교차, 안3)×2, 실뒤, 걸러1, 실앞, 안4, 1:1왼위교차겉안, 실뒤, 걸러1, 실앞, 1:1오위교차안겉, 안4, 실뒤, 걸러1, 실앞, 안3, 1:1왼위교차, 1:1오위교차, 안3, 실뒤, 걸러1, 실앞, 안4, 1:1왼위교차겉안, 실뒤,

걸러1, 실앞, 1:1오위교차안겉, 안4, (실뒤, 걸러1, 실앞, 안3, 1:1윈위교차, 1:1오위교차, 안3)×2, 실뒤, 걸러1, 실앞, 안4, 1:1윈위교차겉안, 실뒤, 걸러1, 실앞, 안1, 1:1오위교차안겉, 안4, 겉1, 바비(단춧구멍), 왼모1, 겉1

★46단 겉3, 안1, 겉4, (안1, 겉1)×3, 겉3, 안1, (겉3, 안4, 겉3, 안1)×2, 겉4, (안1, 겉1)×3, 겉3, 안1, 겉3, 안4, 겉3, 안1, 겉4, (안1, 겉1)×3, 겉3, 안1, (겉3, 안4, 겉3, 안1)×2, 겉4, (안1, 겉1)×3, 겉3, 안1, 겉3

★47단 겉3, 걸러1, 실앞, 안3, 1:1윈위교차겉안, 안1, 실뒤, 걸러1, 실앞, 안1, 1:1오위교차안겉, 안3, (실뒤, 걸러1, 실앞, 안3, 1:1오위교차, 1:1윈위교차, 안3)×2, 실뒤, 걸러1, 실앞, 안3, 1:1윈위교차겉안, 안1, 실뒤, 걸러1, 실앞, 안1, 1:1오위교차겉, 안3, 실뒤, 걸러1, 실앞, 안3, 1:1오위교차, 1:1윈위교차, 안3, 실뒤, 걸러1, 실앞, 안3, 1:1윈위교차겉안, 안1, 실뒤, 걸러1, 실앞, 안1, 1:1오위교차안겉, 안3, (실뒤, 걸러1, 실앞, 안3, 1:1오위교차, 1:1윈위교차, 안3)×2, 실뒤, 걸러1, 실앞, 안3, 1:1윈위교차겉안, 안1, 실뒤, 걸러1, 실앞, 안1, 1:1오위교차안겉, 안3, 실뒤, 걸러1, 겉3

★48단 겉3, 안1, 겉3, (안1, 겉2)×3, 겉1, 안1, (겉3, 안4, 겉3, 안1)×2, 겉3, (안1, 겉2)×3, 겉1, 안1, 겉3, 안4, 겉3, 안1, 겉3, (안1, 겉2)×3, 겉1, 안1, (겉3, 안4, 겉3, 안1)×2, 겉3, (안1, 겉2)×3, 겉1, 안1, 겉3

★49단 겉3, 걸러1, 실앞, 안3, 방울1, 안2, 실뒤, 걸러1, 실앞, 안2, 방울1, 안3, (실뒤, 걸러1, 실앞, 안3, 1:1윈위교차, 1:1오위교차, 안3)×2, 실뒤, 걸러1, 실앞, 안3, 방울1, 안2, 실뒤, 걸러1, 실앞, 안2, 방울1, 안3, 실뒤, 걸러1, 실앞, 안3, 1:1윈위교차, 1:1오위교차, 안3, 실뒤, 걸러1, 실앞, 안3, 방울1, 안2, 실뒤, 걸러1, 실앞, 안2, 방울1, 안3, (실뒤, 걸러1, 실앞, 안3, 1:1윈위교차, 1:1오위교차, 안3)×2, 실뒤, 걸러1, 실앞, 안3, 방울1, 안2, 실뒤, 걸러1, 실앞, 안2, 방울1, 안3, 실뒤, 걸러1, 겉3

★50단 겉3, 안1, (겉6, 안1)×2, (겉3, 안4, 겉3, 안1)×2, (겉6, 안1)×2, 겉3, 안4, 겉3, 안1, (겉6, 안1)×2, (겉3, 안4, 겉3, 안1)×2, (겉6, 안1)×2, 겉3

★51~74단 43~50단 3번 반복. 단, 단춧구멍은 59단, 73단에서 만들어 줍니다. 단의 마지막 4코(실뒤, 걸러1, 겉3), 대신에 겉1, 바비(단춧구멍), 왼모1, 겉1로 바꿔줍니다.

★75~77단 겉118×3단

겉뜨기 뜨면서 코막음 합니다. 남은 실은 자릅니다.

―――― × 마무리 × ――――

❶ 단춧구멍 위치에 맞춰서 단추를 답니다.

❷ 여유로 남긴 실은 정리합니다.

헤어밴드

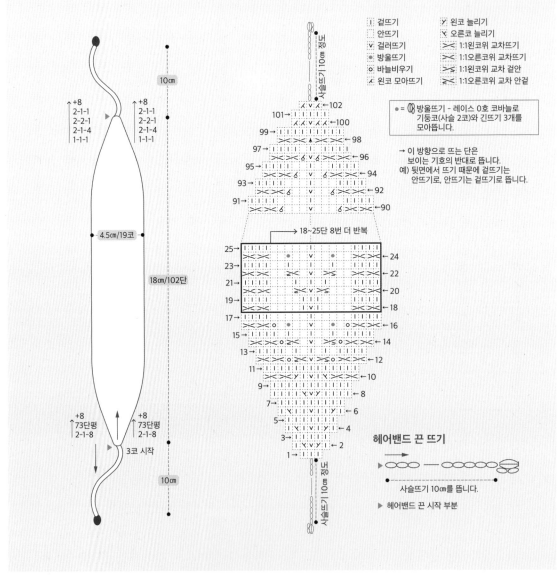

겉뜨기　안뜨기　걸러뜨기　방울뜨기　바늘비우기　왼코 모아뜨기
왼코 늘리기　오른코 늘리기　1:1왼코위 교차뜨기　1:1오른코위 교차뜨기　1:1왼코위 교차 겉안　1:1오른코위 교차 안겉

● = 방울뜨기 - 레이스 0호 코바늘로 기둥코(사슬 2코)와 긴뜨기 3개를 모아뜹니다.

→ 이 방향으로 뜨는 단은 보이는 기호의 반대로 뜹니다.
예) 뒷면에서 뜨기 때문에 겉뜨기는 안뜨기로, 안뜨기는 겉뜨기로 뜹니다.

→ 18~25단 8번 더 반복

왼쪽 도안 표기
10cm

+8
2-1-1
2-2-1
2-1-4
1-1-1

+8
2-1-1
2-2-1
2-1-4
1-1-1

4.5cm/19코

18cm/102단

+8
73단평
2-1-8

+8
73단평
2-1-8

3코 시작

10cm

사슬뜨기 10cm　코 고정

헤어밴드 끈 뜨기

사슬뜨기 10cm를 뜹니다.
▶ 헤어밴드 끈 시작 부분

× 헤어밴드 ×

2mm 줄바늘과 앙고라3합 올리브[베이지]색 실로 3코를 만듭니다. 실은 여유를 많이 두고 코를 만듭니다. 여유로 남긴 실은 코바늘로 끈을 만듭니다.

★1단　안3

★2단　겉1, 왼늘1, 걸러 1, 오늘1, 겉1　5

★3단　안5

★4단　겉1, 왼늘1, 겉1, 걸러1, 겉1, 오늘1, 겉1　7

★5단 안7

★6단 겉1, 왼늘1, 겉2, 걸러1, 겉2, 오늘1, 겉1 9

★7단 안9

★8단 겉4, 왼늘1, 걸러1, 오늘1, 겉4 11

★9단 안11

★10단 1:1오위교차, 1:1왼위교차, 오늘1, 겉1, 걸러1, 겉1, 왼늘1, 1:1오위교차, 1:1왼위교차 13

★11단 안13

★12단 1:1왼위교차, 1:1오위교차, 바비, 1:1왼위교차겉안, 실뒤, 걸러1, 실앞, 1:1오위교차안겉, 바비, 1:1왼위교차, 1:1오위교차 15

★13단 안4, (겉1, 안1)×3, 겉1, 안4

★14단 1:1오위교차, 1:1왼위교차, 바비, 1:1왼위교차겉안, 안1, 실뒤, 걸러1, 실앞, 안1, 1:1오위교차안겉, 바비, 1:1오위교차, 1:1왼위교차 17

★15단 안4, 겉1, 안1, 겉2, 안1, 겉2, 안1, 겉1, 안4

★16단 1:1왼위교차, 1:1오위교차, 바비, 안1, 방울1, 안2, 실뒤, 걸러1, 실앞, 안2, 방울1, 안1, 바비, 1:1왼위교차, 1:1오위교차 19

★17단 안4, 겉5, 안1, 겉5, 안4

★18단 1:1오위교차, 1:1왼위교차, 안4, 겉1, 걸러1, 겉1, 안4, 1:1오위교차, 1:1왼위교차

★19단 안4, 겉4, 안3, 겉4, 안4

★20단 1:1왼위교차, 1:1오위교차, 안3, 1:1왼위교차겉안, 실뒤, 걸러1, 실앞, 1:1오위교차안겉, 안3, 1:1왼위교차, 1:1오위교차

★21단 안4, 겉3, (안1, 겉1)×3, 겉2, 안4

★22단 1:1오위교차, 1:1왼위교차, 안2, 1:1왼위교차겉안, 안1, 실뒤, 걸러1, 실앞, 안1, 1:1오위교차안겉, 안2, 1:1오위교차, 1:1왼위교차

★23단 안4, (겉2, 안1)×3, 겉2, 안4

★24단 1:1왼위교차, 1:1오위교차, 안2, 방울1, 안2, 실뒤, 걸러1, 실앞, 안2, 방울1, 안2, 1:1왼위교차, 1:1오위교차

★25단 안4, 겉5, 안1, 겉5, 안4

★26~89단 18~25단 8번 반복

★90단 1:1오위교차, 1:1왼위교차, 안왼모1, 안3, 실뒤, 걸러1, 실앞, 안3, 안왼모1, 1:1오위교차, 1:1왼위교차 17

★91단 안4, 겉4, 안1, 겉4, 안4

★92단 1:1왼위교차, 1:1오위교차, 안왼모1, 안2, 실뒤, 걸러1, 실앞, 안2, 안왼모1, 1:1왼위교차, 1:1오위교차 15

★93단 안4, 겉3, 안1, 겉3, 안4

★94단 1:1오위교차, 1:1왼위교차, 안왼모1, 안1, 실뒤, 걸러1, 실앞, 안1, 안왼모1, 1:1오위교차, 1:1왼위교차 13

★95단 안4, 겉2, 안1, 겉2, 안4

★96단 1:1왼위교차, 1:1오위교차, 안왼모1, 실뒤, 걸러1, 실앞, 안왼모1, 1:1왼위교차, 1:1오위교차 11

★97단 안4, 겉1, 안1, 겉1, 안4

★98단 1:1오위교차, 1:1왼위교차, 중3모1, 1:1오위교차, 1:1왼위교차 9

★99단 안9

★100단 왼모2, 걸러1, 왼모2 5

★101단 안5

★102단 왼모1, 걸러1, 왼모1 3

안뜨기 뜨면서 코막음 합니다. 실을 끊지 않고 끈을 뜹니다.

× 헤어밴드 끈 ×

코막음 하고 나서 레이스 0호 코바늘을 사용하여 사슬뜨기를 10㎝ 정도 뜨고 방울뜨기를 뜹니다. 반대편도 시작 부분에 남겨 놓은 실을 이용하여 같은 방법으로 끈을 뜹니다. 그림 도안을 참고하세요.

× 마무리 ×

여유로 남긴 실은 정리합니다.

WINTER

트위드 셋업

난이도 ★★★★☆

트위드 느낌의 무늬를 상의에 넣어 표현하고 바지는 깔끔하게 일자바지 형태로 만든 셋업입니다. 무늬 배색에 따라 느낌이 많이 달라지는 디자인으로 바지에는 밑단 트임과 양쪽 주머니로 포인트를 주었습니다. 상의는 소매 없이 조끼로 변형해서 활용해도 좋아요. 세미 정장 느낌으로 입혀 주세요.

138

WINTER

사이즈
* **자켓**　　총 길이 7.5㎝, 가슴둘레 18.4㎝, 소매길이 9㎝
* **바지**　　총 길이 14.5㎝, 엉덩이둘레 17㎝

게이지
* 무늬뜨기 4.6코, 8.8단, 메리야스뜨기 4.0코, 5.8단(1cm×1cm)

준비물
* **실**　　앙고라2합 - 중보라[민트]색 15g,
　　　　　비비드핑크색 5g, 연분홍[레몬]색 5g
* **바늘**　　2mm 줄바늘, 2mm 장갑바늘
* **부재료**　5mm 원형단추 6개

알아두기

❶ 상의는 몸판과 소매 모두 평면뜨기이고, 바지는 평면뜨기와 원통뜨기입니다.
❷ 상의는 아래에서 위로 뜨는 바텀업 방식이고, 바지는 위에서 아래로 뜨는 톱다운 방식입니다.
❸ 몸판을 뜨고 나서 소매는 따로 떠서 연결합니다.
❹ '실은 자릅니다.'는 10㎝ 정도 여유를 두고 자르면 됩니다. 이 실은 돗바늘에 끼워 정리할 실입니다.

✧ 상의 ✧

몸판

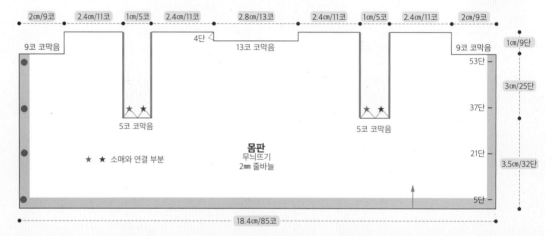

★ ★ 소매와 연결 부분

몸판
무늬뜨기
2mm 줄바늘

✧ ✧ ✧

✕ 몸판 ✕

2mm 줄바늘과 앙고라2합 중보라[민트]색 실로 85코를 만듭니다. '걸러1'은 안뜨기 방향으로 옮깁니다. 밑단부터 시작하는 바텀업 방식입니다. 실 색상이 표시될 때 명시한 색상 실로 바꿉니다.

★1단 겉1, 안1, 겉81, 안1, 겉1 (영상 참고)

★2단 안1, 겉1, 안1, 겉79, 안1, 겉1, 안1

★3단 걸러3(안뜨기 방향으로), 새로운 비비드핑크색 실로 (겉3, 걸러1)×19, 겉3, 턴 (왼바늘에 3코는 남겨 놓고 턴)

★4단 (겉3, 실앞, 걸러1, 실뒤)×19, 겉3, 실앞, 걸러3

★5단 중보라[민트]색 실로 겉1, 바비(단춧구멍), 왼모, 겉1, (걸러1, 겉3)×19, 걸러1, 겉2, 안1, 겉1

★6단 안1, 겉1, 안2, (걸러1, 안3)×19, 걸러1, 안2, 겉1, 안1

★7단 걸러3(안뜨기 방향으로), 새로운 연분홍[레몬]색 실로 (겉3, 걸러1)×19, 겉3, 턴 (왼바늘에 3코는 남겨 놓고 턴)

★8단 (겉3, 실앞, 걸러1, 실뒤)×19, 겉3, 실앞, 걸러3

★9단 중보라[민트]색 실로 겉1, 안1, 겉2, (걸러1, 겉3)×19, 걸러1, 겉2, 안1, 겉1

★10단 안1, 겉1, 안2, (걸러1, 안3)×19, 걸러1, 안2, 겉1, 안1

★11단 걸러3(안뜨기 방향으로), 비비드핑크색 실로 (겉3, 걸러1)×19, 겉3, 턴 (왼바늘에 3코는 남겨 놓고 턴)

★12단 (겉3, 실앞, 걸러1, 실뒤)×19, 겉3, 실앞, 걸러3

★13단 중보라[민트]색 실로 겉1, 안1, 겉2, (걸러1, 겉3)×19, 걸러1, 겉2, 안1, 겉1

★14단　안1, 겉1, 안2, (걸러1, 안3)×19, 걸러1, 안2, 겉1, 안1

★15단　걸러3(안뜨기 방향으로), 연분홍[레몬]색 실로 (겉3, 걸러1)×19, 겉3, 턴 (왼바늘에 3코는 남겨 놓고 턴)

★16단　(겉3, 실앞, 걸러1, 실뒤)×19, 겉3, 실앞, 걸러3

★17단　중보라[민트]색 실로 겉1, 안1, 겉2, (걸러1, 겉3)×19, 걸러1, 겉2, 안1, 겉1

★18단　안1, 겉1, 안2, (걸러1, 안3)×19, 걸러1, 안2, 겉1, 안1

★19단　걸러3(안뜨기 방향으로), 비비드핑크색 실로 (겉3, 걸러1)×19, 겉3, 턴 (왼바늘에 3코는 남겨 놓고 턴)

★20단　(겉3, 실앞, 걸러1, 실뒤)×19, 겉3, 실앞, 걸러3

★21단　중보라[민트]색 실로 겉1, 바비(단춧구멍), 왼모, 겉1, (걸러1, 겉3)×19, 걸러1, 겉2, 안1, 겉1

★22단　안1, 겉1, 안2, (걸러1, 안3)×19, 걸러1, 안2, 겉1, 안1

★23단　걸러3(안뜨기 방향으로), 연분홍[레몬]색 실로 (겉3, 걸러1)×19, 겉3, 턴 (왼바늘에 3코는 남겨 놓고 턴)

★24단　(겉3, 실앞, 걸러1, 실뒤)×19, 겉3, 실앞, 걸러3

★25단　중보라[민트]색 실로 겉1, 안1, 겉2, (걸러1, 겉3)×19, 걸러1, 겉2, 안1, 겉1

★26단　안1, 겉1, 안2, (걸러1, 안3)×19, 걸러1, 안2, 겉1, 안1

★27~32단　11~16단 1번 반복

× 오른쪽 앞판 ×

앞, 뒤판 분리해서 뜹니다. 85코 중 오른쪽 20코로 작업합니다.
나머지 65코는 쉼코로 둡니다.

★33단　중보라[민트]색 실로 겉1, 안1, 겉2, (걸러1, 겉3)×4

★34단　(안3, 걸러1)×4, 안2, 겉1, 안1

★35단　걸러3(안뜨기 방향으로), 비비드핑크색 실로 (겉3, 걸러1)×3, 겉3, 턴 (왼바늘에 2코는 남겨 놓고 턴)

★36단　(겉3, 실앞, 걸러1, 실뒤)×3, 겉3, 실앞, 걸러3

★37단　중보라[민트]색 실로 겉1, 바비(단춧구멍), 왼모, 겉1, (걸러1, 겉3)×4

★38단　(안3, 걸러1)×4, 안2, 겉1, 안1

★39단　걸러3(안뜨기 방향으로), 연분홍[레몬]색 실로 (겉3, 걸러1)×3, 겉3, 턴 (왼바늘에 2코는 남겨 놓고 턴)

★40단　(겉3, 실앞, 걸러1, 실뒤)×3, 겉3, 실앞, 걸러3

★41단　중보라[민트]색 실로 겉1, 안1, 겉2, (걸러1, 겉3)×4

★42단　(안3, 걸러1)×4, 안2, 겉1, 안1

★43단　걸러3(안뜨기 방향으로), 비비드핑크색 실로 (겉3, 걸러1)×3, 겉3, 턴 (왼바늘에 2코는 남겨 놓고 턴)

★44단　(겉3, 실앞, 걸러1, 실뒤)×3, 겉3, 실앞, 걸러3

트위드 셋업 상의 무늬 도안

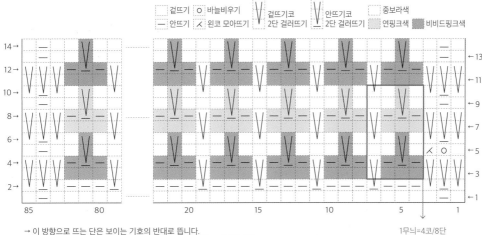

→ 이 방향으로 뜨는 단은 보이는 기호의 반대로 뜹니다.
예) 뒷면에서 뜨기 때문에 겉뜨기는 안뜨기로, 안뜨기는 겉뜨기로 뜹니다.

1무늬=4코/8단

★45단 중보라[민트]색 실로 겉1, 안1, 겉2, (걸러1, 겉3)×4

★46단 (안3, 걸러1)×4, 안2, 겉1, 안1

★47단 걸러3(안뜨기 방향으로), 연분홍[레몬]색 실로 (겉3, 걸러1)×3, 겉3, 턴 (왼바늘에 2코는 남겨 놓고 턴)

★48단 (겉3, 실앞, 걸러1, 실뒤)×3, 겉3, 실앞, 걸러3

★49단 중보라[민트]색 실로 겉1, 안1, 겉2, (걸러1, 겉3)×4

★50단 (안3, 걸러1)×4, 안2, 겉1, 안1

★51단 걸러3(안뜨기 방향으로), 비비드핑크색 실로 (겉3, 걸러1)×3, 겉3, 턴 (왼바늘에 2코는 남겨 놓고 턴)

★52단 (겉3, 실앞, 걸러1, 실뒤)×3, 겉3, 실앞, 걸러3, 비비드핑크색 실은 자릅니다.

★53단 중보라[민트]색 실로 겉1, 바비(단춧구멍), 왼모, 겉1, (걸러1, 겉3)×4

★54단 (안3, 걸러1)×4, 안2, 겉1, 안1

★55단 걸러3(안뜨기 방향으로), 연분홍[레몬]색 실로 (겉3, 걸러1)×3, 겉3, 턴 (왼바늘에 2코는 남겨 놓고 턴)

★56단 (겉3, 실앞, 걸러1, 실뒤)×3, 겉3, 실앞, 걸러3, 연분홍[레몬]색 실은 자릅니다.

★57단 중보라[민트]색 실로 겉12, (걸러1, 겉3)×2

★58단 (안3, 걸러1)×2, 안3, 겉뜨기 뜨면서 9코 코막음 11 중보라[민트]색 실은 자릅니다.

★59단 걸러2, 새로운 비비드핑크색 실로 겉3, 걸러1, 겉3, 턴 (왼바늘에 2코는 남겨 놓고 턴)

★60단 겉3, 실앞, 걸러1, 실뒤, 겉3, 실앞, 걸러2

★61단 새로운 중보라[민트]색 실로 (겉3, 걸러1)×2, 겉3

★62단 (안3, 걸러1)×2, 안3

★63단 걸러2, 새로운 연분홍[레몬]색 실로 겉3, 걸러1, 겉3, 턴 (왼바늘에 2코는 남겨 놓고 턴)

★64단 겉3, 실앞, 걸러1, 실뒤, 겉3, 실앞, 걸러2

★65단 중보라[민트]색 실로 (겉3, 걸러1)×2, 겉3

★66단 (안3, 걸러1)×2, 안3

비비드핑크, 연분홍[레몬]과 중보라[민트]색 실은 자릅니다. 남은 11코는 버림실에 걸어둡니다.

× 뒤판 ×

65코 중 오른쪽 40코로 작업합니다. 25코는 쉼코로 둡니다.

★33단 새로운 중보라[민트]색 실로 5코 코막음, 겉2, (걸러1, 겉3)×8 35

★34단 (안3, 걸러1)×8, 안3

★35단 걸러2(안뜨기 방향으로), 새로운 비비드핑크색 실로 (겉3, 걸러1)×7, 겉3, 턴 (왼바늘에 2코는 남겨 놓고 턴)

★36단 (겉3, 실앞, 걸러1, 실뒤)×7, 겉3, 실앞, 걸러2

★37단 중보라[민트]색 실로 (겉3, 걸러1)×8, 겉3

★38단 (안3, 걸러1)×8, 안3

★39단 걸러2(안뜨기 방향으로), 새로운 연분홍[레몬]색 실로 (겉3, 걸러1)×7, 겉3, 턴 (왼바늘에 2코는 남겨 놓고 턴)

★40단 (겉3, 실앞, 걸러1, 실뒤)×7, 겉3, 실앞, 걸러2

★41단 중보라[민트]색 실로 (겉3, 걸러1)×8, 겉3

★42단 (안3, 걸러1)×8, 안3

★43단 걸러2(안뜨기 방향으로), 새로운 비비드핑크색 실로 (겉3, 걸러1)×7, 겉3, 턴 (왼바늘에 2코는 남겨 놓고 턴)

★44단 (겉3, 실앞, 걸러1, 실뒤)×7, 겉3, 실앞, 걸러2

★45단 중보라[민트]색 실로 (겉3, 걸러1)×8, 겉3

★46단 (안3, 걸러1)×8, 안3

★47단 걸러2(안뜨기 방향으로), 새로운 연분홍[레몬]색 실로 (겉3, 걸러1)×7, 겉3, 턴 (왼바늘에 2코는 남겨 놓고 턴)

★48단 (겉3, 실앞, 걸러1, 실뒤)×7, 겉3, 실앞, 걸러2

★49단 중보라[민트]색 실로 (겉3, 걸러1)×8, 겉3

★50단 (안3, 걸러1)×8, 안3

★51~58단 43~50단 1번 반복

★59~60단 43~44단 1번 반복

★61단 중보라[민트]색 실로 (겉3, 걸러1)×2, 겉19, (걸러1, 겉3)×2

★62단 (안3, 걸러1)×2, 안3, 겉뜨기 뜨면서 13코 코막음, 안2, (걸러1, 안3)×2

오른쪽 뒤판 어깨 11코로 작업합니다.

★63단 걸러2(안뜨기 방향으로), 연분홍[레몬]색 실로 겉3, 걸러1, 겉3, 턴 (왼바늘에 2코는 남겨 놓고 턴)

★64단　겉3, 실앞, 걸러1, 실뒤, 겉3, 실앞, 걸러2

★65단　중보라[민트]색 실로 (겉3, 걸러1)×2, 겉3

★66단　(안3, 걸러1)×2, 안3

오른쪽 앞판의 어깨코 11코와 오른쪽 뒤판의 어깨코 11코를 겉과 겉끼리 마주대어 겹쳐놓고, 새로운 바늘을 사용하여(총 3개의 바늘) 중보라[민트]색 실로 겉뜨기 뜨면서 코막음으로 연결합니다. 비비드핑크, 연분홍[레몬]과 중보라[민트]색 실은 자릅니다. 왼쪽 뒤판 어깨 11코로 작업합니다.

★63~66단　오른쪽 뒤판 어깨와 동일합니다.

비비드핑크, 연분홍[레몬]과 중보라[민트]색 실은 자릅니다. 남은 11코는 버림실에 걸어둡니다.

× 왼쪽 앞판 ×

쉼코로 둔 25코로 작업합니다.

★33단　새로운 중보라[민트]색 실로 5코 코막음, 겉2, (걸러1, 겉3)×3, 걸러1, 겉2, 안1, 겉1　20

★34단　안1, 겉1, 안2, (걸러1, 안3)×4

★35단　걸러2(안뜨기 방향으로), 새로운 비비드핑크색 실로 (겉3, 걸러1)×3, 겉3, 턴 (왼바늘에 3코는 남겨 놓고 턴)

★36단　(겉3, 실앞, 걸러1, 실뒤)×3, 겉3, 실앞, 걸러2

★37단　중보라[민트]색 실로 (겉3, 걸러1)×4, 겉2, 안1, 겉1

★38단　안1, 겉1, 안2, (걸러1, 안3)×4

★39단　걸러2(안뜨기 방향으로), 새로운 연분홍[레몬]색 실로 (겉3, 걸러1)×3, 겉3, 턴 (왼바늘에 3코는 남겨 놓고 턴)

★40단　(겉3, 실앞, 걸러1, 실뒤)×3, 겉3, 실앞, 걸러2

★41단　중보라[민트]색 실로 (겉3, 걸러1)×4, 겉2, 안1, 겉1

★42단　안1, 겉1, 안2, (걸러1, 안3)×4

★43단　걸러2(안뜨기 방향으로), 비비드핑크색 실로 (겉3, 걸러1)×3, 겉3, 턴 (왼바늘에 3코는 남겨 놓고 턴)

★44단　(겉3, 실앞, 걸러1, 실뒤)×3, 겉3, 실앞, 걸러2

★45단　중보라[민트]색 실로 (겉3, 걸러1)×4, 겉2, 안1, 겉1

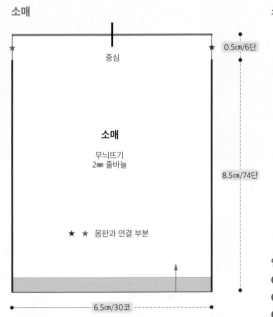

소매

소매

무늬뜨기
2mm 줄바늘

0.5cm/6단

8.5cm/74단

★　★ 몸판과 연결 부분

중심

6.5cm/30코

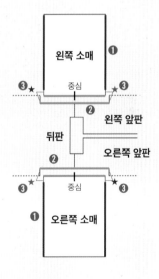

소매 연결하기

왼쪽 소매　❶

❸★　중심　★❸

❷　왼쪽 앞판

뒤판

오른쪽 앞판

❷

❸★　중심　★❸

❶　오른쪽 소매

연결 순서
❶ 보라색끼리 소매 옆선을 연결합니다.
❷ 초록색끼리 진동을 연결합니다.
❸ 몸판의 같은 색상 별표끼리 5코 코막음 부분을 반으로 나눠서 연결합니다.

✧ ✧ ✧

★46단 　안1, 겉1, 안2, (걸러1, 안3)×4

★47단 　걸러2(안뜨기 방향으로), 연분홍[레몬]색 실로 (겉3,
　　　　걸러1)×3, 겉3, 턴 (왼바늘에 3코는 남겨 놓고 턴)

★48단 　(겉3, 실앞, 걸러1, 실뒤)×3, 겉3, 실앞, 걸러2

★49단 　중보라[민트]색 실로 (겉3, 걸러1)×4, 겉2, 안1, 겉1

★50단 　안1, 겉1, 안2, (걸러1, 안3)×4

★51~56단 　43~48단 1번 반복

★57단 　중보라[민트]색 실로 (겉3, 걸러1)×2, 겉10, 안1, 겉1

★58단 　겉뜨기 뜨면서 9코 코막음, 안2, (걸러1, 안3)×2　11

★59단 　걸러2, 비비드핑크색 실로 겉3, 걸러1, 겉3, 턴 (왼바늘
　　　　에 2코는 남겨 놓고 턴)

★60단 　겉3, 실앞, 걸러1, 실뒤, 겉3, 실앞, 걸러2

★61단 　중보라[민트]색 실로 (겉3, 걸러1)×2, 겉3

★62단 　(안3, 걸러1)×2, 안3

★63단 　걸러2, 연분홍[레몬]색 실로 겉3, 걸러1, 겉3, 턴 (왼바
　　　　늘에 2코는 남겨 놓고 턴)

★64단 　겉3, 실앞, 걸러1, 실뒤, 겉3, 실앞, 걸러2

★65단 　중보라[민트]색 실로 (겉3, 걸러1)×2, 겉3

★66단 　(안3, 걸러1)×2, 안3

왼쪽 뒤판의 어깨코 11코와 왼쪽 앞판의 어깨코 11코를 겉과 겉끼
리 마주대어 겹쳐놓고, 새로운 바늘을 사용하여(총 3개의 바늘)
중보라[민트]색 실로 겉뜨기 뜨면서 코막음으로 연결합니다. 비비
드핑크, 연분홍[레몬]색과 중보라[민트]색 실은 자릅니다.

× 소매 ×

2mm 줄바늘과 중보라[민트]색 실로 30코를 만듭니다. '걸러1'은
안뜨기 방향으로 오른쪽 바늘에 옮깁니다.

★1~2단 　겉×2단

★3단 　걸러2(안뜨기 방향으로), 새로운 비비드핑크색 실로
　　　　(겉3, 걸러1)×6, 겉3, 턴 (왼바늘에 1코는 남겨 놓고 턴)

★4단 　(겉3, 실앞, 걸러1, 실뒤)×6, 겉3, 실앞, 걸러2

★5단 　중보라[민트]색 실로 (겉3, 걸러1)×7, 겉2

★6단 　안2, (걸러1, 안3)×7

★7단 　걸러2(안뜨기 방향으로), 새로운 연분홍[레몬]색 실로
　　　　(겉3, 걸러1)×6, 겉3, 턴 (왼바늘에 1코는 남겨 놓고 턴)

★8단 　(겉3, 실앞, 걸러1, 실뒤)×6, 겉3, 실앞, 걸러2

★9단 　중보라[민트]색 실로 (겉3, 걸러1)×7, 겉2

★10단 　안2, (걸러1, 안3)×7

★11단 　걸러2(안뜨기 방향으로), 비비드핑크색 실로 (겉3, 걸러1)
　　　　×6, 겉3, 턴 (왼바늘에 1코는 남겨 놓고 턴)

★12단 　(겉3, 실앞, 걸러1, 실뒤)×6, 겉3, 실앞, 걸러2

★13단 　중보라[민트]색 실로 (겉3, 걸러1)×7, 겉2

★14단 　안2, (걸러1, 안3)×7

★15단 　걸러2(안뜨기 방향으로), 연분홍[레몬]색 실로 (겉3, 걸러1)
　　　　×6, 겉3, 턴 (왼바늘에 1코는 남겨 놓고 턴)

★16단 　(겉3, 실앞, 걸러1, 실뒤)×6, 겉3, 실앞, 걸러2

★17단 　중보라[민트]색 실로 (겉3, 걸러1)×7, 겉2

★18단 　안2, (걸러1, 안3)×7

★19~74단 　11~18단 7번 반복

★75~80단 　11~16단 1번 반복

중보라[민트]색 실로 겉뜨기 뜨면서 느슨하게 코막음 합니다.
비비드핑크, 연분홍[레몬]과 중보라[민트]색 실은 자릅니다.
1장 더 뜹니다.

× 마무리 ×

❶ 소매는 그림 도안을 보면서 74단까지 보라색 옆선을 연결하고,
　진동은 그림처럼 초록색 선과 같은색 별표를 연결합니다.
　(p.140 영상 참고)

❷ 단춧구멍 위치에 맞춰서 단추를 답니다.

❸ 여유로 남긴 실은 정리합니다.

✧ 하의 ✧

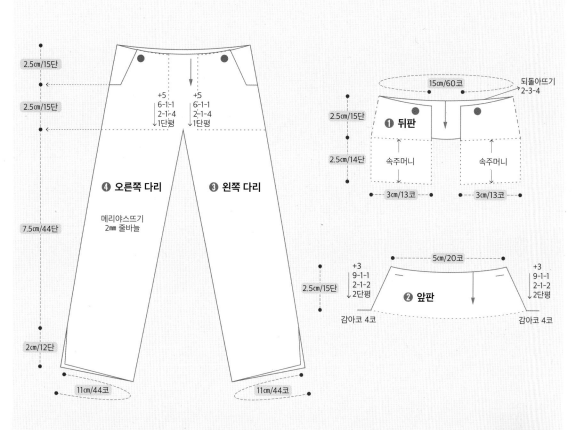

2.5cm/15단
2.5cm/15단

+5
6-1-1
2-1-4
↓1단평

+5
6-1-1
2-1-4
↓1단평

❹ 오른쪽 다리　　**❸ 왼쪽 다리**

메리야스뜨기
2mm 줄바늘

7.5cm/44단

2cm/12단

11cm/44코　　　11cm/44코

15cm/60코　　되돌아뜨기 2-3-4

2.5cm/15단

❶ 뒤판

2.5cm/14단

속주머니　　　속주머니

3cm/13코　　　3cm/13코

2.5cm/15단

5cm/20코

+3
9-1-1
2-1-2
2단평

+3
9-1-1
2-1-2
2단평

❷ 앞판

감아코 4코　　　　　　감아코 4코

하의 뜨는 순서
❶ 뒤판 → ❷ 앞판 → ❸ 왼쪽 다리 → ❹ 오른쪽 다리

✧ ✧ ✧

× 뒤판 ×

2mm 줄바늘과 앙고라2합 중보라[민트]색 실로 60코를 만듭니다.
1~15단까지 평면뜨기, 16~75단까지 원통뜨기이고, 나머지는 평면뜨기입니다. (영상 참고)

★**1단**　겉60

★**2단**　안60

★**3~5단**　겉60 × 3단

★**6단**　안60

★**7단**　되돌아뜨기 단입니다. 걸러1은 안뜨기 방향으로 옮깁니다.
　　① 겉40, 실앞, 걸러1, 실뒤, 턴
　　② 걸러1, 안20, 실뒤, 걸러1, 실앞, 턴
　　③ 걸러1, 겉20, 정리1코, 겉2, 실앞, 걸러1, 실뒤, 턴
　　④ 걸러1, 안23, 정리1코, 안2, 실뒤, 걸러1, 실앞, 턴
　　⑤ 걸러1, 겉26, 정리1코, 겉2, 실앞, 걸러1, 실뒤, 턴
　　⑥ 걸러1, 안29, 정리1코, 안2, 실뒤, 걸러1, 실앞, 턴
　　⑦ 걸러1, 겉32, 정리1코, 겉13

★**8단**　안46, 정리1코, 안13 (영상 참고)

× 앞판 ×

2㎜ 줄바늘과 앙고라2합 중보라[민트]색 실로 20코를 만듭니다.

★1단　겉20

★2단　안20

★3단　겉1, 왼모1, 바비(단춧구멍), 겉14, 바비(단춧구멍), 오모1, 겉1

★4단　겉20

★5단　겉20

★6단　겉2, 안16, 겉2

★7~8단　5~6단 1번 반복

★9단　겉2, 오늘1, 겉16, 왼늘1, 겉2　22

★10단　겉2, 안18, 겉2

★11단　겉2, 오늘1, 겉18, 왼늘1, 겉2　24

★12단　겉2, 안20, 겉2

★13단　겉2, 오늘1, 겉20, 왼늘1, 겉2　26

★14단　겉2, 안22, 겉2, 감4　30

★15단　겉30, 감4　34

16단부터는 앞판과 뒤판을 합해서 원통뜨기 합니다.

★16단　마커로 시작점 표시, 다른 바늘에 걸려있는 뒤판코 34코를 겉34, (버림실에 걸려있는 속주머니 13코는 안쪽으로 넣어주세요.), 앞판 34코도 겉34　68

★17~20단　겉68 × 4단

★21단　겉16, 오늘1, 겉2, 왼늘1, 겉32, 오늘1, 겉2, 왼늘1, 겉16　72

★22단　겉72

★23단　겉17, 오늘1, 겉2, 왼늘1, 겉34, 오늘1, 겉2, 왼늘1, 겉17　76

★24단　겉76

★25단　겉18, 오늘1, 겉2, 왼늘1, 겉36, 오늘1, 겉2, 왼늘1, 겉18　80

★26단　겉80

★27단　겉19, 오늘1, 겉2, 왼늘1, 겉38, 오늘1, 겉2, 왼늘1, 겉19　84

★28단　겉84

★29단　겉20, 오늘1, 겉2, 왼늘1, 겉40, 오늘1, 겉2, 왼늘1, 겉20　88

★9~15단　겉뜨기로 시작하는 메리야스뜨기 7단

총 60코 중 오른쪽 13코는 안뜨기로 시작하는 메리야스뜨기 14단을 뜨고 버림실에 걸어 쉼코로 둡니다. 중보라[민트]색 실은 자릅니다. 다음 34코는 다른 바늘에 걸어둡니다. 새로운 실로 남은 13코도 안뜨기로 시작하는 메리야스뜨기 14단을 뜨고 버림실에 걸어 쉼코로 둡니다. 중보라[민트]색 실은 자릅니다. 13코는 속주머니 부분입니다.

★30단 겉44, 속주머니 13코랑 겹쳐서 겉13, 겉18, 속주머니
        13코랑 겹쳐서 겉13

안뜨기 뜨면서 코막음 합니다.

× 왼쪽 다리 ×

★31단 겉22, 버림실에 44코 걸어두기(오른쪽 다리), 겉22 44,
        계속 원통뜨기 합니다. (p.145 영상 참고)

★32~72단 겉44 × 41단

★73단 안2, 겉40, 안2

★74단 겉44

★75단 안2, 겉40, 안2, 턴 (지금부터는 평면뜨기입니다.)

★76단 안44

★77단 안2, 겉40, 안2

★78~81단 76~77단 2번 반복

★82~84단 안44 × 3단

★85단 안2, 겉40, 안2

★86단 안44

× 오른쪽 다리 ×

버림실에 걸어둔 44코를 장갑바늘로 옮기고 앞판의 22코를 먼저
뜨고 뒤판의 22코를 뜹니다. (바깥쪽 옆선이 시작점)

★31단 마커로 시작점 표시, 겉44, 계속 원통뜨기 합니다.

★32~86단 왼쪽 다리 32~86단과 동일

안뜨기 뜨면서 코막음 합니다.

× 마무리 ×

❶ 허리선의 단춧구멍 위치에 맞춰서 단추를 달아줍니다.

❷ 여유로 남긴 실은 정리합니다.

❸ 바짓가랑이의 구멍은 돗바늘에 실을 꿰어 메꾸어 줍니다.
   (p.145 영상 참고)

트위드 셋업

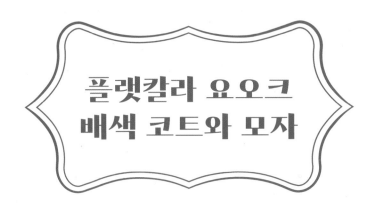

난이도 ★ ★ ★ ☆ ☆

플랫칼라가 달린 배색 코트로, 배색에 따라 분위기가 많이 달라져요. 기본 스타일 모자에도 같은 배색 무늬를 넣어 세트 느낌으로 준비했어요. 두 가지 스타일의 배색을 준비했으니, 마음에 드는 색상으로 완성해서 레이나와 따뜻한 겨울 보내세요.

사이즈
* **코트**　총 길이 12.5㎝, 가슴둘레 18㎝, 소매길이 11.5㎝
* **모자**　머리둘레 23㎝, 높이 7.5㎝

게이지
* 배색무늬뜨기 4.5코, 5.8단(1㎝×1㎝)

준비물
* **실**
  · 회색 코트와 모자
    앙고라2합 - 연회색 20g, 베이지 3g,
    진핑크·레몬·비비드핑크·연두·블루 약간씩
  · 피콕블루 코트와 모자
    램스울2합 - 피콕블루15g, 민트블루멜란지 10g,
    초콜릿·연한초록·진한오렌지 약간씩
* **바늘**　2.5㎜와 2㎜ 줄바늘
* **부재료**　떡볶이 단추 5개

<hr />

알아두기

❶ 몸판과 소매, 모자 모두 평면뜨기입니다.
❷ 코트는 위에서 아래로 뜨는 톱다운 방식이고 모자는 바텀업 방식입니다.
❸ 소매 분리 후 소매 양쪽을 뜨고 소매 옆선을 연결 후 나머지 몸판을 뜹니다.
❹ 회색 코트와 모자로 설명되었습니다. 피콕블루색 코트와 모자는 배색 차트를 참고하면서 뜨세요. (p.156, 158 무늬 도안 참고)
❺ '실은 자릅니다.'는 10㎝ 정도 여유를 두고 자르면 됩니다. 이 실은 돗바늘에 끼워 정리할 실입니다.

★ 겉   겉뜨기
★ 안   안뜨기
★ 바비 바늘비우기

★ 감   감아코
★ 왼늘 왼코 늘리기
★ 왼모 왼코 모아뜨기

★ 안왼모 안뜨기로 왼코 모아뜨기

✧ 플랫칼라 요오크 배색 코트 ✧

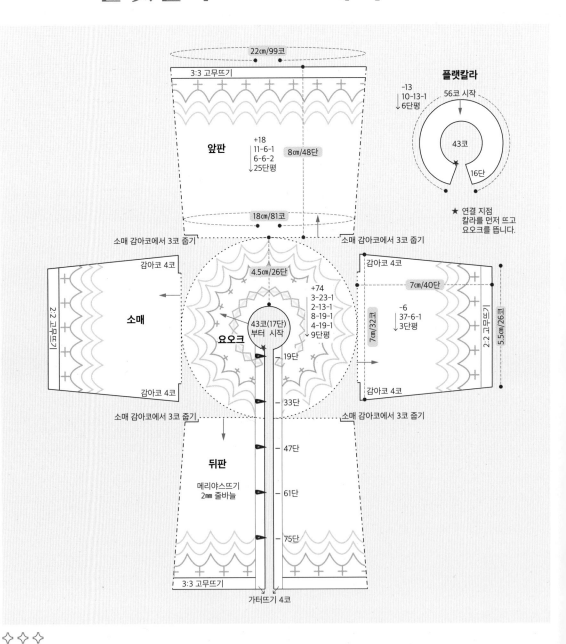

22cm/99코

3:3 고무뜨기

플랫칼라

앞판

+18
11-6-1
6-6-2
↓25단평

8cm/48단

-13
10-13-1
↓6단평

56코 시작

43코

16단

18cm/81코

★ 연결 지점
칼라를 먼저 뜨고
요오크를 뜹니다.

소매 감아코에서 3코 줄기

소매 감아코에서 3코 줄기

감아코 4코

4.5cm/26단

감아코 4코

7cm/40단

소매

요오크

+74
3-23-1
2-13-1
8-19-1
4-19-1
↓9단평

43코(17단)
부터 시작

-6
37-6-1
↓3단평

7cm/32코

2:2 고무뜨기

2:2 고무뜨기

5.5cm/26코

19단

감아코 4코

감아코 4코

33단

소매 감아코에서 3코 줄기

소매 감아코에서 3코 줄기

뒤판

메리야스뜨기
2mm 줄바늘

47단

61단

75단

3:3 고무뜨기

가터뜨기 4코

요오크 무늬 도안

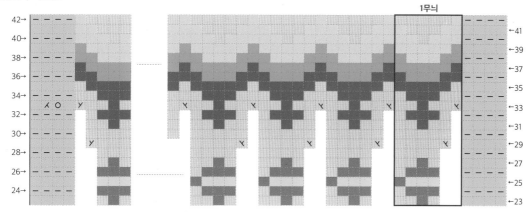

→ 이 방향으로 뜨는 단은 보이는 기호의 반대로 뜹니다.
예) 뒷면에서 뜨기 때문에 겉뜨기는 안뜨기로, 안뜨기는 겉뜨기로 뜹니다.

연회색 코트의 베이지-베, 연회색-연회, 레몬-레, 진핑크-진핑, 블루 -블, 연두-연, 비비드핑크-비핑으로 줄여서 표기하였습니다. 색상 표기가 없을 때는 앞에서 뜨던 실로 뜹니다. 베이지색 실은 2볼로 소분해서 뜹니다.

× 플랫 칼라 ×

2.5㎜ 줄바늘과 베이지색 실로 56코를 만듭니다. 2.5㎜ 줄바늘로 코만 만들고 2㎜ 줄바늘로 뜨기 시작합니다.

★1단   안3, (겉2, 안2)×12, 겉2, 안3

★2단   겉3, (안2, 겉2)×12, 안2, 겉3

★3~8단   1~2단 3번 반복

★9단   안3, (겉2, 안2)×12, 겉2, 안3

★10단   겉3, (안왼모1, 겉2)×12, 안왼모1, 겉3 43

★11단   안3, (겉1, 안2)×12, 겉1, 안3

★12단   겉43

★13단   베겉4, (베안1, 연회안1)×17, 베안1, 베겉4

★14단   베겉4, (베겉1, 연회겉1)×17, 베겉5

★15단   베겉4, (베안1, 연회안1)×17, 베안1, 베겉4

★16단   베겉4, 연회겉35, 새로운 베이지색 실로 베겉4, 앞단 베이지색은 양쪽으로 실을 두고 뜹니다.

× 몸판 - 요오크 배색 ×

앞, 뒷면이 바뀝니다.

★17단   베겉4, 연회겉35, 베겉4

★18단   베겉4, 베이지색 실은 앞으로 옮깁니다. 연회안35, 베겉4

★19단   베겉4, 연회겉1, (왼늘1, 겉1, 왼늘1, 겉2)×11, 왼늘1, 겉1, 베겉1, 바비(단춧구멍), 왼모1, 겉1 66

★20단   베겉4, 베이지색 실은 앞으로 옮깁니다. 연회안58, 베겉4

★21단   베겉4, 연회겉5, (연회왼늘1, 연회겉4)×13, 겉1, 베겉4 79

★22단   베겉4, 베이지색 실은 앞으로 옮깁니다. 연회안71, 베겉4

★23단   베겉4, (연회겉1, 진핑겉1, 연회겉2)×17, 연회겉1, 진핑겉1, 연회겉1, 베겉4

★24단   베겉4, 베이지색 실은 앞으로 옮깁니다. 진핑안3, (연회안1, 진핑안3)×17, 베겉4

★25단   베겉4, (레겉3, 진핑겉1)×17, 레겉3, 베겉4, 레몬색 실은 자릅니다.

★26단   베겉4, 베이지색 실은 앞으로 옮깁니다. 진핑안3, (연회안1, 진핑안3)×17, 베겉4

★27단   베겉4, (연회겉1, 진핑겉1, 연회겉2)×17, 연회겉1, 진핑겉1, 연회겉1, 베겉4, 진핑크색 실은 자릅니다.

★28단   베겉4, 베이지색 실은 앞으로 옮깁니다. 연회안71, 베겉4

★29단　베겉4, (연회오늘1, 겉4)×17, 오늘1, 겉3, 왼늘1, 베겉4　98

★30단　베겉4, 베이지색 실은 앞으로 옮깁니다. 연회안90, 베겉4

★31단　베겉4, (연회겉2, 블겉1, 연회겉2)×18, 베겉4

★32단　베겉4, 베이지색 실은 앞으로 옮깁니다. (연회안1, 블안3, 연회안1)×18, 베겉4

★33단　베겉4, (연회오늘1, 연회겉2, 블겉1, 연회겉2)×17, 연회오늘1, 연회겉2, 블겉1, 연회2, 연회왼늘1, 베겉1, 바비(단춧구멍), 왼모1, 겉1　117

★34단　베겉4, 베이지색 실은 앞으로 옮깁니다. 연회안1, (연회안1, 블안3, 연회안2)×18, 베겉4

★35단　베겉4, (연회겉1, 블겉5)×18, 연회겉1, 베겉4

★36단　베겉4, 베이지색 실은 앞으로 옮깁니다. 블안1, (블안1, 연안3, 블안2)×18, 베겉4

★37단　베겉4, (블겉1, 연겉5)×18, 블겉1, 베겉4, 블루색 실은 자릅니다.

★38단　베겉4, 베이지색 실은 앞으로 옮깁니다. 연안1, (연안1, 비핑안3, 연안2)×18, 베겉4

★39단　베겉4, (연겉1, 비핑겉5)×18, 연겉1, 베겉4, 연두색 실은 자릅니다.

★40단　베겉4, 베이지색 실은 앞으로 옮깁니다. 비핑안1, (비핑안2, 연회안1, 비핑안3)×18, 베겉4

★41단　베겉4, (비핑겉2, 연회겉3, 비핑겉1)×18, 비핑겉1, 베겉4

★42단　베겉4, 베이지색 실은 앞으로 옮기고 자릅니다. 비핑안1, (연회안5, 비핑안1)×18, 베겉4, 비비드핑크색 실은 자릅니다.

× 소매 분리 ×

돗바늘에 버림실을 끼워 왼쪽 앞면 19코, 왼쪽 소매 24코, 뒤판 31코, 오른쪽 소매 24코, 오른쪽 앞면 19코로 나눠서 따로 따로 버림실에 코를 걸어둡니다. (왼쪽, 오른쪽은 레이나가 입었을 때 방향입니다.)

× 왼쪽 소매 ×

버림실에 걸어둔 왼쪽 소매 24코를 장갑바늘이나 줄바늘에 옮깁니다.

★1단　연회색 실로 겉24, 감4　28

★2단　안28, 감4　32

★3~22단　겉뜨기로 시작하는 메리야스뜨기 20단

★23단　비핑겉1, (비핑겉1, 연회겉5)×5, 비핑겉1

★24단　비핑안1, (비핑안1, 연회안3, 비핑안2)×5, 비핑안1

★25단　비핑겉1, (비핑겉3, 연회겉1, 비핑겉2)×5, 비핑겉1

★26단　연안1, (비핑안5, 연안1)×5, 비핑안1

★27단　연겉1, (연겉2, 비핑겉3, 연겉1)×5, 연1, 비비드핑크색 실은 자릅니다.

★28단　블안1, (연안5, 블안1)×5, 블안1

왼쪽 소매 무늬 도안

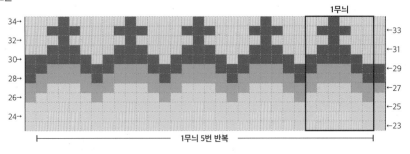

★29단 블겉1, (블겉2, 연겉3, 블겉1)×5, 블겉1, 연두색 실은 자릅니다.

★30단 블안1, (블안5, 연회안1)×5, 연회안1

★31단 연회겉1, (연회겉2, 블겉3, 연회겉1)×5, 연회겉1

★32단 연회안1, (연회안2, 블안1, 연회안3)×5, 연회안1

★33단 연회겉1, (연회겉2, 블겉3, 연회겉1)×5, 연회겉1

★34단 연회안1, (연회안2, 블안1, 연회안3)×5, 연회안1, 블루색 실은 자릅니다.

★35단 연회겉32

★36단 안32

★37단 (겉3, 왼모1)×6, 겉2 26

★38단 안26

★39단 (겉2, 안2)×6, 겉2

★40단 (안2, 겉2)×6, 안2

겉뜨기는 겉뜨기로 뜨고, 안뜨기는 안뜨기로 뜨면서 코막음 합니다.

× 오른쪽 소매 ×

버림실에 걸어둔 오른쪽 소매 24코를 장갑바늘이나 줄바늘에 옮깁니다.

★1단 연회색 실로 겉24, 감4 28

★2단 안28, 감4 32

★3~22단 겉뜨기로 시작하는 메리야스뜨기 20단

★23단 (비핑겉1, 연회겉5)×5, 비핑겉2

★24단 비핑안2, (비핑안1, 연회안3, 비핑안2)×5

★25단 (비핑겉3, 연회겉1, 비핑겉2)×5, 비핑겉2, 연회색 실은 자릅니다.

★26단 연안2, (비핑안5, 연안1)×5

★27단 (연겉2, 비핑겉3, 연겉1)×5, 연겉2, 비비드핑크색 실은 자릅니다.

★28단 블안2, (연안5, 블안1)×5

★29단 (블겉2, 연겉3, 블겉1)×5, 블겉2, 연두색 실은 자릅니다.

★30단 연회안2, (블안5, 연회안1)×5

★31단 (연회겉2, 블겉3, 연회겉1)×5, 연회겉2

★32단 연회안2, (연회안2, 블안1, 연회안3)×5

★33단 (연회겉2, 블겉3, 연회겉1)×5, 연회겉2

★34단 연회안2, (연회안2, 블안1, 연회안3)×5, 블루색 실은 자릅니다.

★35단 연회겉32

★36단 안32

★37단 (겉3, 왼모1)×6, 겉2 26

★38단 안26

★39단 (겉2, 안2)×6, 겉2

★40단 (안2, 겉2)×6, 안2

겉뜨기는 겉뜨기로 뜨고, 안뜨기는 안뜨기로 뜨면서 코막음 합니다.
양쪽 소매 옆선은 돗바늘을 사용해 메리야스잇기로 연결합니다.

오른쪽 소매 무늬 도안

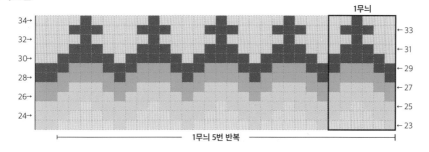

1무늬

1무늬 5번 반복

몸판 무늬 도안

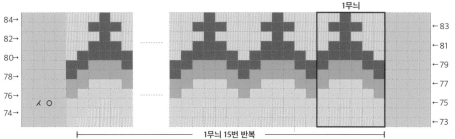

84→
82→
80→
78→
76→
74→

1무늬

←83
←81
←79
←77
←75
←73

1무늬 15번 반복

× 몸판 ×
소매 분리~밑단

버림실에 걸어둔 왼쪽 앞면 19코, 뒤판 31코, 오른쪽 앞면 19코를 줄바늘로 옮깁니다.

★43단 　왼쪽 앞면 19코는 베겉4, 연회겉15, 왼쪽 소매에서 6코 줍기, 뒤판 31코는 겉31, 오른쪽 소매에서 6코 줍기, 오른쪽 앞면 19코는 연회겉15, 베겉4　81

★44단 　베겉4, 베이지색 실은 앞으로 옮깁니다. 연회안73, 베겉4

★45단 　베겉4, 연회겉73, 베겉4

★46단 　베겉4, 베이지색 실은 앞으로 옮깁니다. 연회안73, 베겉4

★47단 　베겉4, 연회겉73, 베겉1, 바비(단춧구멍), 왼모1, 겉1

★48단 　베겉4, 베이지색 실은 앞으로 옮깁니다. 연회안73, 베겉4

★49단 　베겉4, 연회겉73, 베겉4

★50단 　베겉4, 베이지색 실은 앞으로 옮깁니다. 연회안73, 베겉4

★51~52단 　49~50단 1번 반복

★53단 　베겉4, 연회겉9, (왼늘1, 겉11)×5, 왼늘1, 겉9, 베겉4　87

★54단 　베겉4, 베이지색 실은 앞으로 옮깁니다. 연회안79, 베겉4

★55단 　베겉4, 연회겉79, 베겉4

★56단 　베겉4, 베이지색 실은 앞으로 옮깁니다. 연회안79, 베겉4

★57~58단 　55~56단 1번 반복

★59단 　베겉4, 연회겉9, (왼늘1, 겉12)×5, 왼늘1, 겉10, 베겉4　93

★60단 　베겉4, 베이지색 실은 앞으로 옮깁니다. 연회안85, 베겉4

★61단 　베겉4, 연회겉85, 베겉1, 바비(단춧구멍), 왼모1, 겉1

★62단 　베겉4, 베이지색 실은 앞으로 옮깁니다. 연회안85, 베겉4

★63단 　베겉4, 연회겉85, 베겉4

★64단 　베겉4, 베이지색 실은 앞으로 옮깁니다. 연회안85, 베겉4

★65단 　베겉4, 연회겉10, (왼늘1, 겉13)×5, 왼늘1, 연회10, 베겉4　99

★66단 　베겉4, 베이지색 실은 앞으로 옮깁니다. 연회안91, 베겉4

★67단 　베겉4, 연회겉91, 베겉4

★68단 　베겉4, 베이지색 실은 앞으로 옮깁니다. 연회안91, 베겉4

★69~72단 　67~68단 2번 반복

★73단 　베겉4, (비핑겉1, 연회겉5)×15, 비핑겉1, 베겉4

★74단 　베겉4, 베이지색 실은 앞으로 옮깁니다. 비핑안1, (비핑안1, 연회안3, 비핑안2)×15, 베겉4

★75단 　베겉4, (비핑겉3, 연회겉1, 비핑겉2)×15, 비핑겉1, 베1, 바비(단춧구멍), 왼모1, 겉1, 연회색 실은 자릅니다.

★76단 　베겉4, 베이지색 실은 앞으로 옮깁니다. 연안1, (비핑안5, 연안1)×15, 베겉4

★77단 　베겉4, (연겉2, 비핑겉3, 연겉1)×15, 연겉1, 베겉4, 비비드핑크색 실은 자릅니다.

★78단 　베겉4, 베이지색 실은 앞으로 옮깁니다. 블안1, (연안5, 블안1)×15, 베겉4

★79단 　베겉4, (블겉2, 연겉3, 블겉1)×15, 블겉1, 베겉4, 연두색 실은 자릅니다.

★80단 베겉4, 베이지색 실은 앞으로 옮깁니다. 연회안1, (블안5, 연회안1)×15, 베겉4

★81단 베겉4, (연회겉2, 블겉3, 연회겉1)×15, 연회겉1, 베겉4

★82단 베겉4, 베이지색 실은 앞으로 옮깁니다. 연회안1, (연회안2, 블안1, 연회안3)×15, 베겉4

★83단 베겉4, (연회겉2, 블겉3, 연회겉1)×15, 연회겉1, 베겉4

★84단 베겉4, 베이지색 실은 앞으로 옮깁니다. 연회안1, (연회안2, 블안1, 연회안3)×15, 베겉4

★85단 베겉4, 연회겉91, 베겉4

★86단 베겉4, 베이지색 실은 앞으로 옮깁니다. 연회안91, 베겉4

★87단 베겉4, 연회겉2, (안3, 겉3)×14, 안3, 겉2, 베겉4

★88단 베겉4, 베이지색 실은 앞으로 옮깁니다. 연회안2, (겉3, 안3)×14, 겉3, 안2, 베겉4

★89~90단 87~88단 1번 반복

겉뜨기는 겉뜨기로 뜨고, 안뜨기는 안뜨기로 뜨면서 코막음 합니다.

× 마무리 ×

❶ 단춧구멍 위치에 맞춰서 단추를 답니다.

❷ 여유로 남긴 실은 정리합니다.

피콕블루 코트 요오크 무늬 도안

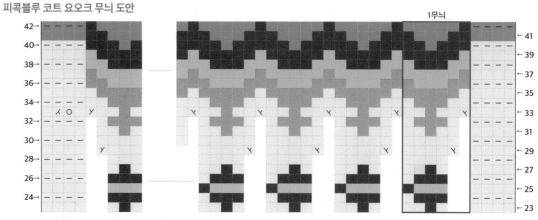

→ 이 방향으로 뜨는 단은 보이는 기호의 반대로 뜹니다.
예) 뒷면에서 뜨기 때문에 겉뜨기는 안뜨기로, 안뜨기는 겉뜨기로 뜹니다.

왼쪽 소매 무늬 도안

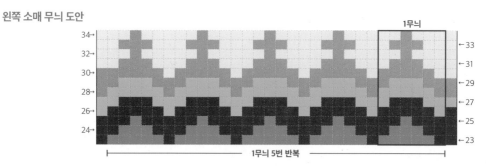

1무늬 5번 반복

오른쪽 소매 무늬 도안

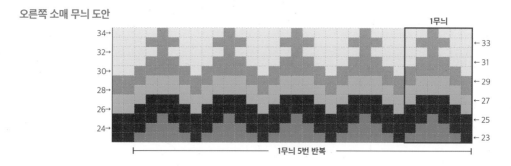

1무늬 5번 반복

몸판 무늬 도안

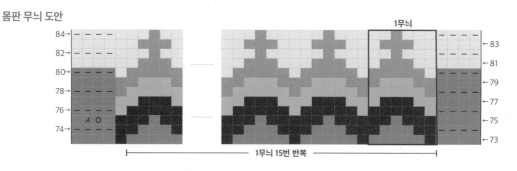

1무늬 15번 반복

✧ 배색 모자 ✧

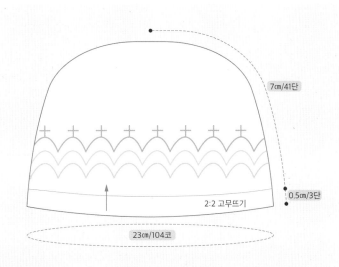

7cm/41단

0.5cm/3단

2:2 고무뜨기

23cm/104코

무늬 도안

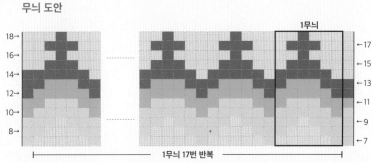

1무늬

18→
16→
14→
12→
10→
8→

←17
←15
←13
←11
←9
←7

1무늬 17번 반복

× 모자 ×

2mm 줄바늘과 베이지[피콕블루]색 실로 104코를 만듭니다.

★1단 겉1, (겉2, 안2)×25, 겉3

★2단 안1, (안2, 겉2)×25, 안3

★3단 겉1, (겉2, 안2)×25, 겉3

★4단 안104

★5단 연회색 실로 겉104

★6단 안104

★7단 비핑겉1, (비핑겉1, 연회겉5)×17, 비핑겉1

★8단 비핑안1, (비핑안1, 연회안3, 비핑안2)×17, 비핑안1

★9단 비핑겉1, (비핑겉3, 연회겉1, 비핑겉2)×17, 비핑겉1, 연회색 실은 자릅니다.

★10단 연안1, (비핑안5, 연안1)×17, 비핑안1

★11단 연겉1, (연겉2, 비핑겉3, 연겉1)×17, 연겉1, 비비드핑크색 실은 자릅니다.

★12단 블안1, (연안5, 블안1)×17, 블안1

★13단 블겉1, (블겉2, 연겉3, 블겉1)×17, 블겉1, 연두색 실은 자릅니다.

★14단   블안1, (블안5, 연회안1)×17, 연회안1

★15단   연회겉1, (연회겉2, 블겉3, 연회겉1)×17, 연회겉1

★16단   연회안1, (연회안2, 블안1, 연회안3)×17, 연회안1

★17단   연회겉1, (연회겉2, 블겉3, 연회겉1)×17, 연회겉1

★18단   연회안1, (연회안2, 블안1, 연회안3)×17, 연회안1, 블루
         색 실은 자릅니다.

★19단   연회겉104

★20단   안104

★21단   (겉13, 왼모1)×3, 겉12, 왼모1, (겉13, 왼모1)×2, 겉12, 왼모1,
         겉1 97

★22단   안97

★23단   (겉12, 왼모1)×3, 겉11, 왼모1, (겉12, 왼모1)×2, 겉11, 왼모1,
         겉1 90

★24단   안90

★25단   (겉11, 왼모1)×3, 겉10, 왼모1, (겉11, 왼모1)×2, 겉10, 왼모1,
         겉1 83

★26단   안83

★27단   (겉10, 왼모1)×3, 겉9, 왼모1, (겉10, 왼모1)×2, 겉9, 왼모1,
         겉1 76

★28단   안76

★29단   (겉9, 왼모1)×3, 겉8, 왼모1, (겉9, 왼모1)×2, 겉8, 왼모1,
         겉1 69

★30단   안69

★31단   (겉8, 왼모1)×3, 겉7, 왼모1, (겉8, 왼모1)×2, 겉7, 왼모1,
         겉1 62

★32단   안62

★33단   (겉7, 왼모1)×3, 겉6, 왼모1, (겉7, 왼모1)×2, 겉6, 왼모1,
         겉1 55

★34단   안55

★35단   (겉6, 왼모1)×3, 겉5, 왼모1, (겉6, 왼모1)×2, 겉5, 왼모1,
         겉1 48

★36단   안48

★37단   (겉5, 왼모1)×3, 겉4, 왼모1, (겉5, 왼모1)×2, 겉4, 왼모1,
         겉1 41

★38단   안41

★39단   (겉4, 왼모1)×3, 겉3, 왼모1, (겉4, 왼모1)×2, 겉3, 왼모1,
         겉1 34

★40단   안34

★41단   겉1, 왼모1×16, 겉1 18

★42단   안18

★43단   겉1, 왼모1×8, 겉1 10

★44단   안10

─── × 마무리 × ───

❶ 돗바늘에 실을 끼워 10코를 통과한 뒤 잡아당겨 오므려서 마무
리합니다. 좀 더 단단하게 마무리 하기 위해 한 번 더 통과시켜
준 뒤 안쪽 보이지 않는 코에 실을 매듭지어 줍니다.

❷ 시작코 만들 때 남은 실은 돗바늘로 옆선을 메리야스잇기하여
원통으로 만듭니다.

❸ 여유로 남긴 실은 정리합니다.

피콕블루 모자 무늬 도안

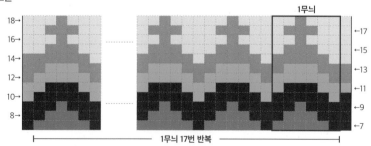

1무늬 17번 반복

하운드 투스 판초 ★ ★ ★ ☆ ☆
그래니 스퀘어 판초 ★ ★ ☆ ☆ ☆ ☆

빈티지 스타일의 판초입니다. 대바늘로는 하운드 투스 무늬를 넣고 칼라까지 만들어 포근한 판초가 되었습니다. 코바늘 판초는 코바늘의 기초인 그래니 스퀘어를 응용한 디자인에 방울을 달아보았습니다. 단색으로 뜨거나 여러 가지 색상으로 떠도 레이나에게는 다 잘 어울린답니다. 쉽게 뜰 수 있으니 도전해 보세요.

사이즈
* 총 길이 10~11㎝ 정도(칼라와 술은 제외)

게이지
* 배색 무늬뜨기 4.8코, 5단(1×1㎝)
* 코바늘 무늬뜨기 1.1무늬, 1.5단(1×1㎝)

준비물
* **실**
 · 하운드 투스 판초　앙고라2합 - 빨간색 20g, 백아이보리색 5g
 · 그래니 스퀘어 판초 앙고라2합 - 백아이보리 20g(단색),
　　　　　　　　　　　　　　　　 여러 가지 색상 조금씩(복합색)
* **바늘**
 · 하운드 투스 판초　2㎜ 줄바늘, 레이스 0호 코바늘
 · 그래니 스퀘어 판초 레이스 0호 코바늘
* **부재료**
 · 하운드 투스 판초　스냅단추 3개
 · 그래니 스퀘어 판초 9㎜ 원형단추 3개

알아두기

❶ 대바늘, 코바늘 모두 평면뜨기입니다.
❷ 술 길이는 원하는 길이로 달아보세요.(원작의 술 길이는 2~3㎝ 입니다.)

뜨개
기법

★겉 겉뜨기
★안 안뜨기

★한길긴뜨기
★빼뜨기
★사슬뜨기

✧ 하운드 투스 무늬 판초 ✧

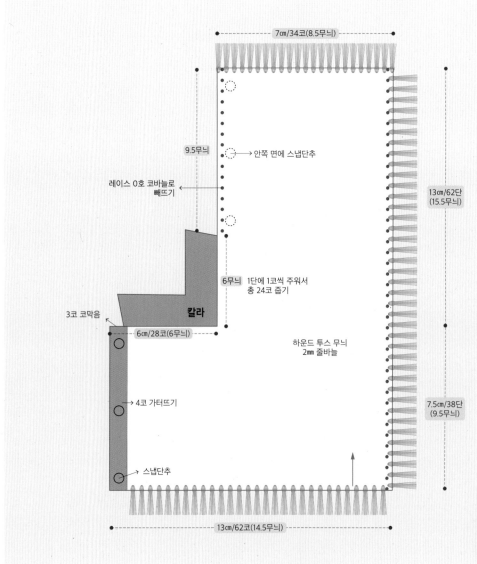

7cm/34코(8.5무늬)

9.5무늬

⟶ 안쪽 면에 스냅단추

레이스 0호 코바늘로
빼뜨기 ←

13cm/62단
(15.5무늬)

6무늬   1단에 1코씩 주워서
총 24코 줍기

칼라

3코 코막음

6cm/28코(6무늬)

하운드 투스 무늬
2mm 줄바늘

7.5cm/38단
(9.5무늬)

⟶ 4코 가터뜨기

⟶ 스냅단추

13cm/62코(14.5무늬)

✧ ✧ ✧

하운드 투스 판초 무늬 도안

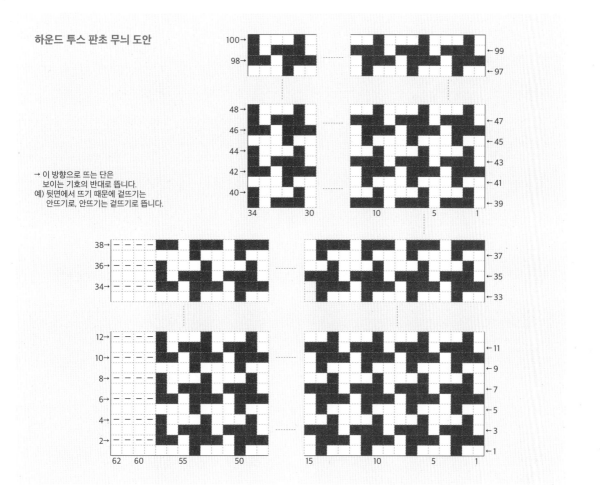

→ 이 방향으로 뜨는 단은
  보이는 기호의 반대로 뜹니다.
예) 뒷면에서 뜨기 때문에 겉뜨기는
    안뜨기로, 안뜨기는 겉뜨기로 뜹니다.

✦ ✦ ✦

× 판초 ×

2mm 줄바늘과 앙고라2합 빨간색 실로 62코를 만듭니다. 백아이
보리색 실은 '백,' 빨간색 실은 '빨'로 표기합니다. 색상 표시가 없
을 때는 앞에 뜨던 색으로 뜹니다. (p.162 영상 참고)

★1단 (백겉2, 빨겉1, 백겉1)×14, 백겉2, 빨겉4

★2단 빨겉4, 빨안2, (백안1, 빨안3)×14

★3단 (백겉1, 빨겉3)×14, 백겉1, 빨겉5

★4단 빨겉4, 빨안1, 백안1, (백안2, 빨안1, 백안1)×14

★5~36단 1~4단 8번 반복

★37~38단 1~2단 1번 반복

★39단 (백겉1, 빨겉3)×8, 백겉1, 빨겉1 34, 나머지 28코는 쉼
      코로 둡니다.

★40단 빨안1, 백안1, (백안2, 빨안1, 백안1)×8

★41단 (백겉2, 빨겉1, 백겉1)×8, 백겉2

★42단 빨안2, (백안1, 빨안3)×8

★43단 (백겉1, 빨겉3)×8, 백겉1, 빨겉1

★44단 빨안1, 백안1, (백안2, 빨안1, 백안1)×8

★45~100단 41~44단 14번 반복, 백아이보리색 실은 자릅니다.

빨간색 실로 겉뜨기 뜨면서 코막음 합니다. 실은 자르지 않고 이
어서 칼라를 뜹니다.

163

보헤미안 판초

× 칼라 ×

코막음 뒤 레이스 0호 코바늘과 자르지 않은 빨간색 실로 옆선을
100~63단(9.5무늬) 위치까지 빼뜨기 합니다.

★1단 2mm 줄바늘로 62~39단(6무늬)에서 1단에 1코씩 주워
      서 총 24코를 줍고 쉼코로 둔 28코를 겉뜨기로 뜹니다.
      52

★2단 3코 코막음, 겉2, (안1, 겉2)×15, 겉1 49

★3단 안1, (안2, 겉1)×15, 안3

★4단 겉3, (안1, 겉2)×15, 겉1

★5단 안1, (안2, 겉1, 오늘1)×15, 안3 64

★6단 겉3, (안2, 겉2)×15, 겉1

★7단 안1, (안2, 겉2)×15, 안3

★8단 겉3, (안2, 겉2)×15, 겉1

★9단 안1, (안2, 겉2)×6, (안2, 겉1, 오늘1, 겉1)×3, (안2, 겉2)×6,
      안3 67

★10단 겉3, (안2, 겉2)×6, (안3, 겉2)×3, (안2, 겉2)×6, 겉1

★11단 안1, (안2, 겉2)×6, (안2, 겉3)×3, (안2, 겉2)×6, 안3

★12~15단 10~11단 2번 반복

★16단 겉3, (안2, 겉2)×6, (안3, 겉2)×3, (안2, 겉2)×6, 겉1

겉뜨기는 겉뜨기로 뜨고, 안뜨기는 안뜨기로 뜨면서 코막음 합니다.

× 마무리 ×

❶ 1~100단까지의 옆선에 레이스 0호 코바늘과 빨간색 실로 빼뜨
  기를 합니다. (p.162 영상 참고)

❷ 칼라와 단춧단을 제외하고 적당한 길이의 술을 달아줍니다. 원
  작은 3㎝입니다.

❸ 스냅단추를 답니다.

❹ 여유로 남긴 실은 정리합니다.

그래니 스퀘어 판초

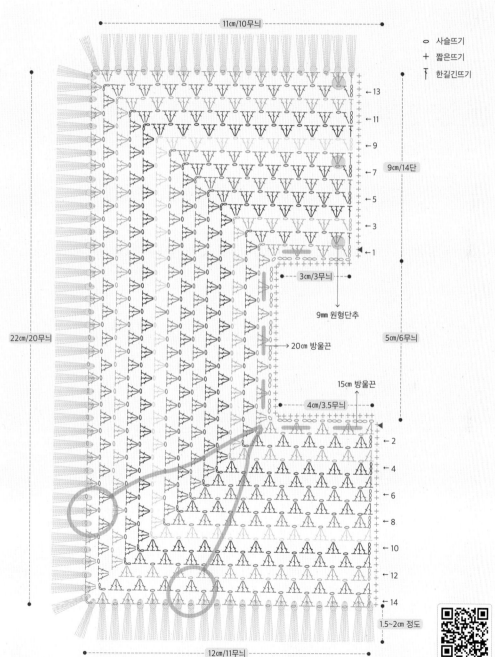

165

○ 사슬뜨기
+ 짧은뜨기
↑ 한길긴뜨기

11㎝/10무늬

← 13
← 11
← 9
9㎝/14단
← 7
← 5
← 3
◀ 1

3㎝/3무늬

9㎜ 원형단추

22㎝/20무늬

→ 20㎝ 방울끈

5㎝/6무늬

15㎝ 방울끈
4㎝/3.5무늬 ◀

→ 2
→ 4
→ 6
→ 8
→ 10
→ 12
→ 14

1.5~2㎝ 정도

12㎝/11무늬

설명 도안 중 '기둥'은 한 단의 처음 시작할 때 뜨는 사슬뜨기 3코입니다. 한길긴뜨기는 '한길' 약자로 표기했습니다. 한 코나 한 공간에 뜨는 기호는 +로 묶어서 표기했습니다. 색상이 들어간 글씨는 코너 부분입니다. 램스울2합 연분홍색 실과 레이스 0호 코바늘로 53코를 만듭니다. 그림 도안을 참고하면서 뜨세요. 한 단마다 실 색상을 바꿔가면서 뜨고 한 단 뜨고 나서는 실을 자릅니다. 단색으로 뜰 때는 실을 끊지 않고 계속 뜹니다. (p.165 영상 참고)

× 판초 ×

★1단 기둥+한길1, 사슬1, 3코 건너서, (한 코에 한길3, 사슬1, 3코 건너서)×2, 한 코에 한길3+사슬 3개+한길3, 사슬1, 3코 건너서, (한 코에 한길3, 사슬1, 3코 건너서)×5, 한 코에 한길3+사슬 3개+한길3, 사슬1, 3코 건너서, (한 코에 한길3, 사슬1, 3코 건너서)×3, 한길2

★2단 진핑크색 실로 기둥, (아랫단 사슬 1개 밑으로 한길3, 사슬1)×4, 아랫단 사슬 3개 밑으로 한길3+사슬 3개+한길3, 사슬1, (아랫단 사슬 1개 밑으로 한길3, 사슬1)×6, 아랫단 사슬 3개 밑으로 한길3+사슬 3개+한길3, 사슬1, (아랫단 사슬 1개 밑으로 한길3, 사슬1)×2, 아랫단 사슬 1개 밑으로 한길3, 기둥코에 한길1

★3단 연두색 실로 기둥+한길1, 사슬1, (아랫단 사슬 1개 밑으로 한길3, 사슬1)×3, 아랫단 사슬 3개 밑으로 한길3+사슬 3개+한길3, 사슬1, (아랫단 사슬 1개 밑으로 한길3, 사슬1)×7, 아랫단 사슬 3개 밑으로 한길3+사슬 3개+한길3, 사슬1, (아랫단 사슬 1개 밑으로 한길3, 사슬1)×4, 기둥코에 한길2

★4단 데님색 실로 기둥, (아랫단 사슬 1개 밑으로 한길3, 사슬1)×5, 아랫단 사슬 3개 밑으로 한길3+사슬 3개+한길3, 사슬1, (아랫단 사슬 1개 밑으로 한길3, 사슬1)×8, 아랫단 사슬 3개 밑으로 한길3+사슬 3개+한길3, 사슬1, (아랫단 사슬 1개 밑으로 한길3, 사슬1)×3, 아랫단 사슬 1개 밑으로 한길3, 기둥코에 한길1

★5단 주황색 실로 기둥+한길1, 사슬1, (아랫단 사슬 1개 밑으로 한길3, 사슬1)×4, 아랫단 사슬 3개 밑으로 한길3+사슬 3개+한길3, 사슬1, (아랫단 사슬 1개 밑으로 한길3, 사슬1)×9, 아랫단 사슬 3개 밑으로 한길3+사슬 3개+한길3, 사슬1, (아랫단 사슬 1개 밑으로 한길3, 사슬1)×5, 기둥코에 한길2

★6단 진한오렌지색 실로 기둥, (아랫단 사슬 1개 밑으로 한길3, 사슬1)×6, 아랫단 사슬 3개 밑으로 한길3+사슬 3개+한길3, 사슬1, (아랫단 사슬 1개 밑으로 한길3, 사슬1)×10, 아랫단 사슬 3개 밑으로 한길3+사슬 3개+한길3, 사슬1, (아랫단 사슬 1개 밑으로 한길3, 사슬1)×4, 아랫단 사슬 1개 밑으로 한길3, 기둥코에 한길1

★7단 블라썸색 실로 기둥+한길1, 사슬1, (아랫단 사슬 1개 밑으로 한길3, 사슬1)×5, 아랫단 사슬 3개 밑으로 한길3+사슬 3개+한길3, 사슬1, (아랫단 사슬 1개 밑으로 한길3, 사슬1)×11, 아랫단 사슬 3개 밑으로 한길3+사슬 3개+한길3, 사슬1, (아랫단 사슬 1개 밑으로 한길3, 사슬1)×6, 기둥코에 한길2

★8단 레몬색 실로 기둥, (아랫단 사슬 1개 밑으로 한길3, 사슬1)×7, 아랫단 사슬 3개 밑으로 한길3+사슬 3개+한길3, 사슬1, (아랫단 사슬 1개 밑으로 한길3, 사슬1)×12, 아랫단 사슬 3개 밑으로 한길3+사슬 3개+한길3, 사슬1, (아랫단 사슬 1개 밑으로 한길3, 사슬1)×5, 아랫단 사슬 1개 밑으로 한길3, 기둥코에 한길1

★9단 로얄블루색 실로 기둥+한길1, 사슬1, (아랫단 사슬 1개 밑으로 한길3, 사슬1)×6, 아랫단 사슬 3개 밑으로 한길3+사슬 3개+한길3, 사슬1, (아랫단 사슬 1개 밑으로 한길3, 사슬1)×13, 아랫단 사슬 3개 밑으로 한길3+사슬 3개+한길3, 사슬1, (아랫단 사슬 1개 밑으로 한길3, 사슬1)×7, 기둥코에 한길2

★10단 진핑크색 실로 기둥, (아랫단 사슬 1개 밑으로 한길3, 사슬1)×8, 아랫단 사슬 3개 밑으로 한길3+사슬 3개+한길3, 사슬1, (아랫단 사슬 1개 밑으로 한길3, 사슬1)×14, 아랫단 사슬 3개 밑으로 한길3+사슬 3개+한길3, 사슬1, (아랫단 사슬 1개 밑으로 한길3, 사슬1)×6, 아랫단 사슬 1개 밑으로 한길3, 기둥코에 한길1

★11단 라벤더색 실로 기둥+한길1, 사슬1, (아랫단 사슬 1개 밑으로 한길3, 사슬1)×7, 아랫단 사슬 3개 밑으로 한길3+사슬 3개+한길3, 사슬1, (아랫단 사슬 1개 밑으로 한길3, 사슬1)×15, 아랫단 사슬 3개 밑으로 한길3+사슬 3개+한길3, 사슬1, (아랫단 사슬 1개 밑으로 한길3, 사슬1)×8, 기둥코에 한길2

★12단 밝은블루색 실로 기둥, (아랫단 사슬 1개 밑으로 한길3, 사슬1)×9, 아랫단 사슬 3개 밑으로 한길3+사슬 3개+한길3, 사슬1, (아랫단 사슬 1개 밑으로 한길3, 사슬1)×16, 아랫단 사슬 3개 밑으로 한길3+사슬 3개+한길3, 사슬1, (아랫단 사슬 1개 밑으로 한길3, 사슬1)×7, 아랫단 사슬 1개 밑으로 한길3, 기둥코에 한길1

★13단 피콕그린색 실로 기둥+한길1, 사슬1, (아랫단 사슬 1개 밑으로 한길3, 사슬1)×8, 아랫단 사슬 3개 밑으로 한길3+사슬 3개+한길3, 사슬1, (아랫단 사슬 1개 밑으로 한길3, 사슬1)×17, 아랫단 사슬 3개 밑으로 한길3+사슬 3개+한길3, 사슬1, (아랫단 사슬 1개 밑으로 한길3, 사슬1)×9, 기둥코에 한길2

★14단 연분홍색 실로 기둥, (아랫단 사슬 1개 밑으로 한길3, 사슬1)×10, 아랫단 사슬 3개 밑으로 한길3+사슬 3개+한길3, 사슬1, (아랫단 사슬 1개 밑으로 한길3, 사슬1)×18, 아랫단 사슬 3개 밑으로 한길3+사슬 3개+한길3, 사슬1, (아랫단 사슬 1개 밑으로 한길3, 사슬1)×8, 아랫단 사슬 1개 밑으로 한길3, 기둥코에 한길1

× 마무리 ×

❶ 그림 도안처럼 목둘레와 옆선은 연분홍색 실과 레이스 0호 코바늘로 짧은뜨기를 합니다. 단마다 두 코씩, 한 코에 한 코씩 짧은뜨기를 합니다. 짧은뜨기를 뜰 때 여유로 남긴 실을 감추면서 뜹니다. 단색실로 떴을 때는 짧은뜨기를 뜨지 않습니다.

❷ 그림 도안의 단추 위치 2단, 8단, 14단에 단추를 답니다.

❸ 램스울4합 연분홍색 실과 레이스 0호 코바늘로 사슬뜨기를 20㎝와 15㎝, 2개 뜹니다. 한쪽 끝부분에 방울을 달아줍니다. 방울이 달리지 않은 쪽으로 목둘레에 159쪽 그림 도안처럼 끼워 넣고 판초 가장자리에 꿰매줍니다.

❹ 목둘레와 단춧단을 제외하고 적당한 길이의 술을 달아줍니다. (원작은 2㎝입니다.)

❺ 단색으로 뜰 때는 한 가지 색상으로만 도안과 같은 방법으로 뜹니다. 원작은 12단까지만 뜨고 술을 달았습니다. 짧은뜨기는 뜨지 않아도 됩니다. 입혀보면서 길이를 조절하세요.

방울 끈 뜨기

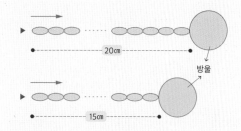

▶ 방울 끈 시작 부분, 시작 부분을 고정시켜주는 자리입니다. 그림 도안에 표시되어 있습니다.

보헤미안 판초

홀터넥 원피스와 볼레로

난이도 ★ ★ ☆ ☆ ☆

크리스마스 요정의 원피스와 볼레로입니다. 원피스는 3단 프릴에 무늬를 넣어 밑단에 자연스럽게 웨이브가 만들어진 사랑스러운 디자인입니다. 홀터넥 원피스로 디자인하고 함께 연출할 깜찍한 볼레로도 준비했습니다. 미니 볼레로는 나비처럼 보이는 디자인으로 레이나를 더욱 깜찍하고 예쁘게 만들어 줍니다. 볼레로의 소매길이는 계절에 맞춰 다양하게 만들 수 있으며, 배색만 바꿔도 느낌이 완전히 달라지는 옷입니다.

사이즈
* **홀터넥 원피스** 총 길이 13㎝, 허리둘레 15㎝
* **미니 볼레로** 총 길이 4.5㎝, 밑단둘레 12.5㎝,
  긴소매 길이 10.5㎝, 칠부소매 길이 7.5㎝

게이지
* 메리야스뜨기 3.5코×5.5단(1cm×1cm),
  가터뜨기 3코/6단(1cm×1cm),
  레이스 무늬뜨기 3.5코×4.5단(1cm×1cm)

준비물
* **실** 램스울3합 - 초록 10g
  앙고라3합 - 백아이보리 5g, 빨강 10g
* **바늘** 2mm 줄바늘 1개, 2.5mm 줄바늘 2개,
  3mm 줄바늘 1개
* **부재료** 5mm 원형 단추 1개, 스냅단추 1개

알아두기

❶ 원피스와 볼레로 모두 평면뜨기입니다.
❷ 원피스는 바텀업 방식이고, 볼레로는 톱다운 방식입니다.
❸ 도안 설명은 빨간색 원피스입니다. 초록 원피스는 빨강과 초록색 실을 바꿔서 뜨세요.
❹ '실은 자릅니다.'는 10㎝ 정도 여유를 두고 자르면 됩니다. 이 실은 돗바늘에 끼워 정리할 실입니다.

뜨개 기법		
⋆겉 겉뜨기	⋆감 감아코	⋆오모 오른코 모아뜨기
⋆안 안뜨기	⋆겉꼬 겉뜨기로 꼬아뜨기	⋆중3모 중심3코 모아뜨기
⋆바비 바늘비우기	⋆왼모 왼코 모아뜨기	

홀터넥 3단 프릴 원피스

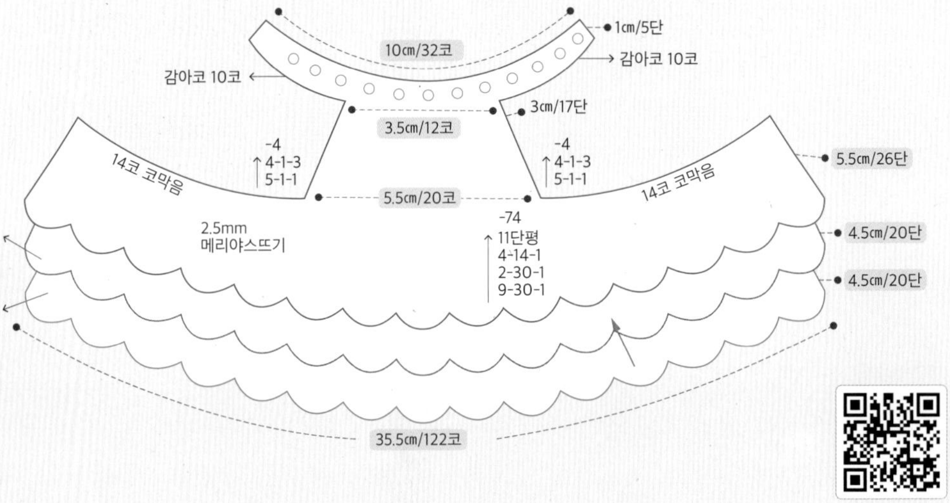

10㎝/32코
1㎝/5단
감아코 10코
감아코 10코
3㎝/17단
3.5㎝/12코
-4
4-1-3
5-1-1
-4
4-1-3
5-1-1
14코 코막음
14코 코막음
5.5㎝/26단
5.5㎝/20코
-30
5단평
6-30-1
9-30-1
2.5mm
메리야스뜨기
-74
11단평
4-14-1
2-30-1
9-30-1
4.5㎝/20단
4.5㎝/20단
-30
11단평
9-30-1
35.5㎝/122코

3㎜ 바늘과 초록색 실로 122코를 만듭니다. 코만 3㎜ 바늘로 만들고 2.5㎜ 바늘로 작업합니다. 아래에서 위로 올라가는 바텀업 방식이고 평면뜨기입니다. (영상 참고)

× 첫 번째단 스커트 프릴 ×

⋆1단 겉122

⋆2단 겉122

⋆3단 겉1, (바비, 겉2, 중3모, 겉2, 바비, 겉1)×15, 겉1 (영상 참고)

⋆4단 안122

⋆5~8단 3~4단 2번 반복

⋆9단 겉1, (겉2, 중3모, 겉3)×15, 겉1 92

⋆10단 안92

⋆11~20단 메리야스뜨기 10단

92코는 그대로 바늘에 걸어둡니다. 초록색 실은 여유를 두고 자릅니다.

× 두 번째단 스커트 프릴 ×

3㎜ 바늘과 백아이보리색 실로 122코를 만듭니다. 코만 3㎜ 바늘로 만들고 2.5㎜ 바늘로 작업합니다.

⋆1~10단 첫 번째 스커트 프릴 부분의 1~10단과 동일

⋆11단 겉92

⋆12단 안92

★13단 첫 번째 스커트 프릴은 뒤로 놓고, 12단까지 뜬 백아이
보리색 스커트를 앞에 겹쳐 놓은 뒤 같이 겉뜨기 92코
를 뜹니다. (p.170 영상 참고)

★14단 안92

★15단 겉1, (겉1, 중3모, 겉2)×15, 겉1 62

★16단 안62

★17~20단 메리야스뜨기 4단

62코는 그대로 바늘에 걸어둡니다. 백아이보리색 실은 여유를 두고
자릅니다.

× 세 번째단 스커트 프릴 ×

3mm 바늘과 빨간색 실로 122코를 만듭니다. 코만 3mm 바늘로 만
들고, 2.5mm 바늘로 작업합니다.

★1~10단 첫 번째 스커트 프릴 부분의 1~10단과 동일

★11단 겉1, (겉1, 중3모, 겉2)×15, 겉1 62

★12단 안62

★13단 첫 번째와 두 번째 연결된 스커트 프릴은 뒤로 놓고,
12단까지 뜬 빨간색 스커트를 앞에 겹쳐 놓은 뒤 같이
겉뜨기 62코를 뜹니다. (p.170 영상 참고)

★14단 안62

★15단 (겉5, 중3모)×7, 겉6 48

★16단 안48

★17~26단 메리야스뜨기 10단

★27단 겉뜨기 뜨면서 14코 코막음, 겉33 34

★28단 안뜨기 뜨면서 14코 코막음, 안19 20

× 앞판 ×

2mm 줄바늘로 바꿔서 뜹니다.

★29단 겉20

★30단 안20

★31단 겉1, 오모, 겉14, 왼모, 겉1 18

★32~34단 안뜨기로 시작하는 메리야스뜨기 3단

★35단 겉1, 오모, 겉12, 왼모, 겉1 16

★36~38단 안뜨기로 시작하는 메리야스뜨기 3단

★39단 겉1, 오모, 겉10, 왼모, 겉1 14

★40~42단 안뜨기로 시작하는 메리야스뜨기 3단

★43단 겉1, 오모, 겉8, 왼모, 겉1 12

★44단 안12, 감10 22

★45단 겉22, 감10 32

★46단 겉32

★47단 겉2, (바비, 왼모)×12, 겉6

★48단 안32

안뜨기 뜨면서 코막음 합니다. 빨간색 실은 자릅니다.

× 마무리 ×

❶ 스커트 옆선을 연결합니다. (p.170 영상 참고)

❷ 홀터넥 부분에 단추를 달아줍니다.

❸ 여유로 남긴 실은 정리합니다.

스커트 프릴 무늬 도안

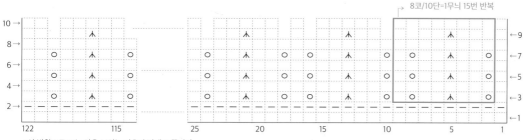

겉뜨기 안뜨기 바늘비우기 중심3코 모아뜨기

8코/10단=1무늬 15번 반복

→ 이 방향으로 뜨는 단은 보이는 기호의 반대로 뜹니다.
예) 뒷면에서 뜨기 때문에 겉뜨기는 안뜨기로, 안뜨기는 겉뜨기로 뜹니다.

미니 볼레로

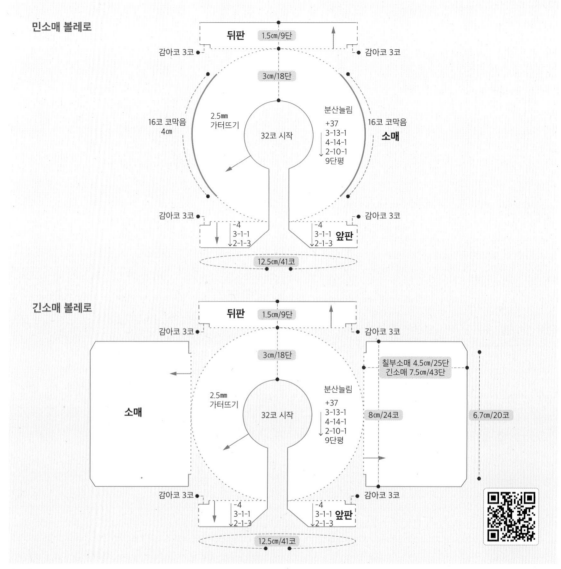

민소매 볼레로

뒤판 1.5cm/9단

감아코 3코 감아코 3코

3cm/18단

16코 코막음 4cm
2.5mm 가터뜨기

32코 시작

분산늘림 +37
3-13-1
4-14-1
2-10-1
9단평

16코 코막음
소매

감아코 3코 감아코 3코

-4 3-1-1 2-1-3

-4 3-1-1 2-1-3 앞판

12.5cm/41코

긴소매 볼레로

뒤판 1.5cm/9단

감아코 3코 감아코 3코

3cm/18단

소매

2.5mm 가터뜨기

32코 시작

분산늘림 +37
3-13-1
4-14-1
2-10-1
9단평

칠부소매 4.5cm/25단
긴소매 7.5cm/43단

8cm/24코

6.7cm/20코

감아코 3코 감아코 3코

-4 3-1-1 2-1-3

-4 3-1-1 2-1-3 앞판

12.5cm/41코

✧ ✧ ✧

× 몸판 ×
목둘레~소매 분리 전

2.5mm 바늘과 초록색 실로 32코를 만듭니다. 겉뜨기만 뜨는 가터뜨기 무늬입니다

★1~2단 겉32×2단

★3단 겉4, (바비, 겉2)×12, 바비, 겉4 45

★4단 겉4, (겉꼬, 겉2)×12, 겉꼬, 겉4

★5~6단 겉45×2단

★7단 겉3, (바비, 겉3)×14 59

★8단 겉3, (겉꼬, 겉3)×14

★9단 겉7, (바비, 겉5)×10, 겉2 69

★10단 겉7, (겉꼬, 겉5)×10, 겉2

★11~12단 백아이보리색 실로 겉 2단, 백아이보리색 실은 여유를 두고 자릅니다.

★13~18단 초록색 실로 겉69×6단

× 소매 분리 후 몸판 ×
민소매

민소매의 경우 소매는 코막음으로 마무리하고 나머지 몸판을 뜹니다.

★19단 겉9, 겉뜨기 뜨면서 16코 코막음, 겉18, 겉뜨기 뜨면서 16코 코막음, 겉8 37

★20단 겉9, 감6, 겉19, 감6, 겉9 49

★21단 겉1, 오모, 겉43, 왼모, 겉1 47

★22단 겉47

★23단 겉1, 오모, 겉41, 왼모, 겉1 45

★24단 겉45

★25단 겉1, 오모, 겉39, 왼모, 겉1 43

★26단 겉43

★27단 겉1, 오모, 겉37, 왼모, 겉1 41

겉뜨기 뜨면서 코막음 합니다. 초록색 실은 자릅니다.

× 소매 분리 ×
긴소매와 칠부소매

돗바늘에 버림실을 끼운 뒤 69코 중 왼쪽 앞판 9코, 왼쪽 소매 16코, 뒤판 19코, 오른쪽 소매 16코, 오른쪽 앞판 9코로 나눠서 버림실에 걸어둡니다. 양쪽 소매를 먼저 뜨고 나머지 몸판을 뜹니다.

× 양쪽 소매 ×
긴소매와 칠부소매

버림실에 걸어둔 소매 16코로 시작합니다. 16코를 2.5㎜ 줄바늘에 옮겨줍니다. 왼쪽, 오른쪽 소매 뜨는 법은 동일합니다.

★1단 겉16, 감4 20

★2단 겉20, 감4 24

★3~24단 겉24×22단 (긴소매는 18단을 더 뜹니다.)

★25단 겉2, (왼모1, 겉4)×3, 왼모1, 겉2 20

겉뜨기 뜨면서 코막음 합니다. 초록색 실은 자릅니다. 다른 한쪽도 같은 방법으로 뜹니다. 소매 옆선을 돗바늘로 메리야스잇기 합니다. (p.172 영상 참고)

× 몸판 ×
소매 분리 이후

버림실에 걸어둔 앞판과 뒤판 코를 2.5㎜ 줄바늘에 옮겨줍니다.

★19단 왼쪽 앞판 겉9, 소매 감아코에서 6코 줍기, 뒤판 겉19, 소매 감아코에서 6코 줍기, 오른쪽 앞판 겉9 49

★20단 겉49

★21단 겉1, 오모, 겉43, 왼모, 겉1 47

★22단 겉47

★23단 겉1, 오모, 겉41, 왼모, 겉1 45

★24단 겉45

★25단 겉1, 오모, 겉39, 왼모, 겉1 43

★26단 겉43

★27단 겉1, 오모, 겉37, 왼모, 겉1 41

겉뜨기 뜨면서 코막음 합니다. 초록색 실은 자릅니다.

× 마무리 ×

여유로 남긴 실은 정리합니다.

별초롱
보닛

난이도 ★ ★ ★ ☆ ☆

귀여운 나비 무늬를 넣은 보닛입니다. 보닛 뒤쪽은 나비 무늬가 모여서 초롱꽃을 연상시킵니다. 마치 초롱꽃 모양이 별처럼 보여 '별초롱 보닛'이라고 이름 붙였어요. 사랑스러운 레이스까지 달아 주어 레이나에게 예쁘게 잘 어울리는 보닛이 완성되었습니다.

사이즈
* 총 길이 10㎝(머리둘레 23㎝ 기준)

게이지
* 나비무늬 배색뜨기 2.5코, 6단(1cm×1cm)

준비물
* **실**　앙고라4합 – 백아이보리(연핑크)색 15g
* **바늘**　3㎜ 줄바늘과 장갑바늘, 모사용 2호 코바늘

알아두기

❶ 평면뜨기와 원형뜨기입니다.
❷ '걸러5'는 뜨던 실이 겉면으로 건너가게 합니다. 이때 건너가는 실 당김에 주의합니다.
❸ '실은 자릅니다.'는 10㎝ 정도 여유를 두고 자르면 됩니다. 이 실은 돗바늘에 끼워 정리할 실입니다.

| 뜨개
기법 | ★ 겉 겉뜨기
★ 안 안뜨기
★ 감 감아코 | ★ 왼모 왼코 모아뜨기
★ 오모 오른코 모아뜨기
★ 중3모 중심3코 모아뜨기 | ★ 걸러 걸러뜨기
★ kfb 한 코를 두 코로 만들기 |

✧ 보닛 ✧

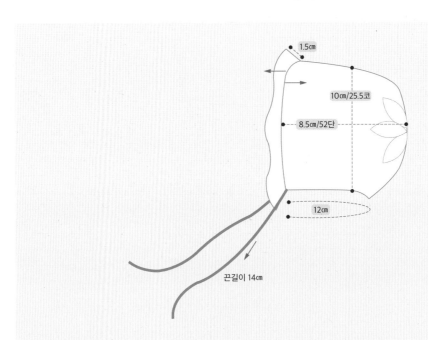

10cm/25.5코

8.5cm/52단

1.5cm

12cm

끈길이 14cm

✧ ✧ ✧

✕ 보닛 ✕

3mm 줄바늘과 앙고라4합 백아이보리색 실로 51코를 만듭니다. 도안의 '실 4가닥과 같이'는 3, 5, 7, 9단의 걸러5 부분의 앞으로 건너간 실을 함께 끌어 올려서 뜹니다. (p.180 도안과 영상 참고)

★1~2단   겉51×2단

★3단   겉3, (실앞, 걸러5, 실뒤, 겉5)×4, 실앞, 걸러5, 실뒤, 겉3

★4단   겉3, 안45, 겉3

★5~10단   3~4단 3번 반복

★11단   겉3, (겉2, 실 4가닥과 같이 겉1, 겉7)×4, 겉2, 실 4가닥과 같이 겉1, 겉5

★12단   겉3, 안45, 겉3

★13단   겉8, (실앞, 걸러5, 실뒤, 겉5)×4, 겉3

★14단   겉3, 안45, 겉3

★15~20단   13~14단 3번 반복, 실은 자릅니다.

★21단   걸러3, 마커를 걸어서 시작점 표시, 새로운 실로 겉5, (겉2, 실 4가닥과 같이 겉1, 겉7)×4, 겉3, 감9, 원통뜨기 시작, 걸러뜨기한 3코를 겉3 60, 마커는 계속 넘겨주면서 뜹니다.

★22단   겉45, 안15

★23단   (실앞, 걸러5, 실뒤, 겉5)×6

★24단   겉60

★25~30단   23~24단 3번 반복

보닛 레이스

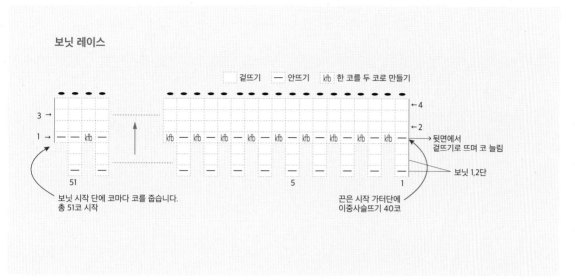

| 겉뜨기 | — 안뜨기 | kfb 한 코를 두 코로 만들기 |

3 →
1 → — — kfb   kfb — kfb — kfb — kfb — kfb — kfb — kfb — kfb — kfb —   ← 4
                                                                            ← 2
                                                            뒷면에서
                                                            겉뜨기로 뜨며 코 늘림
51   5   1   보닛 1,2단

보닛 시작 단에 코마다 코를 줍니다.   끈은 시작 가터단에
총 51코 시작   이중사슬뜨기 40코

✧ ✧ ✧

★31단 (겉2, 실 4가닥과 같이 겉1, 겉7)×6

★32단 겉60

★33단 (겉5, 실앞, 걸러5, 실뒤)×6

★34단 겉60

★35~40단 33~34단 3번 반복

★41단 (겉7, 실 4가닥과 같이 겉1, 겉2)×6

★42단 겉60

★43단 (실앞, 걸러5, 실뒤, 겉5)×6

★44단 (겉5, 왼모1, 겉1, 오모1)×6 48

★45단 (실앞, 걸러5, 실뒤, 겉3)×6

★46단 (왼모1, 겉6)×6 42

★47단 (실앞, 걸러4, 실뒤, 겉3)×6

★48단 (겉2, 오모1, 겉3)×6 36

★49단 (실앞, 걸러3, 실뒤, 겉3)×6

★50단 (겉3, 중3모1)×6 24

★51단 (실 4가닥과 같이 중3모1, 겉1)×6 12

★52단 겉12

돗바늘에 실을 끼워 12코를 통과한 뒤 잡아당겨 오므려서 마무리합니다. 좀 더 단단하게 완성하기 위해 1번 더 통과시켜줍니다. 통과 후 안쪽 보이지 않는 코에 실을 매듭지어 마무리합니다.

× 보닛 레이스 ×

51코 시작코에서 코마다 코를 주워 51코로 시작합니다. 평면뜨기입니다.

★1단 뒷면에서 계속 겉뜨기 뜨면서 코를 늘립니다. kfb×51 102 (p.178 영상 참고)

★2단 겉102

★3단 안102

★4단 겉102

겉뜨기 뜨면서 코막음 합니다.

─── × 마무리 × ───

❶ 모자 레이스 부분 1단 양쪽 가장자리에 앙고라3합 백아이보리색 실과 모사용 2호 코바늘로 이중사슬뜨기 40코를 뜹니다. (약 14㎝ 정도) (p.178 영상 참고)

❷ 여유로 남긴 실은 정리합니다.

별초롱 보닛 도안

범례 (내비무늬)

기호	뜻
┊	겉뜨기
ㅡ	안뜨기
⊘	감아코
ㅅ	왼코 모아뜨기
人	오른코 모아뜨기
人	중심3코 모아뜨기

→ 이 방향으로 또는 단은 보이는 기호의 반대로 뜹니다.
예) 뒷면에서 뜨기 때문에 겉뜨기는 안뜨기로, 안뜨기는 겉뜨기로 뜹니다.

원통뜨기 시작

21(마커표시)

나들이 버킷햇

난이도 ★ ★ ★ ☆ ☆

뜨거운 여름날 자외선 차단은 필수인 거 아시죠? 레이온 100%의 시원한 소재의 실로 만든, 여름의 뜨거운 태양을 가려주는 버킷햇입니다. 레이스를 끼워서 앞으로 귀엽게 묶어도 되고 뒤쪽으로 머리에 묶어서 연출해도 예쁩니다. 묶지 않고 자연스럽게 두어도 멋스럽답니다.

사이즈
* 총 길이 8㎝, 모자둘레 23㎝

게이지
* 짧은뜨기 2코, 2.7단(1cm×1cm)

준비물
* **실**   여름실 15g
* **바늘**   모사용 3호 코바늘
* **부재료** 면 레이스 70㎝ 정도

알아두기

❶ 원형뜨기입니다.
❷ 17단의 사슬뜨기가 레이스 끼우는 자리입니다.

뜨개 기법

★ 사슬 사슬뜨기
★ 짧 짧은뜨기

★ 한 코에 짧2 한 코에 짧은뜨기 2개
★ 빼뜨기

✧ 버킷햇 ✦

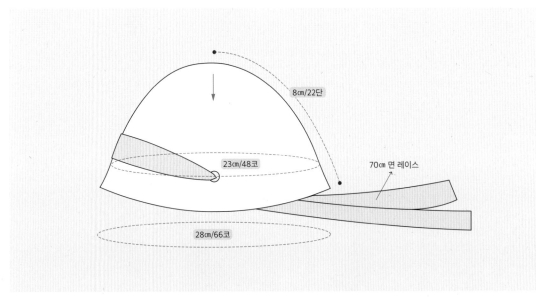

8㎝/22단

23㎝ 48코

70㎝ 면 레이스

28㎝/66코

✧ ✧ ✧

✕ 버킷햇 ✕

모사용 3호 코바늘과 베이지색 실로 매직링을 만들어 짧은뜨기를 합니다. 짧은뜨기는 약자로 '짧'이라고 표시했습니다. 단마다 시작할 때 사슬 1코는 기둥코입니다. 빼뜨기는 첫 번째 짧은뜨기에 빼뜨기 합니다.

★1단 기둥(사슬1), 매직링 안에 짧7, 빼뜨기

★2단 기둥(사슬1), 한 코에 짧2×7, 빼뜨기 14

★3단 기둥(사슬1), (짧1, 한 코에 짧2)×7, 빼뜨기 21

★4단 기둥(사슬1), (한 코에 짧2, 짧2)×7, 빼뜨기 28

★5단 기둥(사슬1), (짧2, 한 코에 짧2, 짧1)×7, 빼뜨기 35

★6단 기둥(사슬1), (짧4, 한 코에 짧2)×7, 빼뜨기 42

★7단 기둥(사슬1), 짧42, 빼뜨기

★8단 기둥(사슬1), (짧1, 한 코에 짧2, 짧5)×6, 빼뜨기 48

★9~16단 기둥(사슬1), 짧48, 빼뜨기×8단

★17단 기둥(사슬1), 짧11, 사슬1(레이스 끼우는 곳), 짧24, 사슬1(레이스 끼우는 곳), 짧11, 빼뜨기

★18단 기둥(사슬1), (짧7, 한 코에 짧2)×6, 빼뜨기 54

★19단 기둥(사슬1), (짧4, 한 코에 짧2, 짧4)×6, 빼뜨기 60

★20단 기둥(사슬1), (짧9, 한 코에 짧2)×6, 빼뜨기 66

★21단 기둥(사슬1), 짧66, 빼뜨기

★22단 (사슬2, 한 코 건너서 빼뜨기)×33

✕ 마무리 ✕

레이스를 17단 사슬뜨기 부분에 끼워줍니다.

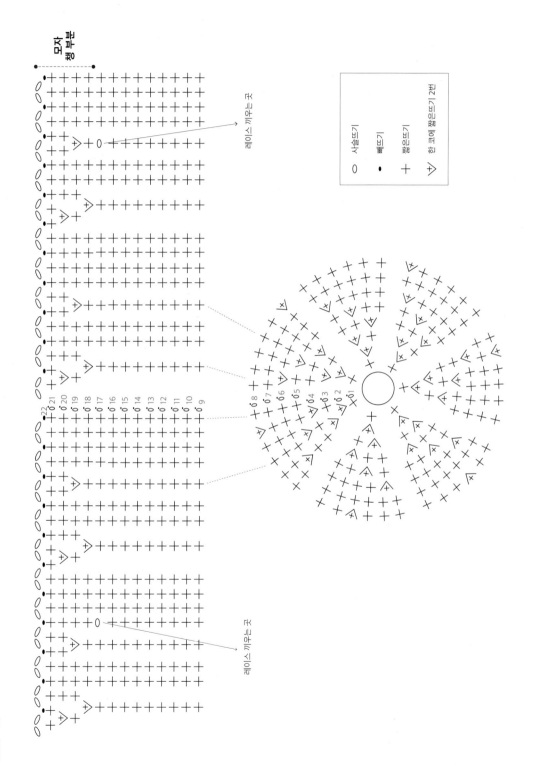

비치 네트백

난이도 ★ ★ ☆ ☆ ☆

가방 안이 보일 만큼 성글게 뜬 네트백입니다. 시원한 소재의 여름실과 컬러풀한 색상의 램스울로 만들었습니다.
옷의 분위기에 맞춰서 코디해 주세요. 네트백을 멘 레이나와 여행을 떠나 볼까요?

사이즈
- **여름실 네트백** 가방둘레 15㎝, 높이 6.5㎝
- **램스울 네트백** 가방둘레 14㎝, 높이 5㎝

게이지
- 여름실 무늬뜨기 2.6코, 1.5단(1㎝×1㎝)
- 램스울 무늬뜨기 3.4코×1.8단(1㎝×1㎝)

준비물
- **실**   여름실 10g
           램스울2합 - 피콕그린, 진달래,
                     밝은블루·토마토·자주색 조금씩(총 5g)
- **바늘**   모사용 3호 코바늘, 레이스 0호 코바늘
- **부재료** 원형 단추 1개

알아두기

❶ 가방 바닥은 원형뜨기, 몸판은 원통뜨기이고, 손잡이는 평면뜨기입니다.
❷ '실은 자릅니다.'는 10㎝ 정도 여유를 두고 자르면 됩니다. 이 실은 돗바늘에 끼워 정리할 실입니다.

★사슬   사슬뜨기   ★빼뜨기
★짧   짧은뜨기   ★이랑짧은뜨기
★한 코에 짧2 한 코에 짧은뜨기 2개 ★두길긴뜨기

✧ 여름실 네트백 ✧

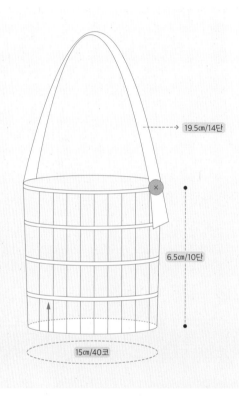

19.5㎝/14단

6.5㎝/10단

15㎝/40코

✧ ✧ ✧

× 네트백 ×

모사용 3호 코바늘과 베이지색 실로 사슬뜨기 12코를 만듭니다. 짧은뜨기는 약자로 '짧'이라고 표시했습니다. 단마다 시작할 때 사슬 1개는 짧은뜨기 기둥코입니다. 짧은뜨기 기둥코와 빼뜨기는 콧수로 세지 않습니다. 두길긴뜨기 기둥코는 사슬 4개이고 한 코로 계산합니다. 빼뜨기는 첫 번째 짧은뜨기나 두길긴뜨기 기둥코에 빼뜨기 합니다.

★1단   사슬뜨기 12코를 중심으로 타원형으로 짧은뜨기를 뜹니다. 그림 도안 참고. 기둥(사슬1), 짧은11, 한 코에 짧5, 짧10, 한 코에 짧4, 빼뜨기 30

★2단   기둥(사슬1), 한 코에 짧2, 짧10, 한 코에 짧2×5, 짧10, 한 코에 짧2×4, 빼뜨기 40

★3단   기둥(사슬1), 이랑짧은뜨기40, 빼뜨기

★4단   기둥(사슬4), (사슬1, 두길긴뜨기1)×19, 사슬1, 빼뜨기

★5단   기둥(사슬1), 짧40, 빼뜨기

★6~11단 4~5단 3번 반복

★12단   빼뜨기 40

⨉ 손잡이 ⨉

12단 끝나고 이어서 손잡이를 뜹니다. 평면뜨기입니다.

★1~14 단　기둥(사슬4), 두길긴뜨기2×14단, 실은 자릅니다.

⨉ 마무리 ⨉

❶ 반대쪽 옆면에 단추를 달고 손잡이 길이에 맞게 끼웁니다.

❷ 여유로 남긴 실은 정리합니다.

여름실 네트백 그림 도안

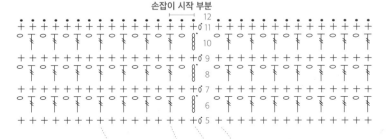

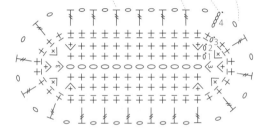

손잡이

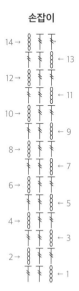

기호	뜨기
○	사슬뜨기
•	빼뜨기
+	짧은뜨기
⊥	이랑짧은뜨기
⩔	한 코에 짧은뜨기 2번
⩔	한 코에 짧은뜨기 3번
⫟	두길긴뜨기

✧ 램스울 네트백 ✧

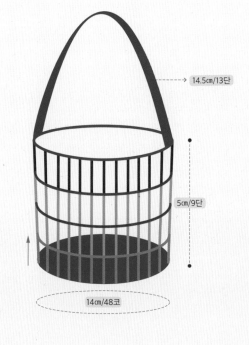

14.5cm/13단

5cm/9단

14cm/48코

× 네트백 ×

레이스 0호 코바늘과 램스울2합 피콕그린색 실로 매직링을 만들어 원형뜨기 합니다. 짧은뜨기는 약자로 '짧'이라고 표시했습니다. 단마다 시작할 때 사슬 1개는 짧은뜨기 기둥코입니다. 짧은뜨기 기둥코와 빼뜨기는 콧수로 세지 않습니다. 두길긴뜨기 기둥코는 사슬 4개이고 한 코로 계산합니다. 빼뜨기는 첫 번째 짧은뜨기나 두길긴뜨기 기둥코에 빼뜨기 합니다.

★1단   피콕그린색 실로 매직링을 만들어 매직링 안에 기둥(사슬1), 짧7, 빼뜨기 7

★2단   기둥(사슬1), (한 코에 짧2)×7, 빼뜨기 14

★3단   기둥(사슬1), (짧1, 한 코에 짧2)×7, 빼뜨기 21

★4단   기둥(사슬1), (한 코에 짧2, 짧2)×7, 빼뜨기 28

★5단   기둥(사슬1), (짧2, 한 코에 짧2, 짧1)×7, 빼뜨기 35

★6단   기둥(사슬1), (짧4, 한 코에 짧2)×7, 빼뜨기 42

★7단   기둥(사슬1), 짧42, 빼뜨기

★8단   기둥(사슬1), (한 코에 짧2, 짧6)×6, 빼뜨기 48

★9단   기둥(사슬1), 짧48, 빼뜨기, 피콕그린색 실은 자릅니다.

★10단   진달래색 실로 기둥(사슬4), (사슬1, 두길긴뜨기1)×23, 사슬1, 빼뜨기

★11단   기둥(사슬1), 짧48, 빼뜨기, 진달래색 실은 자릅니다.

★12단   밝은블루색 실로 기둥(사슬4), (사슬1, 두길긴뜨기1)×23, 사슬1, 빼뜨기, 밝은블루색 실은 자릅니다.

★13단   토마토색 실로 기둥(사슬1), 짧48, 빼뜨기, 토마토색 실은 자릅니다.

★14~15단 12~13단 1번 반복

★16단 자주색 실로 기둥(사슬4), (사슬1, 두길긴뜨기1)×23, 사슬1, 빼뜨기, 자주색 실은 자릅니다.

★17단 피콕블루색 실로 기둥(사슬1), 짧48, 빼뜨기

★18단 빼뜨기 48

× 손잡이 ×

18단 끝나고 이어서 손잡이를 뜹니다. 평면뜨기입니다.

★1단~13단 기둥(사슬4), 두길긴뜨기2×13단, 피콕그린색 실은 손잡이를 꿰맬만큼 남기고 자릅니다.

× 마무리 ×

❶ 남은 실을 돗바늘에 끼워 반대쪽에 손잡이 끝부분을 꿰매줍니다.

❷ 여유로 남긴 실은 정리합니다.

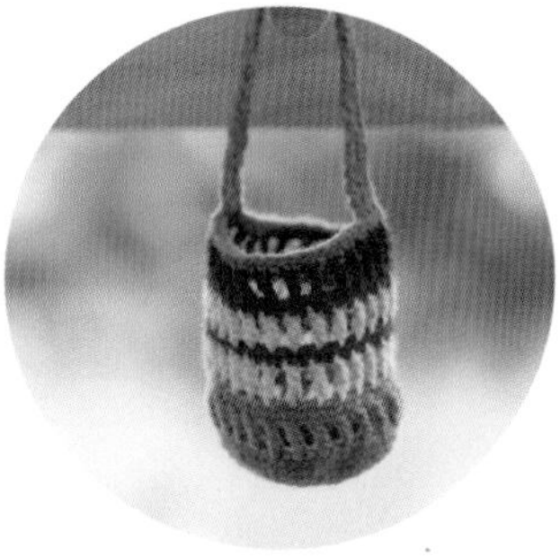

램스울 네트백 그림 도안

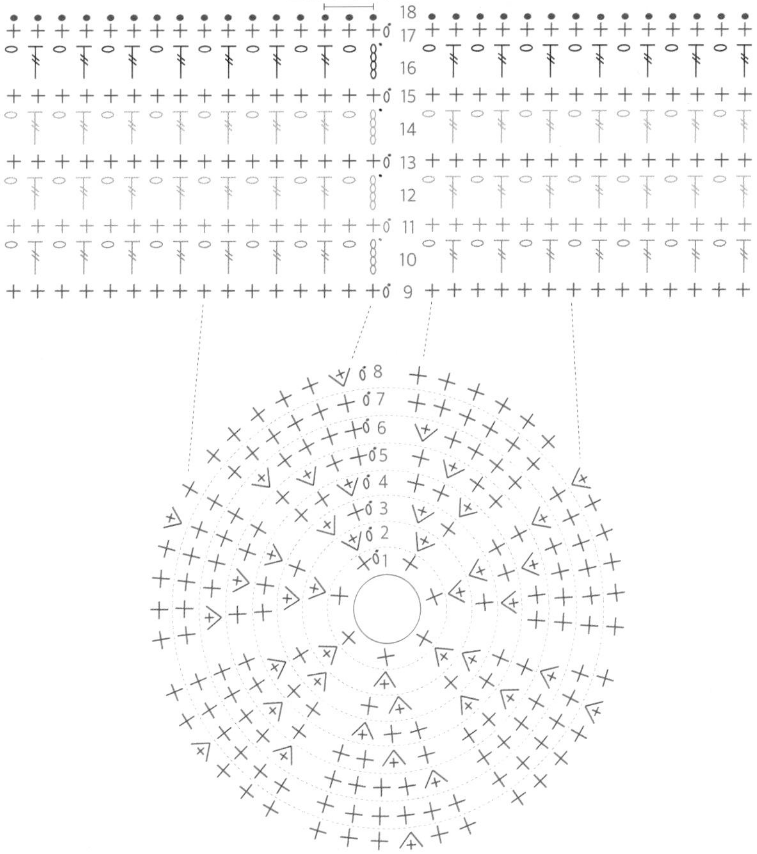

- ○ 사슬뜨기
- • 빼뜨기
- + 짧은뜨기
- 한 코에 짧은뜨기 2번
- 한 코에 짧은뜨기 2번
- 두길긴뜨기

손잡이

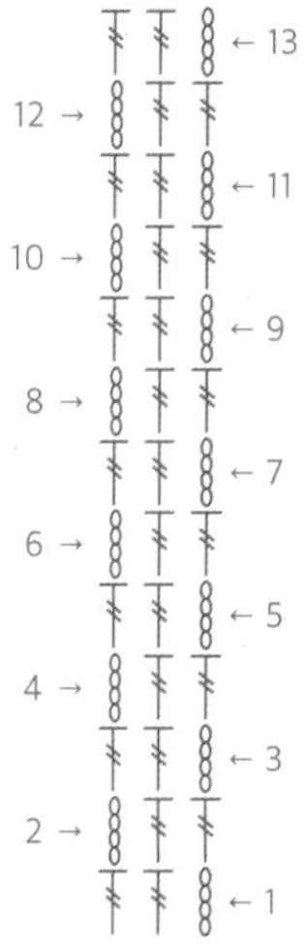

데일리 스퀘어백

난이도 ★ ★ ★ ☆ ☆

나뭇가지에 달린 열매가 떠오르는 동글동글 귀여운 방울 디테일과 케이블 무늬의 가방입니다. 앞, 뒤 색상을 다르게 꾸민 심플한 사각형의 대바늘 가방을 만들어 보세요. 가방끈은 핸드와 크로스 모두 달고 상황에 따라 편리하게 사용하세요.

사이즈
★ 가방둘레 14㎝, 높이 6.5㎝

게이지
★ 무늬뜨기 4.2코, 5.5단(1㎝×1㎝)

준비물
★ **실**　램스울3합 - 연브라운 5g
　　아이보리네프사 4g
★ **바늘**　2㎜ 줄바늘이나 2㎜ 장갑바늘,
　　레이스 0호 코바늘
★ **부재료**　원형 단추 1개

알아두기

❶ 가방 몸판과 손잡이는 평면뜨기입니다.
❷ '실은 자릅니다.'는 10㎝ 정도 여유를 두고 자르면 됩니다.
　이 실은 돗바늘에 끼워 정리할 실입니다.

뜨개 기법			
★걸	겉뜨기	★1:1왼위교차	1:1왼코위 교차뜨기
★안	안뜨기	★1:1오위교차	1:1오른코위 교차뜨기
★걸러	걸러뜨기	★1:1왼위교차겉안	1:1왼코위 교차 겉안
★실앞	실을 앞으로 옮기기	★1:1오위교차안걸	1:1오른코위 교차 안걸
★실뒤	실을 뒤로 옮기기		
★방울	코바늘로 긴뜨기 3코 모아뜨기		

✧ 데일리 스퀘어백 ✧

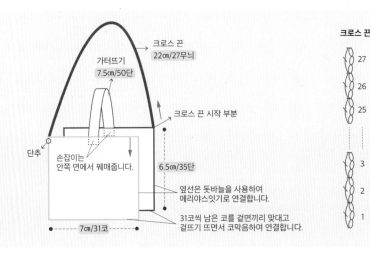

크로스 끈
22㎝/27무늬

가터뜨기
7.5㎝/50단

크로스 끈 시작 부분

단추

손잡이는
안쪽 면에서 꿰매줍니다.

6.5㎝/35단

옆선은 돗바늘을 사용하여
메리야스잇기로 연결합니다.

31코씩 남은 코를 겉면끼리 맞대고
겉뜨기 뜨면서 코막음하여 연결합니다.

7㎝/31코

크로스 끈

✧ ✧ ✧

× 몸판 2장 ×

2㎜ 줄바늘과 램스울3합 연브라운색 실로 31코를 만듭니다. 연브라운색 실로 1장, 아이보리네프사색 실로 1장을 뜹니다. (영상 참고)

★1단 (겉1, 안1)×15, 겉1 31

★2단 (안1, 겉1)×15, 안1

★3단 겉2, 안1, 겉1, 안4, 겉1, 안1, 겉4, 겉3, 겉4, 안1, 겉1, 안4, 겉1, 안1, 겉2

★4단 안2, 실뒤, 걸러1, 실앞, 안1, 1:1왼위교차, 1:1오위교차, 안1, 실뒤, 걸러1, 실앞, 안3, 1:1왼위교차겉안, 실뒤, 걸러1, 실앞, 1:1오위교차안걸, 안3, 실뒤, 걸러1, 실앞, 안1, 1:1왼위교차, 1:1오위교차, 안1, 실뒤, 걸러1, 실앞, 안2

★5단 겉2, 안1, 겉1, 안4, 겉1, 안1, 겉3, (안1, 겉1)×3, 겉2, 안1, 겉1, 안4, 겉1, 안1, 겉2

★6단 안2, 실뒤, 걸러1, 실앞, 안1, 1:1오위교차, 1:1왼위교차, 안1, 실뒤, 걸러1, 실앞, 안2, 1:1왼위교차겉안, 안1, 실뒤, 걸러1, 실앞, 안1, 1:1오위교차안걸, 안2, 실뒤, 걸러1, 실앞, 안1,

1:1오위교차, 1:1왼위교차, 안1, 실뒤, 걸러1, 실앞, 안2

★7단 겉2, 안1, 겉1, 안4, 겉1, 안1, 겉2, (안1, 겉2)×3, 안1, 겉1, 안4, 겉1, 겉2

★8단 안2, 실뒤, 걸러1, 실앞, 안1, 1:1왼위교차, 1:1오위교차, 안1, 실뒤, 걸러1, 실앞, 안2, 방울1, 안2, 실뒤, 걸러1, 실앞, 안2, 방울1, 안2, 실뒤, 걸러1, 실앞, 안1, 1:1왼위교차, 1:1오위교차, 안1, 실뒤, 걸러1, 실앞, 안2

★9단 겉2, 안1, 겉1, 안4, 겉1, 안1, 겉5, 안1, 겉5, 안1, 겉1, 안4, 겉1, 안1, 겉2

★10단 안2, 실뒤, 걸러1, 실앞, 안1, 1:1오위교차, 1:1왼위교차, 안1, 실뒤, 걸러1, 실앞, 안4, 겉1, 걸러1, 겉1, 안4, 실뒤, 걸러1, 실앞, 안1, 1:1오위교차, 1:1왼위교차, 안1, 실뒤, 걸러1, 실앞, 안2

★11~34단 3~10단 3번 반복

★35단 3단과 동일

31코는 바늘에 걸어둡니다. 같은 방법으로 한 장 더 뜹니다.

× 손잡이 1개 ×

2mm 장갑바늘과 램스울3합 연브라운색 실로 4코를 만듭니다.

★1~50단   겉4×50단(7.5㎝ 정도)

× 크로스 끈 1개 ×

레이스 0호 코바늘과 램스울3합 연브라운색 실로 가방 옆면에서
시작합니다.

★1~27단   기둥코(사슬3), 한길긴뜨기 한 번 뜨고 모아뜨기×
          27단(22㎝ 정도)

× 마무리 ×

❶ 31코씩 바늘에 걸어둔 상태에서 몸판 2장은 겉면끼리 맞대고 새
   로운 바늘을 사용하여 총 3개의 바늘로 겉뜨기 뜨면서 코막음하
   여 연결합니다. (p.194 영상 참고)

❷ 옆선은 돗바늘을 사용하여 메리야스잇기로 연결합니다.

❸ 손잡이는 중앙에 그림 도안처럼 안쪽 면에서 꿰매줍니다.

❹ 크로스 끈 시작 반대편에 단추를 달고, 크로스 끈을 적당한 길이
   에 맞춰서 끼워줍니다.

195

데일리 스퀘어백 그림 도안

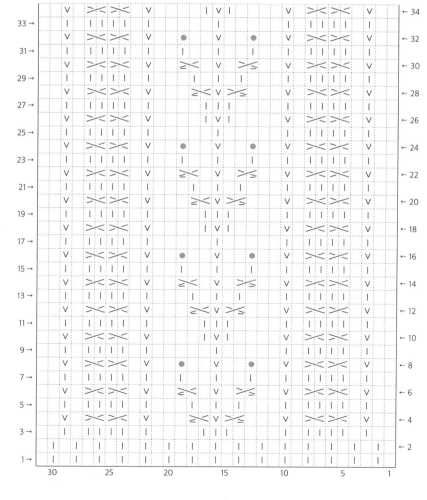

기호	뜻
﹨	겉뜨기
		안뜨기
∨	걸러뜨기
●	방울뜨기
⅄	왼코 모아뜨기
○	바늘비우기
⤬	1:1왼코위 교차뜨기
⤬	1:1오른코위 교차뜨기
⤬	1:1왼코위 교차 겉안
⤬	1:1오른코위 교차 안겉

● = 🅰 방울뜨기
레이스 0호 코바늘로
기둥코(사슬2개)와
긴뜨기 3개를 모아뜹니다.

→이 방향으로 뜨는 단은 보이는
기호의 반대로 뜹니다.
예) 뒷면에서 뜨기 때문에 겉뜨기
는 안뜨기로, 안뜨기는 겉뜨기로
뜹니다.

플라워&웨이브
넥 케이프

난이도 ★ ★ ★ ☆ ☆

대바늘 케이프에는 웨이브 무늬를, 코바늘 케이프에는 벚꽃 모양을 포인트로 넣어 만들었습니다. 티셔츠에 아기자기한 칼라를 연출한 것처럼 귀엽게 입혀보세요.

사이즈
★ **대바늘 케이프** 총 길이 2.5㎝, 목둘레 14㎝
★ **코바늘 케이프** 총 길이 2.5~3㎝, 목둘레 12~13㎝

게이지
★ 무늬뜨기 4.5코, 4.8단(1㎝×1㎝)
★ 5각형 모티브 한 변의 길이 1.5~2㎝

준비물
★ **실** 앙고라 2합 - 백아이보리색 5g,
비비드핑크 3g(대바늘, 코바늘 2개 분량)
★ **바늘** 2.5mm와 2mm 줄바늘, 레이스 2호 코바늘
★ **부재료** 5mm 원형 단추 1개, 램스울2합 - 진핑크색 약간

알아두기

❶ 대바늘 케이프는 평면뜨기입니다.
❷ 코바늘 케이프는 5각형 모티브를 원형뜨기로 떠서 연결합니다.
❸ 코바늘 5각형 모티브 사이즈는 실의 굵기 차이로 사이즈가 약간씩 차이 날 수 있습니다.
❹ '실은 자릅니다.'는 10㎝ 정도 여유를 두고 자르면 됩니다. 이 실은 돗바늘에 끼워 정리할 실입니다.

뜨개 기법

★겉	겉뜨기	★원모	원코 모아뜨기	★빼뜨기	
★안	안뜨기	★중3모	중심3코 모아뜨기	★사슬뜨기	
★감	감아코			★한길긴뜨기	
★바비	바늘비우기			★긴뜨기3코 방울뜨기	

나의 소중한
파올라레이나를 위하여

vol. 2

나 ✦ 의
소중한

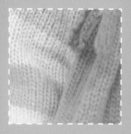

파올라
레이나

에 ✦
✦ 게

선물
하는

색동
한복

색도 모양도 고운, 특별한 한복을 만들며
새해에도 레이나와 함께 행복하세요.

색동 한복

레이나에게 매력적인 우리의 고운 한복을 지어 주세요. 진달래색 치마에는 꽃에 달린 잎사귀 같은 초록 배색을 넣어주고, 귀여운 노란색 색동저고리도 함께 만들어 입혀 보세요.

사이즈
★ **저고리** 총 길이 7㎝, 가슴둘레 18㎝,
          소매길이 8.5㎝
★ **치마**   총 길이 16.5㎝

게이지
★ 메리야스뜨기 4.5코, 6.5단(1㎝×1㎝)

준비물
★ **실**   램스울2합 - 레몬색 5g, 밝은블루색 2g,
         연분홍색 2g, 연두색 2g, 연한초록색 4g,
         진달래색 15g, 백아이보리색 3g, 피콕그린 약간
★ **바늘** 2.25㎜ 줄바늘(장갑바늘), 2㎜ 줄바늘(장갑바늘),
         1.5㎜ 줄바늘
★ **부재료** 스냅단추 3개

알아두기

❶ 저고리와 치마 모두 평면뜨기이며, 아래에서 위로 뜨는 바텀업 방식입니다.
❷ 고름은 묶어서 장식으로 꿰매줍니다.
❸ '실은 자릅니다.'는 10㎝ 정도 여유를 두고 자르면 됩니다. 이 실은 돗바늘에 끼워 정리할 실입니다.

✧ 색동 저고리 ✧

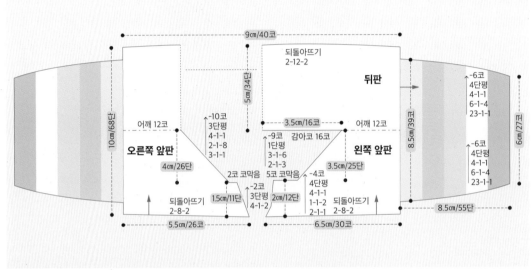

✧ ✧ ✧

✕ 오른쪽 앞판 ✕

램스울2합 레몬색 실과 2.25㎜ 줄바늘(장갑바늘)로 26코를 만듭니다. 2.25㎜ 줄바늘(장갑바늘)은 코만 만들고, 2㎜ 줄바늘(장갑바늘)로 뜹니다. 콧수가 적어서 장갑바늘을 사용해도 됩니다. (p.6 영상 참고)

★1단 안26

★2단 되돌아뜨기 단입니다.
겉18, 실앞, 걸러1, 실뒤, 턴
걸러, 안18
겉1, 오모1, 겉7, 실앞, 걸러1, 실뒤, 턴 25
걸러, 안9

★3단 정리 단입니다. 겉9, 정리코1, 겉7, 정리코1, 겉7

★4단 안25

★5단 겉1, 오모1, 겉22 24

★6단 안24

★7단 겉24

★8단 안24

★9단 2코 코막음, 겉21 22

★10단 안22

★11단 겉2, 오모1, 겉18 21

★12단 안21

★13단 겉2, 오모1, 겉17 20

★14단 안20

★15단 겉2, 오모1, 겉16 19

★16단 안19

★17단   겉2, 오모1, 겉15 18

★18단   안18

★19단   겉2, 오모1, 겉14 17

★20단   안17

★21단   겉2, 오모1, 겉13 16

★22단   안16

★23단   겉2, 오모1, 겉12 15

★24단   안15

★25단   겉2, 오모1, 겉11 14

★26단   안14

★27단   겉2, 오모1, 겉10 13

★28단   안13

★29단   겉13

★30단   안13

★31단   겉2, 오모1, 겉9 12

★32단   안12

★33단   겉12

★34단   안12

12코는 바늘에 걸어둡니다. 실은 자릅니다.

× 왼쪽 앞판 ×

램스울2합 레몬색 실과 2.25㎜ 줄바늘(장갑바늘)로 30코를
만듭니다. 2.25㎜ 줄바늘(장갑바늘)은 코만 만들고 2㎜ 줄바
늘(장갑바늘)로 뜹니다.

★1단   안30

★2단   겉27, 왼모1, 겉1 29

★3단   되돌아뜨기 단입니다.
        안1, 안왼모1, 안18, 실뒤, 걸러1, 실앞, 턴 28
        걸러, 겉17, 왼모1, 겉1 27
        안11, 실뒤, 걸러1, 실앞, 턴
        걸러, 겉11

★4단   정리 단입니다. 안11, 정리코1, 안7, 정리코1, 안7

★5단   겉24, 왼모1, 겉1 26

★6단   안26

★7단   겉26

★8단   안26

★9단   겉26

★10단   5코 코막음, 안20 21

★11단   겉17, 왼모1, 겉2 20

★12단   안20

★13단   겉16, 왼모1, 겉2 19

★14단   안19

★15단   겉15, 왼모1, 겉2 18

★16단   안18

★17단   겉18

★18단   안2, 안왼모1, 안14 17

★19단   겉17

★20단   안17

★21단   겉13, 왼모1, 겉2 16

★22단   안16

★23단   겉16

★24단   안2, 안왼모1, 안12 15

★25단   겉15

★26단   안15

★27단   겉11, 왼모1, 겉2 14

★28단   안14

★29단   겉14

★30단   안2, 안왼모1, 안10 13

★31단   겉13

★32단 안13

★33단 겉9, 왼모1, 겉2 12

★34단 안12

왼쪽, 오른쪽 앞판과 합해서 뒤판을 뜹니다.

× 뒤판 ×

★35단 왼쪽 앞판은 겉12, 감16, 이어서 오른쪽 앞판 겉12
40

★36단 안40

★37~66단 메리야스뜨기 30단

★67단 되돌아뜨기 단입니다.
겉28, 실앞, 걸러, 실뒤, 턴
걸러, 안16, 실뒤, 걸러, 실앞, 턴
걸러, 겉16, 정리코1, 겉11

★68단 안28, 정리코1, 안11

겉뜨기 뜨면서 코막음 합니다.

× 깃과 동정 ×

오른쪽 앞판 2코 코막음 한 부분에서 2코, 깃 부분에서 한 단
마다 한 코씩 주워서 26코, 뒤판 감아코에서 16코 줍기, 왼쪽
앞판 깃 부분에서 한 단마다 한 코씩 주워서 25코, 총 69코로
시작합니다. 램스울2합 레몬색 실과 1.5㎜ 줄바늘을 사용합니
다.(그림 도안과 영상 참고) 백아이보리색 부분이 동정입니다.

★1단 안69

★2단 겉69

★3단 안69

★4단 겉6, 백아이보리색 실로 겉56, 새로운 레몬색 실로
겉7

★5단 안7, 백아이보리색 실로 겉56, 레몬색 실로 안6
(겉면에 동정 부분만 안뜨기 무늬)

★6단 겉6, 백아이보리색 실로 겉56, 레몬색 실로 겉7

★7단 안7, 백아이보리색 실로 안56, 레몬색 실로 안6

★8단 6코 코막음, 레몬색 실은 자릅니다, 백아이보리색
실로 겉56, 레몬색 실로 7코 코막음, 레몬색 실은 자
릅니다. 56

★9단 백아이보리색 실로 안56

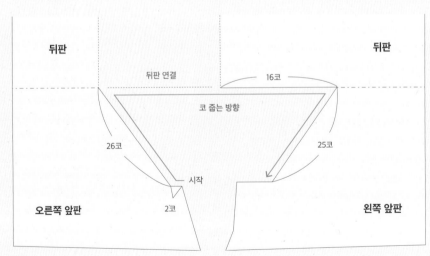

깃에서 코줍기

뒤판

뒤판

뒤판 연결

16코

코 줍는 방향

26코

25코

시작

오른쪽 앞판

2코

왼쪽 앞판

✧ ✧ ✧

★10단   겉56

★11단   안56

겉뜨기 뜨면서 코막음 합니다. 백아이보리색 동정은 접어서 안쪽에서 감침질 합니다. 왼쪽 앞판의 5코 코막음 한 부분과 깃 부분을 돗바늘로 메리야스잇기 합니다.

× 고름 ×

램스울2합 피콕그린색 실과 2㎜ 장갑바늘로 4코를 만듭니다. 메리야스뜨기로 16㎝ 정도 떠서 스팀 다림 한 다음, 장식으로 부착시킵니다.

× 소매 ×

몸판 옆선 68단에서 6단부터 63단 사이의 코를 주워서 소매를 뜹니다. 몸판 옆선 6단부터 시작해서 '1단에 1코씩 2코를 줍고 1단 건너가기'를 19번 반복한 다음, 1단에 1코를 주워 총 39코로 소매를 뜹니다. 소매는 밝은블루, 연분홍, 연두, 레몬, 연한초록색 순서로 뜹니다. 램스울2합 밝은블루색 실과 2㎜ 줄바늘로 몸판 진동에서 39코를 주워서 시작합니다. 실 색상이 명시될 때 실을 바꿔줍니다.

★1단   밝은블루색 실로 진동에서 코줍기 39코 (코줍기부터 1단으로 합니다.)

★2단   안39

★3단   겉39

★4단   안39

★5~10단   3~4단 3번 반복

★11단   겉39

★12단   연분홍색 실로 안39

★13단   겉39

★14~21단   12~13단 4번 반복

★22단   안39

★23단   연두색 실로 겉2, 오모1, 겉31, 왼모1, 겉2 37

★24단   안37

★25단   겉37

★26~27단   24~25단 반복

★28단   안37

★29단   겉2, 오모1, 겉29, 왼모1, 겉2 35

★30단   안35

★31단   겉35

★32~33단   30~31단 반복

★34단   레몬색 실로 안35

★35단   겉2, 오모1, 겉27, 왼모1, 겉2 33

★36단   안33

★37단   겉33

★38~39단   36~37단 반복

★40단   안33

★41단   겉2, 오모1, 겉25, 왼모1, 겉2 31

★42단   안31

★43단   겉31

★44단   안31

★45단   연한초록색 실로 겉31

★46단   안31

★47단   겉2, 오모1, 겉23, 왼모1, 겉2 29

★48단   안29

★49단   겉29

★50단   안29

★51단   겉2, 오모1, 겉21, 왼모1, 겉2 27

★52단   안27

★53단   겉27

★54~55단   52~53단 반복

안뜨기 뜨면서 코막음 합니다. 다른쪽 소매도 같은 방법으로 뜹니다.

❶ 앞판에 스냅단추 2개를 답니다.

❷ 고름은 묶은 뒤 바느질 바늘에 피콕그린색 실을 꿰어 바느질로 왼쪽 앞판에 고정합니다.

❸ 여유로 남긴 실은 정리합니다.

✧ 치마 ✧

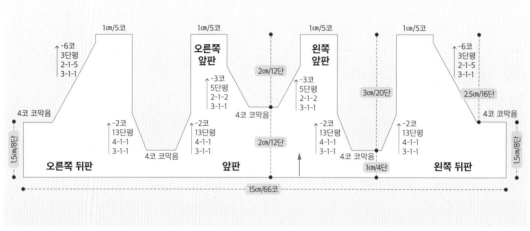

× 몸판 ×

램스울2합 진달래색 실과 2.25㎜ 줄바늘로 162코를 만듭니다. 2.25㎜ 줄바늘은 코만 만들고 2㎜ 줄바늘로 뜹니다. 연한 초록색은 '연초', 진달래색은 '진'으로 표현합니다. 색상이 명시될 때 실 색상을 바꿔서 뜹니다. 괄호 안에 배색은 그림도안을 참고합니다.

★1~3단   겉1, (겉4, 안4)×20, 안1

★4단   겉162

★5단   안162

★6단   연한초록색 실로 겉162

★7단   앞면을 보고 왼쪽에 있는 코를 오른쪽 진달래색 실이 달린 쪽으로 코를 밀어서 진달래색 실로 겉162

★8단   진안1, (진안5, 연초안4, 진안3, 연초안4, 진안3, 연초안1) ×8, 연초안1

★9단   연초겉1, (연초겉1, 진겉2, 연초겉4, 진겉3, 연초겉6, 진겉3, 연초겉1)×8, 연초겉1

★10단   연초안1, (연초안1, 진안2, 연초안3, 진안2, 연초안3, 진안6, 연초안1, 진안2)×8, 진안1

★11단   연초겉1, (연초겉4, 진겉1, 연초겉1, 진겉4, 연초겉1, 진겉4, 연초겉2, 진겉1, 연초겉1, 진겉1)×8, 진겉1

★12단   연초안1, (연초안2, 진안1, 연초안2, 진안1, 연초안1, 진안1, 연초안1, 진안3, 연초안2, 진안1, 연초안1, 진안4)×8, 진안1

★13단   진겉1, (진겉2, 연초겉1, 진겉2, 연초겉1, 진겉2, 연초겉1, 진겉3, 연초겉1, 진겉2, 연초겉1, 진겉1, 연초겉1, 진겉2)×8, 진겉1

치마 배색

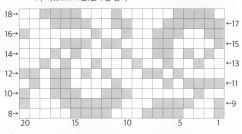

	진달래색 겉뜨기
	연한초록색 겉뜨기

1무늬(20코 11단)를 8번 반복

→ 이 방향으로 뜨는 단은 보이는 기호의 반대로 뜹니다.
예) 뒷면에서 뜨기 때문에 겉뜨기는 안뜨기로,
안뜨기는 겉뜨기로 뜹니다.

✧ ✧ ✧

★14단 진안1, (진안3, 연초안1, 진안1, 연초안1, 진안4, 연초안1, 진안2, 연초안2, 진안1, 연초안1, 진안1, 연초안1, 진안1)×8, 진안1

★15단 연초겉1, (연초겉1, 진겉4, 연초겉2, 진겉3, 연초겉2, 진겉1, 연초겉3, 진겉4)×8, 진겉1

★16단 연초안1, (연초안1, 진안6, 연초안1, 진안2, 연초안1, 진안2, 연초안3, 진안2, 연초안2)×8, 연초안1

★17단 연초겉1, (연초겉6, 진겉3, 연초겉2, 진겉2, 연초겉4, 진겉3)×8, 진겉1

★18단 진안1, (진안2, 연초안4, 진안3, 연초안1, 진안5, 연초안4, 진안1)×8, 진안1

★19단 겉162

★20단 앞면을 보고 왼쪽에 있는 코를 오른쪽 연한초록색 실이 달린 쪽으로 코를 밀어서 연한초록색 실로 겉162, 연한초록색 실은 자릅니다.

★21단 진달래색 실로 안162

★22~75단 메리야스뜨기 54단 (1단부터 치마 길이가 12~12.5㎝ 정도 될 때까지)

★76단 주름 만드는 단입니다. 겉1, (첫 번째 장갑바늘에 3코를 옮깁니다. 두번째 장갑바늘에 3코를 옮기고, 180° 시계 반대 방향으로 회전해서 첫 번째 장갑바늘 앞에 오도록 겹쳐줍니다. 왼바늘에 3코도 두 번째 장갑바늘 앞에 오도록 겹쳐줍니다. 이렇게 바늘 3개를 겹쳐서 겉3, 겉1)×16, 겉1 66 (영상 참고)

★77단 안66

★78단 겉66

★79단 안66

✕ 치마조끼 ✕

치마 79단까지 뜨고 이어서 조끼를 뜹니다. 램스울2합 백아이 보리색 실과 2㎜ 줄바늘로 시작합니다.

★1단 겉66

★2단 안66

★3~4단 1~2단 반복

✕ 왼쪽 뒤판 ✕

66코 중 오른쪽 17코로 시작합니다. 나머지 49코는 쉼코로 둡니다.

★5단 겉17

★6단 안17

★7단 겉14, 왼모1, 겉1 16

★8단 안16

★9단 4코 코막음, 겉11 12

★10단 안12

★11단 겉1, 오모1, 겉6, 왼모1, 겉1 10

★12단 안10

★13단 겉1, 오모1, 겉7 9

★14단 안9

★15단 겉1, 오모1, 겉6 8

★16단 안8

★17단 겉1, 오모1, 겉5 7

★18단 안7

★19단 겉1, 오모1, 겉4 6

★20단 안6

★21단 겉1, 오모1, 겉3 5

★22단 안5

★23단 겉5

★24단 안5

5코는 버림실에 걸어둡니다. 실은 자릅니다.

× 앞판 ×

쉼코로 둔 49코 중 오른쪽 28코로 시작합니다. 나머지 21코는 쉼코로 둡니다.

★5단 4코 코막음, 겉23 24

★6단 안24

★7단 겉1, 오모1, 겉18, 왼모1, 겉1 22

★8단 안22

★9단 겉22

★10단 안22

★11단 겉1, 오모1, 겉16, 왼모1, 겉1 20

★12단 안20

× 왼쪽 앞판 ×

앞판 20코 중 오른쪽 8코로 시작합니다. 나머지 12코는 쉼코로 둡니다.

★13단 겉8

★14단 안8

★15단 겉5, 왼모1, 겉1 7

★16단 안7

★17단 겉4, 왼모1, 겉1 6

★18단 안6

★19단 겉3, 왼모1, 겉1 5

★20단 안5

★21~24단 메리야스뜨기 4단

남은 5코와 왼쪽 뒤판의 5코를 겉과 겉끼리 마주 보게 겹쳐놓고 새로운 바늘을 사용하여(총 3개의 바늘) 겉뜨기 뜨면서 코막음으로 연결합니다. 실은 자릅니다.

× 오른쪽 앞판 ×

왼쪽 앞판에서 쉼코로 둔 12코로 시작합니다.

★13단 4코 코막음, 겉7 8

★14단 안8

★15단 겉1, 오모1, 겉5 7

★16단 안7

★17단 겉1, 오모1, 겉4 6

★18단 안6

★19단 겉1, 오모1, 겉3 5

★20단 안5

★21~24단 메리야스뜨기 4단

5코는 쉼코로 둡니다.

× 오른쪽 뒤판 ×

앞판에서 쉼코로 둔 21코로 시작합니다.

★5단 4코 코막음, 겉16 17

★6단 안17

★7단 겉1, 오모1, 겉14 16

★8단 4코 코막음, 안11 12

★9단 겉12

★10단 　안12

★11단 　겉1, 오모1, 겉6, 왼모1, 겉1　10

★12단 　안10

★13단 　겉7, 왼모1, 겉1　9

★14단 　안9

★15단 　겉6, 왼모1, 겉1　8

★16단 　안8

★17단 　겉5, 왼모1, 겉1　7

★18단 　안7

★19단 　겉4, 왼모1, 겉1　6

★20단 　안6

★21단 　겉3, 왼모1, 겉1　5

★22단 　안5

★23단 　겉5

★24단 　안5

남은 5코와 오른쪽 앞판의 5코를 겉과 겉끼리 마주 보게 겹쳐
놓고 새로운 바늘을 사용하여(총 3개의 바늘) 겉뜨기 뜨면서
코막음으로 연결합니다. 실은 자릅니다.

× 마무리 ×

❶ 여유로 남긴 실은 정리합니다.

❷ 치마 옆선을 8㎝ 정도 돗바늘로 메리야스잇기를 합니다.

❸ 치마조끼의 뒤판에 스냅단추를 답니다.

테마별 인형 옷 · 소품 DIY

나의 소중한
파올라레이나를 위하여
vol. 1

- - - - - - -

예쁜손뜨개 지음 / 190×240 / 216p / 22,000원

계절별 인형 옷 · 소품 DIY

나의 소중한
파올라레이나를 위하여
vol. 2

- - - - - - -

예쁜손뜨개 지음 / 190×240 / 232p / 22,000원

❖ 플라워 코바늘 케이프 ❖

× 케이프 모티브 ×

레이스 2호 코바늘과 앙고라2합 비비드핑크색 실로 매직링을 만들어 원형으로 뜨기 시작합니다. 빼뜨기는 기둥코 위에 빼뜨기 합니다. (영상 참고)

★1단 기둥(사슬3), 한길긴뜨기2, (사슬3, 한길긴뜨기3)×4, 사슬3, 빼뜨기, 비비드핑크색 실은 자릅니다.

★2단 백아이보리색 실로 기둥(사슬3), 한길긴뜨기2, (사슬2, 한길긴뜨기3, 사슬1, 한길긴뜨기3)×4, 사슬2, 한길긴뜨기3, 사슬1, 빼뜨기, 백아이보리색 실은 자릅니다.

총 6장을 뜹니다.

× 케이프 끈 ×

레이스 2호 코바늘과 백아이보리색 실로 목둘레 끝부분에서 사슬뜨기를 6㎝ 정도 뜨고 방울뜨기를 합니다. 방울뜨기는 기둥(사슬2), 긴뜨기 2개를 모아 뜹니다.

× 마무리 ×

❶ 모티브 6장을 그림 도안처럼 돗바늘에 백아이보리색 실을 꿰어 감침질합니다.

❷ 여유로 남긴 실은 정리합니다.

❸ 케이프 끈은 리본 모양으로 예쁘게 묶어줍니다.

❹ 진핑크색 실로 모티브 중심에 프렌치너트 스티치를 합니다.

플라워 코바늘 케이프

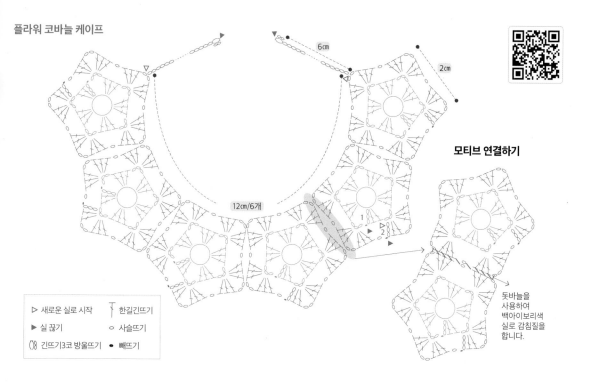

모티브 연결하기

돗바늘을 사용하여 백아이보리색 실로 감침질을 합니다.

6㎝

2㎝

12㎝/6개

▷ 새로운 실로 시작   ┃ 한길긴뜨기
▶ 실 끊기   ○ 사슬뜨기
긴뜨기3코 방울뜨기   ● 빼뜨기

웨이브 대바늘 케이프

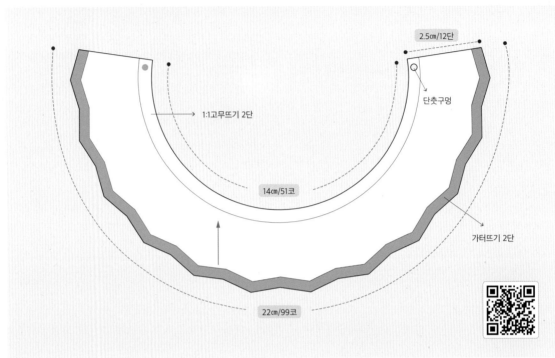

2.5cm/12단

→ 1:1고무뜨기 2단

단춧구멍

14cm/51코

가터뜨기 2단

22cm/99코

✧ ✧ ✧

웨이브 대바늘 케이프

| 겉뜨기 | | ― 안뜨기 | O 바늘비우기 | ⋏ 중심3코 모아뜨기 | ⋏ 왼코 모아뜨기 |

1무늬=8코/8단 12번 반복

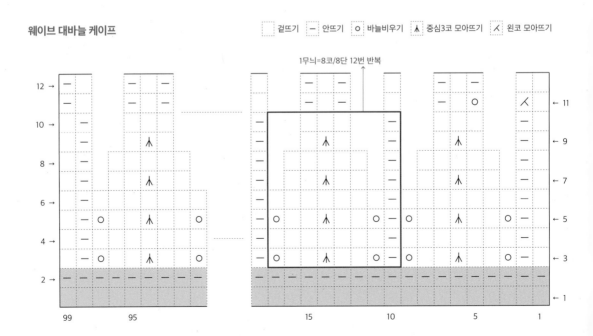

× 케이프 ×

2.5㎜ 줄바늘과 앙고라2합 비비드핑크색 실로 99코를 만듭니다.
2.5㎜ 줄바늘은 코만 만들고 2㎜ 줄바늘로 작업합니다.
(p.198 영상 참고)

★1~2단 겉99×2단, 비비드핑크색 실은 자릅니다.

★3단 백아이보리색 실로 겉1, (안1, 바비, 겉2, 중3모1, 겉2, 바비)×12, 안1, 겉1

★4단 안1, 겉1, (안7, 겉1)×12, 안1

★5~6단 3~4단 1번 반복

★7단 겉1, (안1, 겉2, 중3모1, 겉2)×12, 안1, 겉1 75

★8단 안1, 겉1, (안5, 겉1)×12, 안1

★9단 겉1, (안1, 겉1, 중3모1, 겉1)×12, 안1, 겉1 51

★10단 안1, 겉1, (안3, 겉1)×12, 안1

★11단 겉1, 왼모1, 바비(단춧구멍), (겉1, 안1)×24

★12단 (겉1, 안1)×25, 안1

겉뜨기는 겉뜨기로, 안뜨기는 안뜨기로 뜨면서 코막음 합니다.

× 마무리 ×

❶ 단춧구멍 위치에 맞춰서 단추를 답니다.

❷ 여유로 남긴 실은 정리합니다.

HOW TO KNIT

대바늘 뜨개
기초 배우기

✧ 기본코 만들기 ✧

대바늘 뜨기의 시작이 되는 기본 기법입니다.

1 짧은 실이 엄지 쪽으로 오도록 오른손으로 잡아 고리를 만들고, 왼손 엄지와 검지를 고리 위에 올려놓습니다. 이때 짧은 실은 편물 폭의 3배 정도 남깁니다.

2 오른손에 잡았던 실을 왼손으로 옮기고, 바늘을 엄지에 걸린 실 아래쪽으로 넣어줍니다.

3 검지에 걸린 실을 바늘로 끌어옵니다.

4 바늘에 걸린 실을 엄지에 걸린 실 사이로 빼냅니다.

5 왼손 엄지와 검지에 걸린 실을 빼고 매듭 밑 실 사이로 엄지와 검지를 다시 넣은 뒤 매듭이 바늘 밑으로 가도록 실을 당겨줍니다.

6 기본코 한 코를 만든 모습입니다.

7 한 코 걸린 바늘을 엄지와 검지 사이로 내려서 엄지에 걸린 실 아래쪽으로 넣어줍니다.

8 3~5번을 7번과 같은 방법으로 뜨면 2코가 만들어집니다. 같은 방법으로 반복해서 원하는 만큼 코를 만듭니다.

✧ 겉뜨기 — 겉 I ✧

대바늘 뜨기의 가장 기초가 되는 기본 기법입니다.

1 실을 뒤에 두고 오른쪽 바늘을 앞에서 뒤로 넣어줍니다.

2 실을 오른쪽 바늘의 뒤에서 앞쪽으로 감 아줍니다.

3 실을 코 사이 앞쪽으로 뺀 다음, 왼쪽 바 늘을 뺍니다.

4 겉뜨기를 완성한 모습입니다.

✧ 안뜨기 — 안 ─ ✧

대바늘 뜨기의 가장 기초가 되는 기본 기법입니다.

1 실을 앞에 두고 오른쪽 바늘을 앞으로 넣어줍니다.

2 실을 오른쪽 바늘의 뒤에서 앞쪽으로 감 아줍니다.

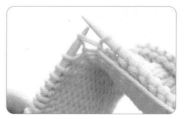

3 실을 코 사이 뒤쪽으로 뺀 다음, 왼쪽 바 늘을 뺍니다.

4 안뜨기를 완성한 모습입니다.

❖ 감아코 ── 감 ⓪ ❖

코를 한 번에 많이 늘리거나, 단춧단 코를 만들 때,
소매 분리 후 겨드랑이 부분의 코를 늘릴 때 사용하는 기법입니다.

1 왼손 검지에 실을 감아줍니다.

2 실 아래쪽으로 바늘을 넣습니다.

3 검지에서 실을 빼고 실을 잡아 당겨주면
감아코 1코가 완성됩니다.

4 계속 반복해서 원하는 콧수만큼 만들어
줍니다.

❖ 바늘비우기 ── 바비 ◯ ❖

구멍 무늬를 내는 기법입니다.
단춧구멍, 코 늘리기, 레이스 무늬뜨기 등에 사용합니다.

1 실을 앞에 둡니다.

2 다음 코를 겉뜨기로 뜹니다.

3 바늘 비우기와 겉뜨기 한 코가 완성된 모
습입니다.

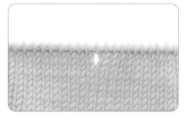

4 다음 단에서 안뜨기를 하고, 바늘비우기를 했던 코에 안뜨기 방향으로 바늘을 넣습니다.

5 안뜨기를 합니다.

6 겉면에서 본 바늘비우기 모습입니다.

✧ 겉뜨기로 꼬아뜨기 — 겉꼬 ℚ ✧

겉뜨기의 응용 기법으로 겉뜨기보다 조직을 조금 더 탄탄하게 만들 때 사용하는 기법입니다.
고무뜨기나 무늬뜨기에 많이 사용합니다.

1 실을 뒤에 두고 오른쪽 바늘을 뒤로 넣어 겉뜨기로 뜹니다.

2 오른쪽 바늘에 실을 감고 겉뜨기로 떠서 꼬아뜨기가 완성된 모습입니다.

대바늘 뜨개 기초 배우기

✧ 안뜨기로 꼬아뜨기 — 안꼬 ℚ ✧

안뜨기의 응용 기법으로 안뜨기보다 조직을 조금 더 탄탄하게 만들 때 사용하는 기법입니다.
고무뜨기나 무늬뜨기에 많이 사용합니다.

1 실을 앞에 두고 오른쪽 바늘을 뒤에서 앞으로 넣어 안뜨기로 뜹니다.

2 안뜨기를 한 후 왼쪽 바늘을 뺍니다.

3 '겉뜨기로 꼬아뜨기'와 '안뜨기로 꼬아뜨기'는 겉 메리야스 조직에서 확인하면 꼬아진 모습이 같습니다.

╳ 모아뜨기 ╳

코를 줄이는 기법으로 개인의 편의나 무늬에 맞게 사용합니다.
콧수를 줄이거나 무늬뜨기에 사용합니다.

✧ 왼코 모아뜨기 ― 왼모 ㅅ ✧

2코를 1코로 줄일 때 사용하는 기법으로, 왼코가 앞으로 오는 모양이 됩니다.

1 왼쪽 바늘의 2코에 겉뜨기 방향으로 오른쪽 바늘을 한꺼번에 넣어줍니다.

2 오른쪽 바늘에 실을 감아서 2코를 한꺼번에 겉뜨기로 뜹니다.

3 왼코 모아뜨기를 완성한 모습입니다.

✧ 오른코 모아뜨기 ― 오모 ㅅ ✧

2코를 1코로 줄일 때 사용하는 기법으로, 오른코가 앞으로 오는 모양이 됩니다.

1 왼쪽 바늘의 첫 코에 겉뜨기 방향으로 바늘을 넣은 다음, 뜨지 않고 오른쪽 바늘로 옮깁니다.

2 겉뜨기 방향으로 다음 코도 오른쪽 바늘로 옮깁니다.

3 왼쪽 바늘을 오른쪽 바늘로 옮긴 2코의 바늘 앞으로 오도록 넣어줍니다.

4 오른쪽 바늘에 실을 감아서 2코를 한꺼번에 겉뜨기로 뜹니다.

5 오른코 모아뜨기를 완성한 모습입니다.

✧ 안뜨기로 왼코 모아뜨기 — 안왼모 ◿ ✧

안뜨기에서 2코를 1코로 줄일 때 사용하는 기법으로, 왼코가 앞으로 오는 모양이 됩니다.

1 왼쪽 바늘의 2코에 안뜨기 방향으로 오른쪽 바늘을 넣어줍니다.

2 오른쪽 바늘에 실을 감아 2코를 한꺼번에 안뜨기로 뜹니다. 안뜨기로 왼코 모아뜨기가 완성된 모습입니다.

✧ 안뜨기로 오른코 모아뜨기 — 안오모 ◺ ✧

안뜨기에서 2코를 1코로 줄일 때 사용하는 기법으로, 오른코가 앞으로 오는 모양이 됩니다.

1 왼쪽 바늘의 첫 코에 겉뜨기 방향으로 바늘을 넣은 다음, 뜨지 않고 오른쪽 바늘로 옮깁니다.

2 다음 코도 겉뜨기 방향으로 오른쪽 바늘로 옮깁니다.

3 오른쪽으로 옮긴 2코에 왼쪽 바늘을 화살표 방향대로 넣어줍니다.

4 왼쪽 바늘을 넣어 옮긴 모습입니다.

5 옮긴 2코를 한 번에 안뜨기로 뜹니다.

6 안뜨기로 오른코 모아뜨기를 완성한 모습입니다.

✧ 중심3코 모아뜨기 — 중3모 ✧

3코를 1코로 줄일 때 사용하는 기법으로, 3코 중 2번째 코가 앞으로 오는 모양이 됩니다.

1 왼쪽 바늘의 2코에 오른쪽 바늘을 넣어 줍니다.

2 뜨지 않고 오른쪽 바늘로 옮깁니다.

3 왼쪽 바늘의 다음 코를 겉뜨기로 뜹니다.

4 먼저 옮겨놓은 2코에 왼쪽 바늘을 넣어 줍니다.

5 왼쪽 바늘의 2코를 당겨서 겉뜨기한 한 코를 덮어 씌웁니다.

6 중심3코 모아뜨기를 완성한 모습입니다.

✧ 안뜨기로 중심3코 모아뜨기 — 안중3모 ✧

안뜨기에서 3코를 1코로 줄일 때 사용하는 기법으로,
겉면에서 3코 중 2번째 코가 앞으로 오는 모양이 됩니다.

1 안쪽 면에서 뜨는 중심3코 모아뜨기입니다. 중심코 한 코 전까지 뜨지 않습니다.

2 뒤쪽 겉면 쪽에서 중심코와 오른쪽코 밑으로 오른쪽 바늘을 넣어줍니다.

3 오른쪽 바늘로 옮겨진 모습입니다.

4 다음 코를 안뜨기로 뜹니다.

5 옮긴 2코 사이로 왼쪽 바늘을 넣어 안뜨기한 한 코를 덮어 씌웁니다.

6 안뜨기로 중심3코 모아뜨기를 완성한 모습입니다.

7 겉면에서 본 모습입니다.

✧ 왼코3코 모아뜨기 ― 왼3모 ◭ ✧

3코를 1코로 줄일 때 사용하는 기법으로, 3코 중 3번째 코가 앞으로 오는 모양이 됩니다.

1 왼쪽 바늘의 3코에 오른쪽 바늘을 한꺼번에 넣어줍니다.

2 오른쪽 바늘에 실을 감아 3코를 한꺼번에 겉뜨기로 뜹니다.

3 왼코3코 모아뜨기를 완성한 모습입니다.

✧ 오른코3코 모아뜨기 — 오3모 ✧

3코를 1코로 줄일 때 사용하는 기법으로, 3코 중 첫 번째 코가 앞으로 오는 모양이 됩니다.

1 왼쪽 바늘의 한 코에 겉뜨기 방향으로 오른쪽 바늘을 넣어줍니다.

2 뜨지 않고 오른쪽 바늘로 옮깁니다.

3 왼쪽 바늘의 2코를 한꺼번에 겉뜨기로 뜹니다.

4 오른쪽 바늘로 옮겨둔 한 코에 왼쪽 바늘을 넣어 살짝 당겨줍니다.

5 겉뜨기한 코를 코 사이로 빼냅니다.

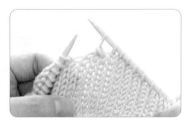

6 오른코3코 모아뜨기를 완성한 모습입니다.

✧ 안뜨기로 왼코3코 모아뜨기 — 안왼3모 ✧

안뜨기에서 3코를 1코로 줄일 때 사용하는 기법으로, 3코 중 세 번째 코가 앞으로 오는 모양이 됩니다.

1 왼쪽 바늘의 3코에 오른쪽 바늘을 안뜨기 방향으로 한꺼번에 넣어줍니다.

2 오른쪽 바늘에 실을 걸어 3코를 한꺼번에 안뜨기로 뜹니다.

3 안뜨기로 왼코3코 모아뜨기를 완성한 모습입니다.

× 늘리기 ×

코를 늘리는 기법으로 개인의 편의나 무늬에 맞게 사용합니다.
콧수를 늘리거나 무늬뜨기에 사용합니다.

✧ 왼코 늘리기 ─ 왼늘 ⅄ ✧

1코씩 늘릴 때 가장 많이 사용하는 기본 기법으로, 코가 왼쪽 방향으로 늘어나는 모양이 됩니다.

1 오른쪽 코의 2단 아래 코 중에 왼쪽 실 아래로 왼쪽 바늘을 넣어줍니다.

2 왼쪽 바늘로 코를 끌어올려 오른쪽 바늘을 뒤로 넣고 겉뜨기를 합니다.

3 왼코 늘리기를 완성한 모습입니다.

✧ 오른코 늘리기 ─ 오늘 Ⅴ ✧

1코씩 늘릴 때 가장 많이 사용하는 기본 기법으로, 코가 오른쪽 방향으로 늘어나는 모양이 됩니다.

1 왼쪽 바늘 첫 코 바로 아랫단 코의 오른쪽 실 아래에 오른쪽 바늘을 넣어줍니다.

2 오른쪽 바늘로 끌어올린 코를 왼쪽 바늘로 옮깁니다.

3 왼쪽으로 옮긴 코에 오른쪽 바늘을 넣어줍니다.

4 끌어올린 코를 겉뜨기로 뜬 모습입니다.

✧ 안뜨기로 왼코 늘리기 — 안원늘 ⟨丫⟩ ✧

안뜨기면에서 왼쪽 방향으로 코를 늘려야 할 때 사용합니다.

1 오른쪽 코 2단 아래 코의 가로로 볼록 나온 실 밑으로 왼쪽 바늘을 넣어줍니다.

2 왼쪽 바늘로 코를 끌어올려 오른쪽 바늘을 사진처럼 안뜨기 방향으로 넣고 안뜨기를 합니다.

3 안뜨기로 왼코 늘리기를 완성한 모습입니다.

✧ 안뜨기로 오른코 늘리기 — 안오늘 ⟨丫⟩ ✧

안뜨기면에서 오른쪽 방향으로 코를 늘려야 할 때 사용합니다.

1 왼쪽 바늘 첫 코 바로 아랫단 코의 가로로 볼록 나온 실 밑으로 오른쪽 바늘을 넣어줍니다.

2 오른쪽 바늘로 끌어올린 코를 왼쪽 바늘로 옮기면서 오른쪽 바늘을 왼쪽 바늘 앞에 둡니다.

3 안뜨기를 합니다.

4 안뜨기로 오른코 늘리기를 완성한 모습입니다.

✧ 한 코 늘리기 ─ m1 ✧

코와 코 사이에서 코의 모양이 기울지 않게 코를 늘리는 기법입니다.

1 오른쪽 바늘로 뒤에서 앞으로 코와 코 사이의 바를 끌어 올립니다.

2 바에서 끌어 올린 코 밑으로 왼쪽 바늘을 넣어 왼쪽 바늘로 옮깁니다.

3 오른쪽 바늘을 겉뜨기 방향으로 넣어 겉뜨기를 합니다.

4 m1으로 한 코 늘리기를 완성한 모습입니다.

✧ 1코로 2코 만들기 ─ kfb(knit front and back) ✧

1코를 2코로 만들 때 사용합니다.

1 겉뜨기 한 코를 뜹니다.

2 겉뜨기 뜬 뒤 왼쪽 바늘의 코를 빼지 않습니다.

3 빼지 않은 상태에서 오른쪽 바늘을 코의 뒤로 넣어줍니다.

4 겉뜨기를 합니다.

5 겉뜨기를 하고 왼쪽 바늘을 뺍니다.

6 kfb로 1코를 2코 만들기 완성한 모습입니다.

대바늘 뜨개 기초 배우기

× 교차뜨기 ×

아란무늬에 가장 많이 사용하며, 교차 뜨는 방향에 따라 다양한
무늬를 만들 수 있는 기법입니다. 케이블 무늬라고도 합니다.

✧ 1:1 왼코위 교차뜨기 ── ✧

1코씩 교차하며 왼쪽 코가 위로 올라가는 교차뜨기입니다.

1 왼쪽 바늘의 2코 중 왼쪽 코에 오른쪽
바늘을 넣어줍니다.

2 겉뜨기를 합니다.

3 겉뜨기를 하고 난 뒤 겉뜨기 뜬 코는 오
른쪽 바늘에 있고, 왼쪽 바늘에 있던 오
른쪽 코는 빠진 상태입니다.

4 빠진 코를 왼쪽 바늘로 옮깁니다.

5 옮긴 코를 겉뜨기로 뜨면 1:1 왼코위 교
차뜨기가 완성된 모습입니다.

✧ 1:1 오른코위 교차뜨기 ── ✧

1코씩 교차하며 오른쪽 코가 위로 올라가는 교차뜨기입니다.

1 왼쪽 바늘의 2코 중 오른쪽 코를 앞으로
두고 엄지로 살짝 잡아줍니다.

2 다음 코를 겉뜨기로 뜹니다.

3 엄지로 잡아준 코를 왼쪽 바늘로 옮겨서
겉뜨기를 합니다.

4 1:1 오른코위 교차뜨기를 완성한 모습입니다.

✧ 2:2 왼코위 교차뜨기 — 2:2 왼위교차 ✧

2코씩 교차하며 왼쪽 2코가 위로 올라가는 교차뜨기입니다.

1 왼쪽 바늘에 걸려있는 겉뜨기 4코 중 오른쪽 2코를 꽈배기바늘에 옮긴 다음, 뒤로 빼놓습니다.

2 왼쪽 바늘의 첫 번째 코에 오른쪽 바늘을 넣어 겉뜨기를 합니다.

3 다음 코도 겉뜨기를 한 모습입니다.

4 꽈배기바늘에 걸린 2코를 순서대로 겉뜨기로 뜹니다.

5 2:2 왼코위 교차뜨기를 완성한 모습입니다.

✧ 2:2 오른코위 교차뜨기 — 2:2 오위교차 ✧

2코씩 교차하며 오른쪽 2코가 위로 올라가는 교차뜨기입니다.

1 왼쪽 바늘에 걸려있는 겉뜨기 4코 중 오른쪽 2코를 꽈배기바늘에 옮긴 다음, 앞으로 빼놓습니다.

2 왼쪽 바늘의 첫 번째 코에 오른쪽 바늘을 넣어 겉뜨기를 합니다.

3 다음 코도 겉뜨기를 한 모습입니다.

4 꽈배기바늘에 걸린 2코도 순서대로 겉뜨기를 합니다.

5 2:2 오른코위 교차뜨기를 완성한 모습입니다.

✧ 1:1 왼코위 교차 겉안 — 1:1 왼위교차 겉안  ✧

1코씩 교차하며 왼쪽 코가 위로 올라가게 한 후 겉뜨기 1코, 안뜨기 1코를 뜨는 교차뜨기입니다.

1 왼쪽 바늘의 2코 중 왼쪽 코에 오른쪽 바늘을 넣어줍니다.

2 겉뜨기를 합니다.

3 겉뜨기를 하고 난 뒤 겉뜨기 뜬 코는 오른쪽 바늘에 있고, 왼쪽 바늘에 있던 오른쪽 코는 빠진 상태입니다.

HOW TO KNIT

4 빠진 코를 왼쪽 바늘로 옮기고 실도 앞 쪽으로 옮겨줍니다.

5 안뜨기를 합니다.

6 1:1 왼코위 교차 겉안이 완성된 모습입 니다.

✧ 1:1 오른코위 교차 안겉 ─ 1:1 오위교차 안겉 ✧

1코씩 교차하며 오른쪽 코가 위로 올라가게 한 후 안뜨기 1코, 겉뜨기 1코를 뜨는 교차뜨기입니다.

1 왼쪽 바늘의 한 코를 앞쪽으로 뺍니다.

2 빠진 코를 엄지로 살짝 잡아줍니다.

3 다음 코를 안뜨기로 뜹니다.

4 빠진 코를 왼쪽 바늘로 옮기고 실은 뒤쪽 으로 옮깁니다.

5 옮긴 코를 겉뜨기로 뜨면 1:1 오른코위 교 차 안겉이 완성된 모습입니다.

대바늘 뜨개 기초 배우기

✧ 2:왼모 왼코위 교차뜨기 ✧

2:2 교차뜨기 중 콧수 조절하기 위해 뒤에 놓이는 코(오른쪽 코)를 줄일 때 사용합니다.

1 왼쪽 바늘에 걸려있는 겉뜨기 4코 중 오른쪽 2코를 꽈배기바늘에 옮긴 다음, 뒤로 빼놓습니다.

2 왼쪽 바늘의 첫 번째 코에 오른쪽 바늘을 넣어 겉뜨기를 합니다.

3 다음 코도 겉뜨기를 한 모습입니다.

4 꽈배기바늘에 걸린 2코를 왼코 모아뜨기로 뜹니다.

5 2:왼모 왼코위 교차뜨기를 완성한 모습입니다.

✧ 왼모:2 오른코위 교차뜨기 ✧

2:2 교차뜨기 중 콧수 조절을 위해 뒤에 놓이는 코(왼쪽 코)를 줄일 때 사용합니다.

1 왼쪽 바늘에 걸려있는 겉뜨기 4코 중 오른쪽 2코를 꽈배기바늘에 옮긴 다음, 앞으로 빼놓습니다.

2 왼쪽 바늘의 2코를 왼코 모아뜨기로 뜹니다.

3 왼코 모아뜨기한 모습입니다.

4 꽈배기바늘에 걸린 2코를 순서대로 겉 뜨기로 뜹니다.

5 왼모:2 오른코위 교차뜨기를 완성한 모 습입니다.

× 코막음 × 뜨개를 마무리 할 때 사용하는 기법입니다.

✧ 겉뜨기 뜨면서 코막음 ✧

마무리 기법의 기본입니다.

1 2코를 겉뜨기로 뜹니다.

2 왼쪽 바늘의 끝을 이용하여 오른쪽 바늘 의 앞코를 뒤코에 덮어씌웁니다.

3 왼쪽 코를 빼낸 모습입니다.

4 겉뜨기 뜨면서 코막음한 모습입니다.

5 오른쪽 바늘에 한 코가 있기 때문에 한 코만 겉뜨기로 뜬 후 **2~4**번 과정을 반복 해서 원하는 콧수만큼 코막음 합니다.

✧ 안뜨기 뜨면서 코막음 ✧

안뜨기 면에서 마무리하는 기법입니다.

1 2코를 안뜨기로 뜹니다.

2 왼쪽 바늘의 끝을 이용하여 오른쪽 바늘의 앞코를 뒤코에 덮어씌웁니다.

3 왼쪽 코를 빼낸 모습입니다.

4 안뜨기 뜨면서 코막음한 모습입니다.

5 오른쪽 바늘에 한 코가 있기 때문에 한 코만 안뜨기로 뜬 후 **2~4**번 과정을 반복해서 원하는 콧수만큼 코막음 합니다.

✧ 왼코 모아뜨기로 코막음 ─ 왼모 코막음 ✧

신축성이 필요한 부분에 사용하는 코막음 기법입니다.

1 첫 코를 겉뜨기로 뜹니다.

2 겉뜨기로 오른쪽 바늘에 있는 한 코를 왼쪽 바늘로 옮깁니다.

3 왼쪽 바늘로 옮긴 코와 다음 코를 같이 겉뜨기로 뜹니다.

4 오른쪽 바늘에 있는 한 코를 왼쪽 바늘로 옮깁니다.

5 왼쪽 바늘로 옮긴 코와 다음 코를 같이 겉뜨기로 뜹니다.

6 4, 5번을 계속 반복해서 왼코 모아뜨기로 코막음 완성한 모습입니다.

✧ 기본코 만든 후 원형뜨기 시작하기 ✧

옆선 잇기 없이 통으로 뜰 때 사용합니다.

1 기본코 만들기로 원하는 코를 만듭니다.

2 코를 장갑바늘 3개에 골고루 나눕니다.

3 꼬이지 않게 잘 정리한 후 사진처럼 실을 삼각형 안쪽으로 가져옵니다. 첫 번째 바늘의 첫 코에 4번째 바늘을 겉뜨기 방향으로 넣습니다.

4 4번째 바늘에 실을 감아줍니다. 이때 실을 살짝 당기면서 뜹니다.

5 걸린 코를 첫 번째 바늘에 겉뜨기로 뜹니다.

6 첫 번째 바늘로 두 번째 바늘에 걸린 코를 겉뜨기로 뜹니다. 두 번째 바늘로 세 번째 바늘에 걸린 코를 겉뜨기로 뜹니다. 여기까지가 1단입니다. 같은 방법으로 원형으로 뜹니다.

대바늘 뜨개 기초 배우기

코바늘 뜨개 기초 배우기

✧ 실 잡는 법과 사슬뜨기 ○ ✧

코바늘 뜨기의 가장 기본 방법입니다. 평면으로 뜰 때 시작코 만들기, 끈 만들기, 고리 만들기 등에 많이 사용하는 기법입니다.

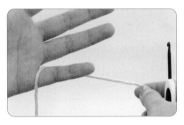

1 실 끝을 오른손 엄지와 검지로 잡은 뒤 왼손 바닥을 보고 약지와 소지 사이로 실을 빼냅니다.

2 잡고 있는 오른손을 이용해서 실을 소지에 한 번 감고 검지 위로 끌어옵니다. 실이 잘 따라오지 않으면 실을 약지와 소지 사이로 끼우기만 합니다.

3 왼손 검지를 세우고 엄지와 중지로 실 끝을 잡아준 뒤 오른손에 코바늘을 자연스럽게 잡고 실 아래쪽으로 바늘을 넣습니다.

4 코바늘을 왼쪽으로 돌리면서 실을 감아줍니다.

5 한 바퀴 돌려준 모습입니다.

6 코바늘 아래쪽으로 실이 교차한 부분을 왼손 엄지와 검지로 잡고 코바늘에 실을 감아줍니다.

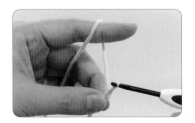

7 코바늘에 걸려 있는 코 사이로 감은 실을 통과시킵니다. 실을 당겨 매듭을 지어 주고 첫 매듭은 콧수로 세지 않습니다.

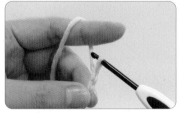

8 6, 7번을 반복하면서 원하는 콧수만큼 사슬뜨기를 합니다.

9 사슬뜨기를 완성한 모습입니다. 왼손을 바늘 가까이 잡아 주면서 뜨면 편합니다.

코바늘 뜨기의 기본 방법 중 하나입니다.
인형, 가방, 소품 등 꼼꼼하게 뜨고 싶을 때 사용합니다.

1 사슬뜨기를 원하는 콧수만큼 뜬 후 기둥 코로 사슬뜨기 1코를 뜹니다. 이 기둥코 는 콧수로 세지 않습니다.

2 사슬뜨기 뒷면의 볼록 올라온 코에 코바 늘을 넣고 바늘에 실을 감아줍니다.

3 코 사이로 감아준 실을 빼내면 바늘에 2개의 고리가 걸려 있습니다.

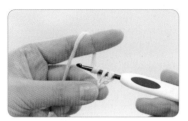

4 다시 바늘에 실을 감아줍니다.

5 바늘에 걸린 2개의 고리 사이로 감아준 실을 빼냅니다.

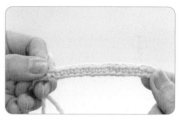

6 2~5번 과정을 반복하면서 짧은뜨기 1단 을 완성한 모습입니다.

7 편물을 뒤로 돌려줍니다.

8 기둥코로 사슬뜨기 1코를 뜹니다. 이 기 둥코는 콧수로 세지 않습니다.

9 첫 번째 코에 바늘을 넣어줍니다.

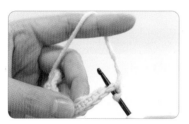

10 바늘을 넣은 모습입니다.

11 바늘에 실을 감아줍니다.

12 코 사이로 감은 실을 빼내면 바늘에 2개 의 고리가 걸려 있습니다. 다시 바늘에 실을 감아줍니다.

13 바늘에 걸린 2개의 고리 사이로 감아 준 실을 빼냅니다.

14 10~13번 과정을 반복하면서 짧은뜨기 2단을 완성한 모습입니다. 이렇게 편물을 돌려가면서 떠줍니다.

✧ 매직링 만들어 짧은뜨기(원형뜨기) ✧

모자, 원형가방, 모티브 등을 뜰 때 사용하는 기법입니다.
인형옷을 뜰 때 사용하는 램스울과 앙고라 실은
원형시작코를 두 번 감지 않고 한 번만 감아서 시작하는 방법이 편합니다.

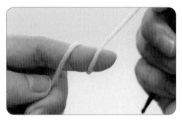

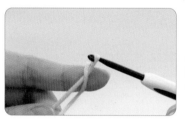

1 실 끝을 오른손에 잡고 왼손 검지에 2줄이 보이도록 감아줍니다.

2 실 끝을 왼손으로 옮겨주고 바늘을 실 2가닥 밑으로 넣어줍니다.

3 왼쪽에 있는 실을 오른쪽 실 밑으로 바늘을 이용해서 끌어 옵니다.

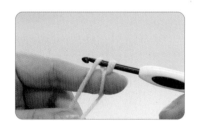

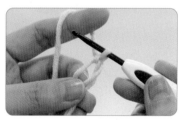

4 바늘에 실을 감아줍니다.

5 바늘에 걸린 코 사이로 감은 실을 빼냅니다. 기둥코로 사슬뜨기 1코를 뜬 상태입니다.

6 바늘을 원 안에 넣어줍니다.

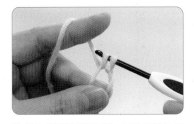

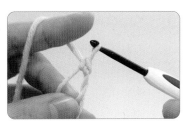

7 왼손 검지에 걸려 있는 실을 감아서 원 사이로 빼냅니다. 바늘에 2개의 고리가 걸려 있습니다.

8 바늘에 실을 감아 바늘에 걸려 있는 2개의 고리 사이로 빼냅니다. 짧은뜨기 1코를 뜬 모습입니다.

9 6~8번 과정을 반복하면서 짧은뜨기를 원하는 콧수만큼 뜹니다. 빼뜨기로 연결해서 마무리합니다.

✧ 빼뜨기 ⬤ ✧

한 단을 마무리할 때 사용하는 방법입니다.

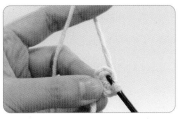

1 짧은뜨기를 원하는 콧수만큼 뜬 뒤 실꼬리를 잡아당겨서 원을 모아줍니다.

2 첫 번째 코에 바늘을 넣을 위치입니다.

3 바늘 위에 실이 두 가닥 보이게 넣어줍니다.

4 바늘에 실을 감아 첫 번째 코와 바늘에 걸려 있는 1개의 고리 사이로 한 번에 빼냅니다.

5 빼뜨기로 한 단을 마무리한 모습입니다.

코바늘 뜨개 기초 배우기

✧ 짧은뜨기 2코 늘려뜨기 ⊠ ✧

짧은뜨기 1코를 2코로 늘리는 방법입니다.

1 기둥코로 사슬뜨기 1코를 뜹니다.

2 빼뜨기했던 첫 번째 코에 코바늘을 넣고 짧은뜨기를 합니다.

3 같은 자리에 코바늘을 넣어서 짧은뜨기를 한 번 더 합니다.

4 한 코에 2개의 짧은뜨기를 뜬 모습입니다.

5 반복해서 한 코에 2개의 짧은뜨기를 끝까지 뜹니다.

6 첫 번째 코에 바늘을 넣고 빼뜨기를 합니다.

7 짧은뜨기 2코 늘려뜨기를 완성한 모습입니다.

✧ 되돌아 짧은뜨기 ☒ ✧

가장자리를 단단하게 마무리하고 싶을 때 사용하는 방법입니다.
왼쪽 방향으로 짧은뜨기를 떠줍니다.

1 기둥코로 사슬뜨기한 코를 뜹니다.

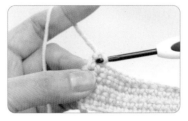

2 첫 번째 코에 바늘을 넣어줍니다.

3 바늘에 실을 감아 코 사이로 감은 실을 빼냅니다.

4 코 사이로 빼내면 바늘에 2개의 고리가 걸려 있습니다.

5 바늘에 실을 감아 바늘에 걸려 있는 2개의 고리 사이로 빼냅니다.

6 바늘을 살짝 비틀어서 뒤코에 넣어줍니다.

7 바늘을 뒤코에 넣은 모습입니다.

8 바늘에 실을 감아줍니다.

9 코 사이로 감은 실을 빼냅니다.

10 바늘에 걸려 있는 고리를 위쪽으로 살짝 올려서 짧은뜨기를 합니다.

11 6~10번 과정을 계속 반복해서 되돌아 짧은뜨기를 완성한 모습입니다.

코바늘 뜨기 기초 배우기

✧ 한길긴뜨기 $\boxed{T}$ ✧

짧은뜨기나 긴뜨기보다 더 높은 단을 만들 때 사용하는 방법입니다.

1 기둥코 사슬뜨기 3코를 떠서 세우고 바늘에 실을 한 번 감아줍니다. 기둥코 3코는 한길긴뜨기 한 코로 계산합니다.

2 바늘을 5번째 코에 넣어줍니다. 4번째 코는 기둥코의 자리입니다.

3 바늘에 실을 한 번 감아줍니다.

4 코 사이로 감아준 실을 빼내면 바늘에 3개의 고리가 걸려 있습니다.

5 다시 실을 감아 바늘에 걸린 3개의 고리 중 2개 사이로만 빼냅니다.

6 실을 빼고 나면 바늘에 2개의 고리가 걸려있습니다.

7 다시 실을 한 번 감아 바늘에 걸린 2개의 고리를 모두 빼냅니다.

8 한길긴뜨기가 완성된 모습입니다.

9 바늘에 실을 한 번 감아 다음 코에 넣고 3~8번 과정을 반복해서 뜹니다.

✧ 두길긴뜨기 ✧

한길긴뜨기보다 더 높은 단을 만들 때 사용하는 방법입니다.

1 기둥코로 사슬뜨기 4코를 떠서 세우고 바늘에 실을 두 번 감아줍니다. 기둥코 4코는 두길긴뜨기 한 코로 계산합니다.

2 바늘을 6번째 코에 넣어줍니다. 5번째 코는 기둥코의 자리입니다.

3 바늘에 실을 한 번 감아줍니다.

4 코 사이로 감아준 실을 빼내면 바늘에 4개의 고리가 걸려 있습니다.

5 다시 실을 한 번 감아 바늘에 걸린 4개의 고리 중 2개 사이로만 빼냅니다.

6 실을 빼내고 나면 바늘에 3개의 고리가 걸려 있습니다.

7 다시 실을 한 번 감아 바늘에 걸린 3개의 고리 중 2개 사이로만 빼냅니다.

8 다시 실을 한 번 감아 바늘에 걸린 2개의 고리를 모두 빼냅니다.

9 바늘에 실을 2번 감아 다음 코에 넣고 3~8번 과정을 반복해서 뜹니다.

코바늘 뜨개 기초 배우기

✧ 방울뜨기(한길긴뜨기 5코 방울뜨기) ✧

도톰한 무늬를 만들 때 사용하는 방법입니다.
이 책에서는 장식을 만들 때 사용했습니다.

1 기둥코로 사슬뜨기 3코를 떠서 세워줍니다. 사슬뜨기 3코는 한길긴뜨기 1코로 계산합니다.

2 바늘에 실을 한 번 감아서 4번째 코에 넣어줍니다.

3 코 사이로 실을 빼내면 바늘에 3개의 고리가 있습니다.

4 다시 실을 한 번 감아서 바늘에 걸린 3개의 고리 중 2개의 고리 사이로 빼냅니다.

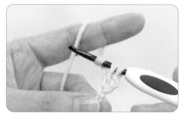

5 바늘에 2개의 고리가 걸려 있는 상태에서 실을 한 번 감아줍니다.

6 4번째 넣었던 같은 코에 넣어줍니다.

7 실을 바늘에 감아서 코 사이로 빼주면 바늘에 4개의 고리가 있습니다.

8 다시 실을 한 번 감아서 바늘에 걸린 4개의 고리 중 2개의 고리 사이로 빼냅니다.

9 바늘에 3개의 고리가 걸려 있는 상태에서 실을 한 번 감아줍니다.

10 같은 코에 바늘을 넣고 실을 감아서 코 사이로 빼주면 바늘에 5개의 고리가 있습니다.

11 다시 실을 한 번 감아서 바늘에 걸린 5개의 고리 중 2개의 고리 사이로 빼내면 4개의 고리가 있습니다.

12 4개의 고리가 걸린 바늘에 실을 한 번 감아줍니다.

13 같은 코에 바늘을 넣고 실을 감아서 코 사이로 빼주면 바늘에 6개의 고리가 있습니다.

14 다시 실을 한 번 감아서 바늘에 걸린 6개의 고리 중 2개의 고리 사이로 빼내면 5개의 고리가 있습니다.

15 5개의 고리가 걸린 바늘에 실을 한 번 감아줍니다.

16 바늘에 걸린 5개의 고리 사이로 실을 감아서 빼냅니다.

17 다시 실을 바늘에 한 번 감아서 바늘에 걸린 1개의 고리 사이로 빼냅니다. 방울 뜨기를 완성한 모습입니다.

◇ 뒤걸어 짧은뜨기 ◇

입체적인 라인이나 무늬를 만들거나 가방이나 모자의 경계선을 표시하고 싶을 때 많이 사용합니다.

1 코바늘을 뒤에서 앞으로 넣어줍니다.

2 살짝 비틀어서 다음 코에 앞에서 뒤로 넣어줍니다.

3 실을 바늘에 감아줍니다.

4 한 코만 빠져나옵니다.

5 바늘에 실을 감아서 짧은뜨기를 합니다.

6 뒤걸어 짧은뜨기를 완성한 모습입니다.

Foreign Copyright:
Joonwon Lee
Address: 3F, 127, Yanghwa-ro, Mapo-gu, Seoul, Republic of Korea
3rd Floor
Telephone: 82-2-3142-4151, 82-10-4624-6629
E-mail: jwlee@cyber.co.kr

예쁜손뜨개의 인형 옷·소품 DIY

나의 소중한 파올라레이나를 위하여 (vol. 2)

2023. 1. 18. 1판 1쇄 발행
2023. 2. 15. 1판 2쇄 발행

저자와의
협의하에
검인생략

지은이 | 예쁜손뜨개
펴낸이 | 이종춘
펴낸곳 | BM (주)도서출판 성안당

주소 | 04032 서울시 마포구 양화로 127 첨단빌딩 3층(출판기획 R&D 센터)
10881 경기도 파주시 문발로 112 파주 출판 문화도시(제작 및 물류)
전화 | 02) 3142-0036
031) 950-6300
팩스 | 031) 955-0510
등록 | 1973. 2. 1. 제406-2005-000046호
출판사 홈페이지 | **www.cyber.co.kr**
ISBN | 978-89-315-5920-0 (13630)
정가 | **22,000원**

이 책을 만든 사람들
책임 | 최옥현
기획 | 조혜란
진행·편집 | 정지현
교정·교열 | 김하영
본문·표지 디자인 | 글자와기록사이
홍보 | 김계향, 유미나, 이준영, 정단비
국제부 | 이선민, 조혜란
마케팅 | 구본철, 차정욱, 오영일, 나진호, 강호묵
마케팅 지원 | 장상범
제작 | 김유석

■ 도서 A/S 안내

성안당에서 발행하는 모든 도서는 저자와 출판사, 그리고 독자가 함께 만들어 나갑니다.
좋은 책을 펴내기 위해 많은 노력을 기울이고 있습니다. 혹시라도 내용상의 오류나 오탈자 등이
발견되면 **"좋은 책은 나라의 보배"**로서 우리 모두가 함께 만들어 간다는 마음으로 연락주시기
바랍니다. 수정 보완하여 더 나은 책이 되도록 최선을 다하겠습니다.
성안당은 늘 독자 여러분들의 소중한 의견을 기다리고 있습니다. 좋은 의견을 보내주시는 분께는
성안당 쇼핑몰의 포인트(3,000포인트)를 적립해 드립니다.

잘못 만들어진 책이나 부록 등이 파손된 경우에는 교환해 드립니다.